Gary L. Thomas
Neun Wege, Gott zu lieben

Gary L. Thomas

Neun Wege, Gott zu lieben

Die wunderbare Vielfalt
des geistlichen Lebens

Aus dem Amerikanischen von Christiane Vorländer

SCM
Stiftung Christliche Medien

Der SCM Verlag ist eine Gesellschaft der Stiftung Christliche Medien, einer gemeinnützigen Stiftung, die sich für die Förderung und Verbreitung christlicher Bücher, Zeitschriften, Filme und Musik einsetzt.

Edition
AUFATMEN
Herausgeber: Ulrich Eggers

1. Auflage 2015
5. Gesamtauflage

© der deutschen Ausgabe 2003
SCM-Verlag GmbH & Co. KG · 58452 Witten
Internet: www.scmedien.de; E-Mail: info@scm-verlag.de

Originally published in English under the title:
Sacred Pathways – Discover your Soul's Pathway to God
Published by arrangement with The Zondervan Corporation L.L.C.,
a subsidiary of HarperCollins Christina Publishing, Inc.

Die zitierten Bibelverse sind folgenden Ausgaben entnommen:

Lutherbibel, revidierter Text 1984, durchgesehene Ausgabe in neuer Rechtschreibung,
© 1999 Deutsche Bibelgesellschaft, Stuttgart.

und

Hoffnung für alle® Copyright © 1983, 1996, 2002 by Biblica, Inc.®. Verwendet mit freundlicher Genehmigung von `fontis - Brunnen Basel.

Umschlaggestaltung: Yellow Tree – Agentur für Design und Kommunikation – www.yellowtree.de
Satz: Breklumer Print-Service, www.breklumer-print-service.com
Druck und Bindung: CPI books GmbH, Leck
Gedruckt in Deutschland
ISBN 978-3-417-26624-5
Bestell-Nr. 226.624

INHALT

Teil 1: Die Reise der Seele

Gott lieben 9

Teil 2: Die neun Wege, Gott zu lieben

1. Der Natur-Typ: Gott in seiner Schöpfung lieben 35
2. Der sinnliche Typ: Gott mit allen Sinnen lieben 55
3. Der traditionalistische Typ: Gott lieben durch Rituale und Symbole 76
4. Der asketische Typ: Gott lieben in Einsamkeit und Schlichtheit 106
5. Der aktivistische Typ: Gott lieben durch Konfrontation .. 129
6. Der fürsorgliche Typ: Gott lieben durch Nächstenliebe .. 151
7. Der enthusiastische Typ: Gott lieben durch Mysterien und Feiern 171
8. Der kontemplative Typ: Gott lieben durch grenzenlose Hingabe 198
9. Der intellektuelle Typ: Gott lieben mit dem Verstand .. 220

Teil 3: Jeder liebt Gott auf seine Weise

Den Garten der Seele pflegen 243

Teil 1

Die Reise der Seele

1. Gott lieben

Manchmal sind es merkwürdige Ereignisse, durch die man wertvolle Lektionen über den Glauben erhält. Ein von qualvollen Ohrenschmerzen begleiteter Flug von Washington D. C. nach Seattle im Staat Washington hat mir eine Lektion erteilt, die ich so schnell nicht vergessen werde. Kurz bevor es losgehen sollte, bekam ich eine schwere Erkältung. Und meine Nebenhöhlen reagieren auf solch einen Flug schon, wenn ich völlig gesund bin – ich musste mir also irgendwie Hilfe verschaffen. Ich war vor kurzem erst nach Virginia gezogen und hatte mich noch nicht um einen Hausarzt gekümmert, also empfahl mir ein Mitarbeiter eine ambulante Notfall-Praxis.

Sie erwies sich als medizinisches Äquivalent zu einer Güterabfertigung, aber mir fehlte die Zeit, um noch nach etwas Anderem zu suchen. Also erklärte ich dem Arzt mein Problem, ließ mir ein Rezept ausstellen und ging.

Zu Hause angekommen, fragte mich meine Frau: »Was hat der Arzt gesagt?«

»Ich weiß nicht«, antwortete ich, »ich habe ihn nicht verstanden.«

Sie schüttelte den Kopf. »Und was hat er dir verschrieben?«

»Ich weiß nicht. Ich kann die Schrift nicht lesen.«

»Was für eine Praxis war das denn?«

»Das will ich gar nicht wissen«, antwortete ich. »Ich muss morgen hier weg, und zwar mit dem Flugzeug.«

Der Flug am nächsten Tag war einer der schlimmsten meines Lebens. Man braucht vier bis fünf Stunden, um von Washington D.C. nach Seattle zu fliegen. Aber als wir endlich landeten, hatte ich das Gefühl, um 15 Jahre gealtert zu sein. Mein Kopf hatte das Gewicht eines zentnerschweren Brockens.

Pflichtbewusst nahm ich auch weiter wie vorgeschrieben meine Medizin und erwartete, dass meine Ohren langsam, aber sicher wieder frei würden – weit gefehlt. Es wurde immer schlimmer, und ich erkannte, dass ich bald nicht einmal mehr würde sprechen können, wenn ich nicht noch einmal zum Arzt ginge. Also begab ich mich nach ein oder zwei Tagen in die Portland-Klinik in Oregon. Der neue Arzt konnte mich schnell beruhigen. Ich verstand, worüber er redete, und er schien zu wissen, was er tat. Als er hörte, was man mir in Virginia verschrieben hatte, starrte er mich verblüfft an. »Ich weiß nicht, was sich dieser Arzt dabei gedacht hat, aber ich kann mir eigentlich keinen einzigen in den letzten dreißig Jahren an einer US-amerikanischen Universität ausgebildeten Mediziner vorstellen, der dieses Medikament für ihre Krankheit verschreiben würde. Offensichtlich kennt dieser Arzt nur ein oder zwei Arzneimittel und verschreibt sie einfach für alles.«

Es gibt viele Opfer eines »mechanisierten Christseins«.

Diese Erfahrung lehrte mich eins: Es ist verrückt, eine einzige Medizin auf jede Krankheit anzuwenden. Es hat allerdings einige Zeit gedauert, bis mir die geistliche Dimension dieser Erkenntnis aufging. Immer wieder geben wir Christen ein und dasselbe geistliche Rezept: »Du willst im Glauben wachsen? Dann musst du dir einfach nur angewöhnen, jeden Tag eine Stille Zeit zu halten (dreißig bis sechzig Minuten reichen) und jeden Sonntag in den Gottesdienst zu gehen.«

Viel zu oft bekommen Christen, die sich nach geistlicher Nahrung sehnen, dieselben allgemeinen und allumfassenden Methoden angeboten – normalerweise irgendeine Variante der Standardversion »Stille Zeit«. Warum? Weil es einfach, üblich und nachprüfbar ist. Aber für viele Christen ist es schlichtweg nicht genug.

A.W. Tozer warnt: »Der ganze Vorgang der Bekehrung zum Christsein ist mechanisch und geistlos geworden. Wir haben fast vergessen, dass Gott Person ist und dass wir deshalb eine Beziehung zu ihm pflegen können wie zu jeder anderen Person auch.«[1] Es gibt viele Opfer eines »mechanisierten Christseins«. Natürlich gibt es geistliche Leere unter den Menschen, die keine Christen sind; viel betroffener macht mich, dass ich auch immer mehr Christen begegne, die unter genau der gleichen geistlichen Leere leiden.

In letzter Konsequenz geht es dabei um die Art der geistlichen Nahrung. Viele Christen haben es nie gelernt, wie sie sich selbst geistlich »füttern« können. Sie leben auf Nulldiät und sind dann ganz überrascht, dass sie sich immer so »hungrig« fühlen.

Andere haben sich in einem Routine-Christsein verloren. Ich habe mir einmal das Handgelenk gebrochen, und dieses Ereignis tat meiner Ehe unendlich gut. Denn es war ein schwerwiegender Bruch, der eine Operation erforderlich machte – und er riss Lisa und mich aus unserer Routine. Wir machten eine Weile alles gemeinsam, zum Teil einfach deshalb, weil ich so viel Hilfe benötigte. Da sich meine sportlichen Möglichkeiten zu dieser Zeit auf das Gehen beschränkten, machten wir fast täglich gemeinsame Spaziergänge; wir beantworteten gemeinsam E-Mails (anfänglich konnte ich noch nicht tippen), und eine Weile lang half mir Lisa sogar beim Ankleiden (versuchen Sie einmal, mit einer Hand einen Schuh zuzubinden!). Aus unserer Routine herausgerissen, entdeckten Lisa und ich eine neue, viel tiefere Liebe zueinander. Die unter den immergleichen Abläufen des Alltags verschüttete Romantik kam wieder zum Vorschein.

Ich habe herausgefunden, dass viele Menschen auf ihrem Weg mit Gott das gleiche Problem haben. Ihre Liebe zu Gott ist nicht gedämpft, sie sind nur in einen Trott verfallen, der die Seele zermürbt. Ihre Hingabe und ihre Gebete sind ein Schatten dessen geworden, was sie einmal jahrelang gewesen sind. Sie haben Gott so lange auf dieselbe Art und Weise gedient, dass sie es praktisch im Schlaf bewältigen. Und auch in ihrem Hauskreis hat während der vergangenen drei Jahre keiner mehr einen neuen Gedanken geäußert. Schließlich wachen sie eines Morgens auf und fragen sich: »Ist das wirklich alles, was an einem Leben mit Gott dran ist?«

Wenn die Stille Zeit mit dem Alltag kollidiert

Einige Jahre nach Beendigung meines Studiums stellte ich fest, dass sich mein Tagesablauf völlig verändert hatte und sich auch mein geistliches Leben danach richten musste. Ich verließ das Haus zwischen 5.00 Uhr und 5.30 Uhr am Morgen und kehrte ungefähr um 17.30 Uhr zurück. Danach reichte die Zeit gerade noch für das Abendessen mit meiner Familie, um mit meinen Kindern zu spielen und sie ins Bett zu bringen, um Rechnungen zu bezahlen, Müll rauszubringen, zu hören, was meine Frau erlebt hatte, und ein paar Telefonanrufe zu erledigen. Wenn wir abends einen Termin hatten, war die Zeit sogar noch knapper.

Um eine Stille Zeit von einer Stunde halten zu können – die immer die Basis meines geistlichen Speiseplans gewesen war –, hätte ich um 4.00 Uhr morgens aufstehen müssen! Ich schaffte es gerade eben, vor dem Verlassen des Hauses einen kurzen Bibeltext zu lesen und auf dem Weg zur Arbeit zu beten, aber ich hatte das Gefühl, Gott zu betrügen. Ferien und Wochenenden boten die Möglichkeit, meine lang gepflegte Routine wieder aufzunehmen, aber für die Arbeitswoche war ein anderes Modell erforderlich.

Der Kampf darum, neue »geistliche Rezepte« zu finden, wurde für mich zum Segen: Ich entdeckte neue Möglichkeiten, meine Seele zu »füttern«. Die erste und vermutlich wichtigste Lektion war für mich, dass es in mir Bereiche gab, die durch die übliche Stille Zeit nie berührt worden waren. Meine Stille Zeit war (und ist nach wie vor) hilfreich; aber ich entdeckte, dass sie nicht ausreichte. Andere Teile meines geistlichen Lebens lagen brach.

Ich entdeckte auch, dass ich dieses Defizit-Gefühl mit anderen teilte. Für manche war die formalistische Stille Zeit viel zu verkopft. Andere fanden es einfach langweilig, ganz allein lesend und nachdenkend am Schreibtisch zu sitzen. Und warum überhaupt sollte jeder Gott auf dieselbe Art und Weise lieben? Wir würden es ja auch für absurd halten zu fordern, dass die frisch bekehrten Christen der Herrnhuter Brüdergemeine die gleiche Sorte Gottesdienst feiern wie Presbyterianer in Boston oder Baptisten in Georgia. Und trotzdem verschreiben wir dem Bauer in Iowa genau die gleiche Art von Spiritualität wie dem Rechtsanwalt in Washington D.C.

Den eigenen Weg entdecken, Gott zu lieben

Von allen Christen ein und dieselbe Art Stille Zeit zu erwarten, kann in einer Gemeinde oder auch in einer Kleingruppe verheerenden Schaden anrichten. Wenn wir selbst ganz begeistert sind von einem (für uns) wichtigen Zugang zum christlichen Glauben, dann ziehen wir manchmal den Schluss, dass es anderen ganz genauso gehen muss – und wenn nicht, dann ist mit ihrem Glauben etwas nicht in Ordnung. Lassen Sie sich nicht von den Erfahrungen anderer einschüchtern. Gott möchte Sie so kennen lernen, wie Sie sind, und nicht so, wie ein anderer Sie haben will. Er hat Sie mit einer ganz eigenen Persönlichkeit und einem ganz eigenen geistlichen Temperament ausgestattet und möchte von Ihnen so angebetet werden, dass es dieser von ihm geschaffenen Persönlichkeit entspricht. Auch wenn das vielleicht anders ist als die Art des Menschen, der Sie zum Glauben geführt hat und auch anders als die Art Ihres Hauskreisleiters oder Ihres Pastors.

Sicher, die Individualität des geistlichen Zugangs zum Glauben muss auch eine Grenze haben. Es ist weder weise noch biblisch, Gott außerhalb der Gemeinschaft der Gläubigen zu suchen. Unser individueller Ausdruck des Glaubens muss sich in den gemeinsamen Lobpreis des Leibes Christi einfügen können. Zum Glück hat uns die Kirche in zweitausend Jahren Geschichte mit reichen und sehr vielfältigen Traditionen versorgt, mit denen wir unsere Liebe zu Gott ausdrücken können.

Jesus ließ es gelten, dass die Schwiegermutter des Petrus ihm durch ihre Arbeit in der Küche diente, aber er weigerte sich, auch Maria, die Schwester Marthas, zum gleichen Dienst zu zwingen. Maria durfte ihre Zuwendung zu Jesus durch stille Bewunderung ausdrücken, sie musste nicht in Geschäftigkeit verfallen. Gute geistliche Leiter haben Verständnis dafür, dass die Menschen verschiedene geistliche Temperamente haben. Sie wissen, dass gute Nahrung für den einen nicht auch gleich gute Nahrung für alle anderen sein muss. Jedem Christ das gleiche Rezept für seine geistlichen Kämpfe zu nennen, ist genauso falsch, wie jedem Patienten für jede Krankheit Penicillin zu verschreiben.

Beim Lesen der Klassiker des christlichen Glaubens und beim Gedankenaustausch mit anderen Christen habe ich herausgefunden, dass es verschiedene Wege gibt, auf denen Menschen Gottes Nähe erfahren können: durch das Studium von Kirchengeschichte und Theologie, durch Singen oder Lesen von Kirchenliedern, durch Tanz, durch Spaziergänge im Wald. Jede dieser Praktiken hat bei bestimmten Menschen eine neue geistliche Vitalität geweckt, in ihnen ist etwas bisher Unberührtes angerührt und zum Schwingen gebracht worden.

Diese Entdeckung hat mich auf die Spur gebracht: Ich begann, nach verschiedenen »geistlichen Temperamenten« zu suchen, um zu erklären, dass jeder und jede von uns Gott auf eine andere Art und Weise liebt. Unser geistliches Temperament sollte sorgfältig unterschieden werden von unserem sonstigen Persönlichkeitstyp, über den bereits unendlich viel geschrieben worden ist. Unsere Persönlichkeit zu kennen – zu wissen, ob wir zum Beispiel eher optimistisch oder eher melancholisch veranlagt sind –, hilft uns in unseren Beziehungen zu anderen oder bei der Wahl unseres Ehepartners oder unseres Berufes. Aber es sagt nicht notwendigerweise auch etwas darüber aus, wie wir unsere Beziehung zu Gott gestalten können. Und genau das lernen wir zu verstehen, wenn wir den Blick auf unser geistliches Temperament richten. Es hilft uns dabei, neue Wege zu Gott zu finden. Bei meiner Suche habe ich mich zum einen an Menschen in der Bibel orientiert – denn all die verschiedenen Temperamente gab es auch damals schon – und zum anderen an den Strömungen in der Kirchengeschichte.

Gute geistliche Leiter haben Verständnis dafür, dass die Menschen verschiedene geistliche Temperamente haben.

Ein Gott – viele Beziehungen

Die Bibel sagt, dass Gott vom Buch Genesis bis hin zur Offenbarung ein und derselbe ist – auch wenn die Menschen diesen einen Gott auf so unterschiedliche Weise angebetet haben: Abraham war sehr religiös und baute überall, wo er hinkam, Altäre. Moses und Elia offenbarten bei ihren Konfrontationen mit den Mächten des Bösen und in ihren Gesprächen mit Gott immer wieder ihren Hang zum Aktivismus. David feierte Gott auf sehr enthusiastische Weise, während sein Sohn Salomo seine Liebe zu Gott durch großzügige Opfer bewies. Hesekiel und Johannes malten farbenprächtige Bilder von Gott und verblüfften durch sinnliche Brillanz. Mordechai zeigte seine Liebe zu Gott dadurch, dass er sich um andere kümmerte, nicht zuletzt um die verwaiste Esther. Maria von Bethanien ist ein klassisches Bild für kontemplative Anbetung – sie sitzt einfach zu Jesu Füßen.

Diese und andere Menschen aus dem Alten und Neuen Testament haben mich darin bestätigt, dass es im christlichen Glauben viele verschiedene Arten gibt, unsere Liebe zu Gott zu zeigen – und dass alle diese Arten auch in Ordnung sind. Unsere ganz eigene Persönlichkeit wird dazu führen, dass wir uns bei einigen Ausdrucksformen wohler fühlen als bei anderen – und das ist in Gottes Augen gut und richtig so. Denn wir bestätigen sein Schöpfungswerk, wenn wir ihn so anbeten, dass es dem entspricht, was er in uns hineingelegt hat.

Strömungen in der Kirchengeschichte

Das zweite Gebiet, auf dem ich geforscht habe, um den geistlichen Temperamenten einen Namen zu geben, waren die verschiedenen Gruppierungen innerhalb der Kirchengeschichte. Sie waren sich bei großen Themen zwar oft einig, bei kleineren aber sehr häufig vehement unterschiedlicher Meinung. Ich habe mir verschiedene Kontroversen in der Kirchengeschichte angesehen und herausgefunden, dass dahinter häufig eine unterschiedliche Gestaltung der Gottesbeziehung stand – die geistlichen Temperamente waren einfach verschieden. Man würde die Sache zu sehr vereinfachen, wenn man behaupten wollte, diese Differenzen seien der Hauptgrund für viele Kirchenspaltungen und für die Gründung neuer Denominationen gewesen. Aber sie haben ganz sicher auch eine Rolle gespielt.

Beschränken wir uns einfach einmal auf die letzten fünfhundert Jahre der Kirchengeschichte. Im Mittelalter war die Kirche der westlichen Welt – die römisch-katholische – durchdrungen von der Mystik der sakramentalen Riten. Römisch-katholische Anbetung war konzentriert auf den Altar. Als Luther seinen theologischen Bruch mit Rom vollzog, änderte sich die Anbetung auf grundlegende Weise. Luther betonte das »sola scriptura« (allein die Schrift) und erhöhte die Kanzel, um die Wichtigkeit des gepredigten Wortes zu betonen. Wenn man also in eine Kirche der Reformation kam, wurde der Blick zuerst auf eine majestätisch aussehende Kanzel gelenkt und nicht auf einen prunkvollen Altar. Durch diesen Wandel entstanden zwei verschiedene Stile des Gottesdienstes: Der eine betonte die sinnlichen Aspekte des Glaubens und das Geheimnis des Evangeliums; der andere legte mehr Gewicht auf die intellektuelle Ebene, darauf, die Existenz Gottes zu erkennen, zu verstehen und zu erklären.

Aber auch untereinander waren sich die Reformatoren nicht einig. Die Lutheraner übernahmen eine Reihe der römisch-katholischen Gottesdienstelemente, es sei denn, sie widersprachen offensichtlich der Heiligen Schrift. Die Calvinisten dagegen wollten sich von all diesen Elementen befreien – es sei denn, sie waren von der Heiligen Schrift vorgeschrieben.

Mit einbezogen wurde sogar die Art und Weise, wie die Liebe zu Gott in der Welt ausgelebt werden sollte. Die Calvinisten lehnten das klösterliche Leben – und damit die bewusste Trennung von der Gesellschaft – völlig ab und forderten stattdessen, die Liebe zu Gott dadurch zu zeigen, dass Christen gezielt die Gesellschaft veränderten. Die Trennlinie zwischen Kirche und Staat begann zu verwischen. Calvin wollte, dass Christen die wichtigen Ämter der Gesellschaft besetzen, und ging sogar so weit, einen Häretiker zu exekutieren.

Ganz im Gegensatz dazu versuchten die Wiedertäufer ihre Liebe zu Gott auszudrücken, indem sie besonderes Gewicht auf die persönliche Frömmigkeit legten. Sie weigerten sich konsequent, sich an den Angelegenheiten eines säkularen Staates zu beteiligen. Stattdessen versuchten sie, eine Modellgesellschaft aufzubauen und damit vor der ungläubigen Welt Zeugnis abzulegen. Sie luden die Menschen ein, die weltliche Gemeinschaft zu verlassen und ihnen in die Gemeinschaft des Glaubens zu folgen.

Alle vier Glaubensrichtungen – römisch-katholische Kirche, Lutheraner, Calvinisten und Wiedertäufer – versuchten Gott zu lieben, und jede von ihnen hatte eine ganz eigene Art, diese Liebe auszudrücken. Viele ihrer Differenzen hatten ihre Wurzeln in unterschiedlichen theologischen Positionen, aber bei manchen ging es auch um die bevorzugte Art des Gottesdienstes.

John Wesley, angesehenes Mitglied der Anglikanischen Kirche, wurde auf einer Reise über den Atlantik angerührt vom Glauben der Herrnhuter Brüder, die selbst im Angesicht des Todes ihre Gelassenheit nicht verloren. Als Reaktion darauf tauschte Wesley einen von Bekenntnis und Disziplin geprägten Glauben gegen die innerliche Frömmigkeit der Herrnhuter Brüder ein und begann, von einer Beziehung zu Gott durch innere Veränderung zu predigen. So entstand die Methodistische Kirche.

Statt von anderen zu lernen, haben sich Christen immer dann, wenn die Formen des Gottesdienstes sich voneinander unterschieden, für eine Abspaltung und die Gründung einer neuen Kirche entschieden.

Im frühen 20. Jahrhundert brachte die Azuza-Straßenerweckung wieder pfingstlerische Praktiken in das Leben der Kirche zurück. Heutzutage ist in praktisch jeder Gemeinde der Einfluss der charismatischen Erneuerung spürbar, ob sie die Theologie der Pfingstler gutheißen oder nicht. Mitsingen von Refrains, Händeklatschen oder Hände zum Himmel heben haben in so gut wie jeder Denomination Einzug gehalten.

Gleichzeitig begann ein anderer Zweig der Kirche, die sich aus der Bibel ergebenden sozialen Verpflichtungen zu betonen. So entstand die Bewegung des sozialen Evangeliums, innerhalb derer ein Flügel für die Prohibition stritt und der andere für den Sozialismus. In dieser Ausdrucksform des christlichen Glaubens zählte die Nächstenliebe und der Kampf für eine gerechte Gesellschaft und nicht die vage, innere Erfahrung geistlicher Freude.

Statt von anderen zu lernen, haben sich Christen immer dann, wenn die Formen des Gottesdienstes sich voneinander unterschieden, für eine Abspaltung und die Gründung einer neuen Kirche entschieden. Diese Trennungen haben zwischen den einzelnen Denominationen Mauern entstehen und viele Christen verarmen lassen. Wenn man nicht gerade zufällig in die richtige Tradition hineingeboren worden war, wurde man oft nach einem falschen Speiseplan gefüttert. Unglücklicherweise haben manche Christen die Neigung, allen Erfahrungen außerhalb ihres eigenen Interessenbereiches jegliche Berechtigung abzusprechen. Sie sagen dann nicht: »Das ist nichts für mich«, sondern verkünden stattdessen: »Damit sollte sich keiner beschäftigen.«

Das entspricht ungefähr der Haltung, die meine Tochter an den Tag legte, als meine Frau mit ihr Mathematik büffelte. Allison beklagte sich: »Das ist zu schwer. Es ist einfach nicht fair! Und außerdem bin ich sicher, dass die Aufgabe unbiblisch ist!«

Natürlich ist Mathematik in keiner Weise »unbiblisch«. Aber genau diese Argumentation wenden wir an, wenn wir die Erfahrungen anderer Christen infrage stellen – besonders dann, wenn uns die Erfahrung »unheimlich« ist. Wohlgemerkt, ich spreche hier von »theologisch neutralen« Praktiken. Eine Frau zum Beispiel mag entdecken, dass Weihrauch ihr beim Beten hilft, während eine andere Weihrauch einfach nur komisch findet. Dann können die beiden einfach beschließen, an dieser Stelle verschiedener Meinung zu sein, ohne gleich aus einer eigentlich neutralen Vorliebe eine theologische Grundsatzdiskussion zu machen.

Gott hat uns mit verschiedenen Persönlichkeiten und Temperamenten ausgestattet. Es ist also nur natürlich, dass diese Verschiedenheit sich auch in der Form unserer Anbetung niederschlägt.

Persönlichkeitstypen

C. G. Jung hat die Menschen in vier verschiedene Persönlichkeitsprofile eingeteilt. Das erste Kriterium ist die Art und Weise, wie wir unserem Umfeld begegnen: als *extrovertierter* Mensch, der sich an der Außenwelt orientiert, oder als *introvertierter* Mensch, der in seiner eigenen Innenwelt lebt. Zweites Kriterium ist die Art und Weise der Wahrnehmung: Entweder ist sie *sinnlich* durch den Einsatz unserer fünf Sinne oder *intuitiv* durch den Einsatz unserer Vorstellungskraft. Drittes Kriterium ist die Organisation unserer Termine: Das tun wir entweder als *denkender* Mensch mit Logik und Intellekt oder als *fühlender* Mensch, indem wir uns nach den Konsequenzen für andere Menschen und nach menschlichen Werten richten. Das vierte Kriterium schließlich betrifft die Art und Weise, wie wir mit unserem Leben und Alltag umgehen: entweder auf *analytische* Weise, also ordentlich, kontrolliert und zielstrebig oder auf *wahrnehmende* Weise, also spontan und flexibel.

> *Es geht um unseren Weg zu Gott, um die Art und Weise, wie wir ihm nahe kommen.*

Diese vier Profile ergeben in verschiedenen Kombinationen sechzehn unterschiedliche Persönlichkeitstypen.

Geistliche Temperamente unterscheiden sich von Persönlichkeitstypen, aber diese 16 »Typen« können uns dennoch verschiedene Wege des Zugangs zu Gott zeigen, der uns mit einer großen Bandbreite an Veranlagungen und Neigungen geschaffen hat. Wenn wir nun auf die biblischen Personen, die Strömungen in der Kirchengeschichte und die verschiedenen Persönlichkeitstypen schauen, dann lassen sich neun geistliche Temperamente herauskristallisieren.

Neun Wege, Gott zu lieben: Ein Überblick

Was ist gemeint mit diesen »neun Wegen, Gott zu lieben«? Um es ganz einfach auszudrücken: Es geht um unseren Weg zu Gott, um die Art und Weise, wie wir ihm nahe kommen. Gibt es nur einen einzigen Weg? Nicht unbedingt. Die meisten von uns haben aber wahrscheinlich eine Vorliebe für eine bestimmte Art, Gott nahe zu kommen. Vermutlich ist dies dann unser vorherrschendes geistliches Temperament.

Ich werde hier nur einen kurzen Überblick über die neun geistlichen Temperamente geben. In Teil zwei dieses Buches folgt dann eine detaillierte Beschreibung jedes einzelnen Temperamentes. Sie können aber bereits beim Lesen dieses Überblicks versuchen herauszufinden, welche der Typen auf Sie zutreffen.

Der Natur-Typ: Gott in seiner Schöpfung lieben

Der Natur-Typ würde am liebsten jedes Gebäude – ob schön oder schmucklos – verlassen, um Gott am Ufer eines Flusses anzubeten. Für ihn sind Bücher irrelevant und Demonstrationen überflüssig – man muss ihn einfach durch Wälder, in die Berge oder über weite Wiesen wandern lassen.

Christen, die so fühlen, sind der festen Überzeugung, dass die Natur uns klar und deutlich zuruft: »Gott ist da!« Sie lernen mehr, wenn sie einen Ameisenhügel beobachten oder einen still ruhenden See betrachten, als durch ein Buch oder eine Predigt. Und doch können auch sie wertvolle Gedankenanstöße in den Psalmen und den Naturgleichnissen Jesu finden.

Der Natur-Typ steht dem kontemplativen Typ sehr nahe, nur dass er sich zusätzlich zur inneren Welt auch noch durch die Schöpfung anrühren und in Bewegung setzen lässt. Wenn er draußen im Freien ist, dann steigt der Lobpreis aus seinem Herzen direkt hinauf zu Gott. Ein gutes Beispiel für diesen Typ Mensch ist die heute noch lebende Schriftstellerin Annie Dillard. In ihrem Buch »Holy the Firm« schreibt sie: »Alles, was ich von Gott weiß, ist, dass ich ihn anbeten will, und zwar mit allen mir zur Verfügung stehenden Mitteln.«[2] Eines der wichtigsten dieser »Mittel« ist für sie, viel Zeit im Freien zu verbringen. Ich mag ihre Bücher deshalb so sehr, weil sie eine tiefe Liebe zu der Pazifikregion im Nordwesten Amerikas entwickelt hat – zu der Gegend, in der ich aufgewachsen bin. Auch ich habe in Virginia gelebt, wo Annie Dillard in den Bergen campte und die inzwischen so bekannte und bewegende Szene von der Motte aufschrieb, die in die Flamme einer Kerze flog.

Mit den Bildern der Blue Ridge Mountains in Virginia und des Puget Sound (ein 130 km langer Meeresarm im Staat Washington) im Kopf deckt Annie Dillard das Geheimnis des heiligen, alles überragenden Gottes auf. Sie schreibt, dass sie die Cascade Range (eine Bergkette, die sich in Verlängerung der Sierra Nevada durch Oregon, Washington bis hinauf nach British Colombia erstreckt) besucht hat, um »harte Dinge, z. B. felsige Berge und salzige Seen, zu studieren und an ihren Kanten meinen Geist schleifen zu lassen«.

»Zeig mir deine Wege, Herr« ist, wie alle Gebete, rasch gesprochen. Und doch: Ich finde, dass man es trotzdem beten sollte. All diese Berge – der Mount Baker und die Sisters und der Shuksan, die Canadian Costal Range und die Olympic-Berge auf der Halbinsel des Staates Washington – sind für uns ganz sicher die Grenze dessen, was wir kennen und verstehen können. Sie sind hoch. Und die Tatsache, dass sie die unvorstellbare Masse ihrer verwitterten Felsen in den Himmel ragen lassen, damit jeder sie sehen kann, macht sie zu dem, was G. K. Chesterton über die Eucharistie gesagt hat: Dass sie so unverhüllt sichtbar sind, macht sie noch geheimnisvoller. Sie sind die österliche Fassung der Realität, wenn nicht noch wesentlich mehr.[3]

Wie Annie Dillard lernt der Naturtyp Gott zu suchen, indem er sich mit all dem umgibt, was er geschaffen hat. Die Schönheit der Natur ist ein ständiger Spiegel für ihr geistliches Leben, für den unsichtbaren Glauben, den sie in sich trägt.

Der sinnliche Typ: Gott mit allen Sinnen lieben

Sinnliche Christen wollen sich verlieren angesichts der Schönheit und Herrlichkeit Gottes. Sie fühlen sich besonders angezogen von allem Liturgischen, Majestätischen und Großartigen. Um Gott von ganzem Herzen anbeten zu können, müssen diese Christen sehen, hören und riechen. Weihrauch, komplizierte Architektur, klassische Musik und eine liturgische Sprache lassen ihr Herz höher schlagen.

> *Sinnliche Christen wollen sich verlieren angesichts der Schönheit und Herrlichkeit Gottes.*

Manche Christen mögen ein solches Übermaß an sinnlichen Eindrücken als Ablenkung empfinden, der sinnliche Typ freut sich daran. Die fünf Sinne sind Gottes wirkungsvollster Schlüssel zu ihrem Herzen.

W. Phillip Keller scheint mir solch ein sinnlicher Typ zu sein. In seinem Buch »Taming Tension« beschreibt er, wie er als

Student einen Winter in »ziemlich begrenzten und düsteren Verhältnissen« verbringen musste. Er flüchtete sich in das Bild eines »wunderbaren Sonnenuntergangs«. »Wieder und wieder ließ ich mich von seiner Schönheit einhüllen. Für mich war dies ungeheuer erhebend und inspirierend, und ohne dieses Bild wäre meine Umgebung für mich unerträglich gewesen.«[4]

Im selben Buch spricht der Autor von der Rolle, die die Musik in seinem Leben spielt. Während seiner – wie er sie nennt – »einsamen Jahre« im Ausland nahm Keller immer wieder seine Geige zur Hand, um »meinen Kummer und meinen inneren Schmerz zu lindern. Eine Stunde Musizieren brachte auch mein Herz wieder zum Singen.« Keller fand heraus, dass »selbst eine simple Gewohnheit wie Summen oder Pfeifen aus einem trüben Tag einen Tag voller Hoffnung und Zuversicht machen kann.«

Als Keller die Bedeutung von Händels »Messias« erkannte, begann er, ihn das ganze Jahr über zu hören. »Manchmal, wenn ich niedergedrückt und entmutigt war durch all mein Leid, dann haben die Melodien und die Botschaft dieser Musik mir wieder zu Bewusstsein gebracht, dass auch Jesus solchen Kummer und solches Leid erlebt und gespürt hat. Das hat mich mehr aufgebaut, als ein Mensch es je hätte tun können.«

Bilder und Musik waren zwei der Schlüssel, durch die Keller ganz neue Möglichkeiten der Anbetung und der Gemeinschaft mit Gott entdeckt hat. Alles, was die Sinne anrührt, kann für den sinnlichen Christen eine Brücke zum Lobpreis Gottes sein.

Der traditionalistische Typ:
Gott lieben durch Rituale und Symbole

Traditionalisten betonen all das, was wir häufig die historische Dimension des Glaubens nennen: Rituale, Symbole, Sakramente und Opfer. Diese Christen haben oft ein sehr diszipliniertes Glaubensleben. Bei manchen kann sogar der Eindruck entstehen, sie seien gesetzlich, weil sie ihren Glauben einzig und allein über ihr Verhalten definieren. Sie lieben regelmäßige Gottesdienstbesuche, geben gewissenhaft ihren Zehnten, halten die Sabbatregeln und so weiter.

Traditionalisten brauchen Rituale und Strukturen. Das von den kontemplativen Christen bevorzugte, unstrukturierte »stille Gebet« wäre für sie verwirrend und unbefriedigend.

Rod Dreher, Filmkritiker bei der »New York Post«, ist ein Traditionalist. Er wuchs in einer Gemeinde auf, in der nichtliturgische Lobpreisgottesdienste gefeiert wurden. Die emotionale Leidenschaft dieser Gottesdienste ließ ihn zum Glauben kommen, aber sie konnte ihn nicht halten – und so versickerte seine Hingabe während seiner Internatszeit. Die Berührung mit modernen christlichen Schriften führte Dreher schließlich zum Glauben zurück, aber dieses Mal stellte er fest, dass er sich nach festeren Ritualen und Strukturen sehnte. Zu seiner eigenen Überraschung fand er bald heraus, dass er eine feste Liturgie ganz und gar nicht als beengend und tot empfand, wie er das immer angenommen hatte, sondern dass sie vielmehr eine Tiefe und eine Geschichtsverbundenheit vermittelten, die seinem Lobpreis eine neue ästhetische Dimension gab. »Sie war schöner als alles, was ich bis dahin erlebt hatte«, sagt er.

Dreher fühlte sich von Ritualen angezogen . Es rührte ihn an, Gebete zu sprechen, die von vielen anderen Christen in früheren Jahrhunderten auch schon gebetet worden sind. Die Struktur der Gottesdienste ließ auch sein persönliches Leben disziplinierter werden. Woche für Woche das gleiche Ritual zu erleben, hat seinen Glauben und seine Hingabe an diesen Glauben wachsen lassen. Heute sagt Dreher: »Ich lebe auch in meinem Alltag liturgischer. Dadurch hat mein Glaube an Tiefe und Substanz gewonnen.«

Der asketische Typ:
Gott lieben in Einsamkeit und Schlichtheit

Der Asket möchte nichts lieber, als beim Beten allein gelassen werden. Er braucht keine Liturgie, das Drum und Dran der Religion ist für ihn überflüssig, der Lärm der Welt da draußen unerwünscht. Er will von nichts abgelenkt werden – nicht von Bildern und nicht von lauter Musik. Was er zum Beten braucht, sind Ruhe und Einfachheit.

Asketen leben größtenteils in ihrer inneren Welt. Selbst wenn sie zu einer Gruppe gehören, scheinen sie oft von den anderen isoliert zu sein. Ihr Blick ist meist nach innen gerichtet, und sie fühlen sich überall dort unwohl, wo sie daran gehindert werden, »auf die Stille zu hören«.

Der Sänger und Autor Michael Card ist ein gutes Beispiel für ein asketisches Temperament. Er lebt in einem Haus, dessen Stil und Einrichtung von der Shaker-Sekte (eine Abspaltung der Quäker aus dem 18. Jahrhundert) inspiriert ist, inmitten von hundert Hektar. Card bewundert den einfachen Lebensstil der Shaker, der sich auch in ihrer Architektur widerspiegelt. Sein Traum ist es, ein kleines, stilles Einkehrzentrum auf seinem Land einzurichten, in das sich Pastoren, Künstler und Liedermacher zum Beten und Fasten zurückziehen können.

Der aktivistische Typ: Gott lieben durch Konfrontation

Aktivisten lieben den Gott der Gerechtigkeit, und ihre liebste Bibelstelle ist oft die Vertreibung der Händler aus dem Tempel. Für sie bedeutet »Lobpreis«, gegen das Böse zu kämpfen und die Sünder zur Buße aufzurufen. Diese Christen sehen die Gemeinde häufig als den Ort, an dem sie ihre Batterien wieder auffüllen können, um gestärkt in die Welt zurückzukehren und ihren Kampf gegen die Ungerechtigkeit fortzusetzen.

Aktivisten leben mitten in der wilden Welt der Konfrontationen, gleich ob sie nun sozial oder evangelistisch motiviert sind. Sie schöpfen ihre Energie mehr aus der Interaktion mit anderen – selbst wenn es sich dabei um Konflikte handelt – als aus dem Alleinsein oder aus Kleingruppen.

Francis Schaeffer ist ein gutes Beispiel für dieses Temperament. Auch wenn er ursprünglich den Ruf eines »Denkers« hatte, führten seine Gedanken normalerweise dazu, aktiv zu werden. In seinem Buch »Wie können wir denn leben?« schreibt er: »Als Christen sollten wir die richtige Sicht der Dinge nicht nur kennen, sondern auch bewusst danach handeln. So können wir die Gesellschaft in allen ihren Teilen und Facetten und über das ganze Spektrum des Lebens hinweg beeinflussen – und sollten dies auch tun, so weit wie es in unseren persönlichen und gemeinsamen Kräften steht.« Und dann lobt Schaeffer in diesem Zusammenhang große christliche Aktivisten wie Elizabeth Fry, Lord Shaftesbury, William Wilberforce und John Wesley.[5]

Schaeffer war davon überzeugt, dass Wahrheit gleichzusetzen ist mit Konfrontation. Wenn eine Idee erst einmal freigesetzt ist, dann hat sie die Macht, die Gesellschaft zu verändern, so hat er gesagt. Sein

Aktivisten sehen die Gemeinde häufig als den Ort, an dem sie ihre Batterien wieder auffüllen können, um gestärkt in die Welt zurückzukehren und ihren Kampf gegen die Ungerechtigkeit fortzusetzen.

Buch »Whatever Happened to the Human Race?«, das er zusammen mit C. Everett Koop geschrieben hat, war eines der ersten zeitgenössischen evangelikalen Bücher, das die Abtreibung verurteilte und Christen aufforderte, aktiv dagegen vorzugehen. Schaeffer hat seine Überzeugungen auch gelebt; er war maßgeblich an der Gründung einer der wichtigsten Pro-Life-Organisationen der heutigen Zeit beteiligt.

Der fürsorgliche Typ: Gott lieben durch Nächstenliebe

Christen mit fürsorglichem Temperament dienen Gott, indem sie anderen dienen. Sie sagen von sich, Christus in den Armen und Bedürftigen zu sehen, und es tut ihrem Glauben gut, mit anderen zusammen zu sein. Das von Hingabe geprägte Leben kontemplativer und enthusiastischer Christen empfinden sie als selbstsüchtig. Während es für viele von uns zermürbend ist, sich immerzu um andere zu kümmern, tankt der fürsorgliche Typ auf diese Weise seine Batterien auf.

Das vielleicht beste Beispiel für dieses Temperament ist Mutter Teresa von Kalkutta, die im Alter von zwölf Jahren so betroffen über das Ausmaß der Armut in Indien war, dass sie beschloss, Missionarin für die römisch-katholische Kirche zu werden. Sie war Mitglied des irischen Ordens der »Schwestern der Jungfrau von Loreto«, die in den Noti-Jhul-Slums in Kalkutta arbeiteten, als Gott sie 1946 aufforderte, ihren Kurs zu ändern:

»Ich sollte den Orden verlassen und den Armen helfen, indem ich mitten unter ihnen lebte.«[6]

1957 wurde sie indische Staatsbürgerin und gründete in der Erzdiözese Kalkutta ihre »Gemeinschaft der Missionarinnen der Nächstenliebe«. Ihre Arbeit hat sich mittlerweile in der gesamten Welt ausgebreitet. Heute leben und arbeiten ungefähr viertausend Nonnen – zu erkennen an ihren weißen Saris, kleinen Kruzifixen um den Hals und einem spartanischen Lebensstil – in den fast fünfhundert Klöstern der »Gemeinschaft der Missionarinnen der Nächstenliebe«. Sie sind verteilt auf siebenundachtzig Länder. Die Nonnen arbeiten in den Innenstädten von New York, Washington, Atlanta, Los Angeles und dreißig weiteren Städten der Vereinigten Staaten. Sie geben den Hungrigen zu essen, bieten den Obdachlosen ein Dach über dem Kopf und versorgen die Kranken.

Als Mutter Teresa 1995 ein Kloster in Charlotte im Staat North Carolina einweihte, sagte sie: »Jesus ist gestorben für dich und für mich und für den Aussätzigen und für den Hungernden und für den, der auf der Straße lebt. (...) Es reicht nicht aus zu sagen, dass du Gott liebst. Du musst auch sagen, dass du deinen Nächsten liebst. Wahre Liebe verursacht Schmerzen. Das heißt, dass wir Menschen geben sollen, bis es wehtut. Sonst ist die Liebe nicht wahrhaftig. (...) Seid die gute Nachricht für die Menschen, die in euer Haus kommen. Geht zu auf die Menschen von nebenan.«[7]

Der enthusiastische Typ:
Gott lieben durch Mysterien und Feiern

Der enthusiastische Christ liebt es, wenn es beim Gottesdienst und bei der Anbetung aufregend und geheimnisvoll zugeht. Das ist sein geistlicher Lebensnerv. So wie der sinnliche Typ Christ gerne von Schönheit umgeben ist und der intellektuelle um Begriffe ringen möchte, werden Enthusiasten inspiriert von fröhlichem Feiern. Enthusiastische Christen sind die Cheerleader Gottes und der ganzen Christenheit. Wenn sie in die Hände klatschen, »Amen!« rufen und in ihrer Begeisterung tanzen können, dann sind sie glücklich und zufrieden. Ihnen fehlt etwas, wenn ihre Herzen nicht in Bewegung geraten, wenn sie nicht die Kraft Gottes spüren. Sie möchten Konzepte nicht einfach kennen lernen, sie möchten sie erleben, fühlen und von ihnen in Bewegung gesetzt werden.

Die Schriftstellerin Ann Kiemel Anderson scheint mir ein Mensch zu sein, der in dieses Schema passt, auch wenn noch ein oder zwei andere Profile auf sie zutreffen könnten. Sie liebt es, ihre Zeit mit Kindern zu verbringen – ein Hinweis auf ihr verspieltes, kindliches Wesen – sie ist begeistert von Lobpreisliedern, und sie glaubt fest daran, dass Gott auf geheimnisvolle Weise alle Dinge nach seinem Willen lenkt. All das sind Kennzeichen eines wahren Enthusiasten.

Enthusiastische Christen sind die Cheerleader Gottes und der ganzen Christenheit.

Der kontemplative Typ:
Gott lieben mit grenzenloser Hingabe

Kontemplative Christen nennen Gott ihren »Geliebten«. Ihr Bild von Gott ist das des liebenden Vaters oder des Bräutigams. Ihre Lieblingsstellen in der Bibel sind sicherlich im Hohenlied der Liebe zu finden, denn sie erleben sozusagen eine »göttliche Romanze«. Sie legen nicht so viel Gewicht darauf, Gott zu dienen, seinem Willen zu folgen oder in seinem Namen Großes zu tun. Nicht einmal der Gehorsam ist so wichtig. Kontemplative Christen versuchen vielmehr, Gott die reinste, tiefste und strahlendste Liebe entgegenzubringen, die man sich vorstellen kann.

Es ist schwierig, unter den heute bekannten Menschen ein Beispiel für einen kontemplativen Christen zu finden, denn der wahre Kontemplative will nicht im Rampenlicht stehen. In der Bibel ist Maria von Bethanien eine solche kontemplative Persönlichkeit: Sie saß zu Jesu Füßen und betete ihn an – und wurde von ihm dafür gelobt. Wenn Sie diese Geschichte lieben und sich Maria nahe fühlen, dann gehören auch Sie vielleicht zu diesem Typ Christ.

Der intellektuelle Typ: Gott lieben mit dem Verstand

Intellektuelle Christen mögen Skeptiker oder Evangelikale sein, in jedem Fall werden sie sich mit den Lehren Calvins, der Säuglingstaufe, der Ordination von Frauen und der Prädestinationslehre beschäftigen (und manchmal dafür oder auch dagegen argumentieren). Diese Christen leben in einer Welt der Begriffe.

Intellektuelle, die vom Persönlichkeitstyp her eher schüchtern und verschlossen sind, meiden sicherlich die intellektuelle Konfrontation; trotzdem ist ihre »Hauptnahrung« intellektueller Art. »Glaube« muss zwar erlebt, aber vor allem verstanden werden. Christen mit diesem geistlichen Temperament fühlen sich Gott wahrscheinlich am nächsten, wenn sie eine neue Erkenntnis über ihn gewonnen haben.

Um Ihr dominantes geistliches Temperament herauszufinden, können Sie zum Beispiel einmal all die Christen auflisten, die Sie bewundern und denen Sie nacheifern möchten.

Es gibt heutzutage viele bekannte und angesehene christliche Intellektuelle. Zwei Beispiele dafür sind J. I. Packer und R. C. Sproul. J. I. Packer genießt weltweit großes Ansehen unter Theologen, und doch gelingt es ihm immer wieder, die komplexen theologischen Diskussionen für den normalen Christen in der Kirchenbank verständlich und anwendbar zu machen.

Um Ihr dominantes geistliches Temperament herauszufinden, können Sie zum Beispiel einmal all die Christen auflisten, die Sie bewundern und denen Sie nacheifern möchten. Wie würden Sie jeden Einzelnen von ihnen beschreiben? Wenn Sie feststellen, dass es sich immer wieder um Menschen mit ein und demselben geistlichen Temperament handelt, dann ist die Wahrscheinlichkeit groß, dass Sie zu derselben Sorte gehören.

Vollkommene Christen

Stellen Sie sich vor, man würde General H. Norman Schwarzkopf, Königin Elizabeth, Beethoven, Chuck Swindoll, Twila Paris und den Dichter Robert Browning in einer einzigen Person vereinen. Was käme dabei heraus? König David! Denk einmal darüber nach. Er war militärischer Heerführer, politischer Herrscher, Komponist, religiöser Führer, Musiker und Dichter. David ist ein Beispiel dafür, was heute viele Menschen mit »widersprüchlich« bezeichnen würden. Gelehrte der heutigen Zeit würden militärische und religiöse Führer – Genghis Khan und Franz von Assisi zum Beispiel – an den entgegengesetzten Enden einer Skala ansiedeln; David dagegen war in der Lage, diese beiden Rollen – und noch mehr – gleichzeitig auszufüllen.[8]

Wenn Sie sich geistlich krank fühlen, kann es sein, dass Sie einfach eine Veränderung Ihres geistlichen Speiseplans brauchen.

Im Gebetsleben des »idealen« Christen mögen vielleicht alle geistlichen Temperamente vorkommen. Ihr werdet bei den näheren Ausführungen zu den einzelnen Temperamenten feststellen, dass ich bei jedem auf Jesus als Vertreter hinweise. Ungeachtet unseres eigenen vorherrschenden geistlichen Temperamentes können wir alle eine Menge dadurch lernen, wie andere Nahrung von Gott bekommen und wie sie ihm begegnen und ihn lieben.

Wenn Sie dieses Buch gelesen haben, werden Sie Ihr geistliches Temperament oder Ihre Temperamente benennen können. Auf dieser Grundlage können Sie dann damit beginnen, ein geistliches Ernährungsprogramm für sich aufzustellen. Wohlgemerkt, Ziel ist nicht Selbstverwirklichung oder Selbstumkreisung. Ziel ist vielmehr, unsere Seele zu füttern, damit wir Gott ganz neu kennen lernen, ihn mit jeder Faser unseres Seins lieben und dieser Liebe dann Ausdruck geben können, indem wir auf andere zugehen.

Wenn Sie sich geistlich krank fühlen, kann es sein, dass Sie einfach eine Veränderung Ihres geistlichen Speiseplans brauchen. Geht es Ihnen zum Beispiel so, dass Sie eine bestimmte Sünde immer wieder begehen? Vielleicht finden Sie heraus, dass die Antwort ganz einfach ist: Sie wissen noch nicht, welche geistliche Nahrung dem entspricht, was Gott in Sie hineingelegt hat; deshalb haben Sie sich von geistlichem »Junkfood« ernährt, Junkfood in Form von Sünde oder von Süchten in anderen

Bereichen. Erfüllung in Gott zu finden ist das wirksamste Gegenmittel gegen alle Arten der Sünde.

Manche Leser dieses Buches haben sich sehr stark mit einem bestimmten Typ identifiziert. Andere haben aus diesem Anlass ihren Glauben einmal »ausgewertet«: »Ich habe begonnen als Enthusiast, habe dann eher ein kontemplatives geistliches Leben geführt und bin schließlich zu einem sinnlichem Typ geworden.« Wir alle müssen jedoch einen gemeinsamen Nenner haben, und den finden wir in Markus 12,30.

Hört man auf Jesus, dann gibt es vier Elemente, die für jede Art, den Glauben zu leben, wesentlich sind. Es ist entscheidend, Gott von ganzem Herzen (Anbetung), von ganzer Seele (Wille), mit all unserem Verstand (Glaube) und all unserer Kraft (Körper) zu lieben. Der Christ mit intellektuellem geistlichen Temperament ist nicht entschuldigt, wenn er es versäumt, Gott anzubeten. Genauso wenig ist der kontemplative Christ entschuldigt, wenn er falsche Ansichten über Gott hegt. Vollkommene Christen – und das zu sein, sind wir alle berufen – sollten Anbetung, Glauben, inneres Engagement und Dienst miteinander verbinden und nach außen tragen.

Vielleicht sind Sie versucht, nur die Kapitel zu lesen, die nur Ihr eigenes geistliches Temperament behandeln, aber ich bin überzeugt davon, dass Sie Folgendes herausfinden werden: Manche Temperamente haben Sie bisher noch nie ausgelebt, weil Sie ihnen nie begegnet sind. Das jedenfalls habe ich für mich selbst entdeckt. Wenn Sie alle Kapitel lesen, werden Sie ein wesentlich umfassenderes Bild davon bekommen, wie Christen ihre Liebe zu Gott ausdrücken können. Vielleicht finden Sie sogar heraus, dass Ihre anfängliche Einschätzung gar nicht ganz richtig war.

Wenn wir unser geistliches Temperament verstanden haben, dann können wir auch die Werkzeuge entwickeln, die wir brauchen, um geistlich zu wachsen. Diese Werkzeuge werden natürlich sehr unterschiedlich sein: Ein zehnjähriges Mädchen, das mit Begeisterung für Jesus Bilder malt und singt, wird einen ganz anderen Zugang zu Gott haben als ein Ingenieur, der herauszufinden versucht, wie sein Christsein sich darauf auswirkt, zehn bis zwölf Stunden am Tag Häuser zu bauen.

Zudem müssen wir vorsichtig sein, wenn wir über »Werkzeuge« sprechen. Sprache ist immer ungenau, und das gilt umso mehr, wenn es um geistliche Fragen geht. Alles, was wir sagen, verkäme rasch zu einem Zerrbild, wenn wir die dynamische Beziehung zu dem heiligen Gott – eine Beziehung, in der er der Initiator und Erhalter ist – auf eine Reihe von Patentrezepten und Tests reduzieren würden. Darum aber soll es in diesem Buch auf gar keinen Fall gehen.

Ziel ist vielmehr, Menschen dabei zu helfen, den Geist zu verstehen, den Gott ihnen gegeben hat. Gute geistliche Berater heilen niemanden. Sie versuchen, die bedrängte Seele in Gottes Gegenwart zu bringen, die von Sünde und Ichsucht verursachte Verwirrung und Täuschung zu beseitigen und dann den Rest dem Geist Gottes zu überlassen. Und genau das ist auch Sinn und Zweck dieses Buches.

Die Ehe mit Gott leben

Einmal wurde ich von einer Gemeinde zu einem Einkehrwochenende eingeladen. Ich sollte dort einige Referate halten. Vor meiner Ankunft erhielt ich einige Briefe, in denen verschiedene Gemeindemitglieder ihre hohen Erwartungen zum Ausdruck brachten. Direkt am Anfang meines ersten Vortrags versuchte ich, diese Erwartungen so weit wie möglich zu verringern. »Es wäre einfach, diesen Wochenendkurs zu einem ›Gipfelerlebnis‹ zu machen«, teilte ich ihnen mit. »Zusammen mit dem Leiter des Anbetungsteams könnten wir, wenn wir wollten, ein Programm mit einem sorgfältig ausgearbeiteten Spannungsbogen aufstellen und so ein geistliches Highlight produzieren. Aber ich habe vor diesem Wochenende sehr intensiv gebetet und bin zu der Überzeugung gelangt, dass ich nicht hier bin, um euch eine irre Begegnung mit Gott zu verschaffen. Ich möchte, dass wir darüber nachdenken, wie wir sozusagen die Ehe mit ihm eingehen können – wie wir durch all die Höhen und Tiefen und dem Einerlei unseres Lebens hindurch lernen können, Zeit mit ihm zu verbringen, ihn zu genießen und nach seinem Willen zu leben. Wahrhaft reife Christen möchten lebenslang ein treuer Begleiter Gottes sein.«

Mit dieser Einstellung habe ich dieses Buch geschrieben. Wie können wir lernen, Gott tagein, tagaus zu lieben, durch alle die verschiedenen Zeiten unseres Lebens hindurch? Wie können wir diese Liebe wach halten? Wie können unsere Hingabe zu Gott und unser Verständnis von Gott wachsen?

Indem wir Zeit mit ihm verbringen. Und wenn wir einmal entdeckt haben, auf welch unterschiedliche Weise Christen im Laufe der Geschichte diese Beziehung gepflegt haben, stehen uns mehr Ideen zur Verfügung, als wir brauchen, um näher und dauerhafter an seiner Seite zu gehen.

Teil 2

Die neun Wege, Gott zu lieben

1.
Der Natur-Typ:
Gott in seiner Schöpfung lieben

Am Nachmittag eines Heiligen Abends habe ich mich einmal davongestohlen, um einen Spaziergang durch die von mir so geliebten Wälder am Rand von Manassas in Virginia zu machen. Die Ruhe und Unberührtheit dort waren eine willkommene Abwechslung zu dem Gedränge und Gewühle in den Supermärkten und Einkaufszentren. Die Stille weckte in mir ein Gefühl der Erwartung auf die Geburt Jesu, das weit entfernt war von der hektischen Betriebsamkeit, die überall herrschte.

Plötzlich öffnete sich der Wald zu einer Lichtung. Ich hüllte mich enger in meinen Mantel, denn der kalte Wind ging mir unter die Haut. Die Windböen tanzten um mich herum, sammelten einen Moment lang Kraft und stürzten sich dann in den Schnee. Ich zog meine Kapuze über, um meinen Nacken zu schützen, wandte dem beißenden Wind meinen Rücken zu und beobachtete dann, wie er den Schnee am Boden entlang wirbelte. Erst nach einer ganzen Weile ließ er ihn wieder los. Ich hatte das Gefühl, mein Herz müsste mir beim Anblick dieser wunderbaren Schönheit stillstehen. Nur ein paar Augenblicke währte diese Pracht. Aber meine Frau, nur ein paar Meilen entfernt zu Hause, sah nichts davon. Diese wenigen, unendlich kostbaren Augenblicke haben mehr dazu beigetragen, mich in Gedanken dem Christuskind näher zu bringen als all die Wochen zuvor, die ich in Supermärkten, auf Postämtern und in festlich geschmückten Räumen verbracht hatte.

Diese Erfahrung war einschneidend: Sie brachte mich dazu, die Schöpfung als Tempel Gottes zu betrachten. Ich verbringe auch weiterhin den Großteil meiner täglichen Gebetszeiten drinnen, aber viele von ihnen sind geprägt von der Erinnerung daran (und dem Vorgeschmack darauf), Gott im Freien zu loben und zu preisen – draußen in seinem Tempel. Solche

Erinnerungen können machtvoll sein und uns noch lange begleiten, nachdem der erste Eindruck verblasst ist. Franz von Assisi hat den berühmten »Sonnengesang« – wahrscheinlich *das* christliche Gedicht überhaupt zum Thema Schönheit und Herrlichkeit der Schöpfung – geschrieben, als er durch eine Infektion der Augen beinahe blind geworden war.[9]

Beim Lesen der Lebensgeschichten anderer Christen habe ich herausgefunden, dass ich nicht allein bin mit meinem Wunsch, Gott in der Natur zu loben und dort von ihm zu lernen. Als junger Mann schrieb der große Erweckungsprediger Jonathan Edwards eine Monographie über die fliegenden Spinnen in den nordamerikanischen Wäldern. Viele Jahre später benutzte Edwards in einer der berühmtesten Predigten, die je auf amerikanischem Boden gehalten wurden, das Bild der Spinne, die an einem dünnen Seidenfaden hängt, um das Dilemma eines uneinsichtigen Sünders in den Händen eines zornigen Gottes zu beschreiben. Edwards ist nur einer unter vielen Christen, die gelernt haben, Gottes Schöpfung zu nutzen, um den Schöpfergott und seine Wege mit uns Menschen zu verstehen.

Der Ort, an dem wir Gott anbeten, kann einen entscheidenden Einfluss auf die Qualität unseres Gebetes haben.

Der Ort, an dem wir Gott anbeten, kann einen entscheidenden Einfluss auf die Qualität unseres Gebetes haben. Den Natur-Typ drängt es, architektonische Kunstwerke und gepolsterte Kirchenbänke zu verlassen, um eine völlig neue »Kathedrale« zu betreten, einen Ort, den Gott selbst geschaffen hat: die Natur.

Jeder Ort, an dem ein paar Bäume stehen oder ein Bach fließt – oder an dem man wenigstens ein bisschen Himmel sehen kann –, ist eine solche Kathedrale Gottes. Naturverbundene Christen haben entdeckt, dass leere Herzen buchstäblich überflutet und verhärtete Seelen weich werden, wenn man hinaus ins Freie geht. Für die meisten Gemeinden ist es sicherlich unpraktisch, sich regelmäßig im Freien zu treffen. Einzelne Christen oder auch kleine Gruppen können es jedoch als sehr bereichernd empfinden, sich einmal zu einem stillen Ort aufzumachen, um Gott in der Natur zu begegnen.

Naturverbundene Menschen in der Bibel

Eines ist mir klar geworden, auch wenn es mir die Bequemlichkeiten der heutigen Zeit so lange verborgen haben: Die Bibel ist dazu da, draußen gelesen zu werden. Viele Bilder und Anspielungen im Alten Testament und in den Evangelien beziehen sich auf die Natur, und nur im Kontext der Natur gewinnen sie ihre Bedeutung und ihre Kraft zurück. Der Begriff »Strom des Lebens« entwickelt seine überwältigende Kraft erst richtig, wenn Sie am Ufer eines schnell dahinfließenden Flusses stehen. »Grüne Auen« kann sich nach Postkartenidylle anhören, bis man eine unberührte Wiese betritt, die weit weg ist vom Lärm der Autobahn, des Radios und grölender Fußballfans.

Ich würde das künstliche Licht eines Overheadprojektors jederzeit eintauschen gegen den Anblick einer aufgehenden Sonne. Ich höre viel lieber das Heulen des Windes, der über die Erde fegt, als das Klicken der Heizung während der Predigt. Wenn wir uns in unseren Häusern einschließen, dann lassen wir einen Teil von Gottes Schöpfung – und daher auch einen Teil von uns selbst – außen vor. Künstlich produzierter Komfort hat seinen Preis.

Viele der Erscheinungen Gottes im Alten Testament ereigneten sich in der Wildnis.[10] Gott begegnet Hagar in der Wüste, Abraham auf einem Berg, Jakob an einer Flussmündung und Mose in einem brennenden Busch. Es geschah wesentlich seltener, dass Gott jemandem im Zentrum einer Stadt begegnete.

Auch Jesus hat für sich nach der Schönheit der Schöpfung gesucht. Am Anfang seines Wirkens hat er Nazareth verlassen, um in Kapernaum am Meer zu leben (Matthäus 4,13). Und zur Berufung einiger seiner Jünger wanderte er am See Genezareth entlang (Matthäus 4,18).

Jesus hat oft im Freien gelehrt, vielleicht weil er dort direkt zeigen konnte, was er mit seinen Bildern meinte. Wer weiß, ob nicht die Vögel über seinem Kopf kreisten, als er von Gottes Fürsorge für diese Geschöpfe erzählte. Oder ob er nicht auf echte Blumen zeigen konnte, als er von ihrer Schönheit sprach. Es ist schade, dass wir die Taufe vom Fluss weg in das Becken neben dem Altar verlegt haben. Wir hören den Pastor die Bergpredigt lesen – und er steht auf teppichbelegten Treppenstufen, statt auf einem grasbedeckten Hügel zu sitzen. Unser Gottesdienst ist vom Berg Sinai mit all seiner Aussicht, seinen Geräuschen und seinen Gerüchen in einen schön gestrichenen Raum umgezogen, der uns »schützen« soll vor den Ablenkungen von draußen.[11] Und wir haben monatelang die Spendenaufrufe des Bauausschusses ertragen, um diesen »Fortschritt« zu erzielen.

Als Gott für den ersten Mann und die erste Frau das Paradies schuf, baute er ihnen da ein Erholungsheim? Ein ausgefallenes Motel? Einen wunderschönen Palast? Nein, Gott entschied sich dafür, mit Adam und Eva in einem Garten voller Bäume und mit einem Fluss zu wandeln, der vier Quellen hatte.

> Als Gott für den ersten Mann und die erste Frau das Paradies schuf, baute er ihnen da ein Erholungsheim? Ein ausgefallenes Motel? Einen wunderschönen Palast? Nein, Gott entschied sich dafür, mit Adam und Eva in einem Garten zu wandeln.

Geistliche Lektionen für den naturverbundenen Typ

Die Naturtypen unter den Christen lernen am meisten, wenn sie von Gottes Schöpfung umgeben sind. Ich denke vor allem an drei Lektionen: Sie haben geistliche Wahrheiten sichtbar vor Augen; sie sehen Gott klarer; und sie lernen es, in ihm Ruhe zu finden.

Geistliche Wahrheiten sichtbar vor Augen

Es war Januar, und ich ging bei einem meiner Spaziergänge über eine große Weide. Obwohl ein großer Teil der umliegenden Wälder kahl war, hatte das hohe Gras eine rötliche Farbe. Ich untersuchte einen einzelnen Grashalm und stellte fest, dass er grau-braun und hässlich war – alle Halme zusammen aber bildeten eine wunderschöne rostbraune Fläche. Sofort drängte sich mir ein Vergleich auf: Die einzelnen Grashalme sind ein Bild für uns einzelne Christen, die ganze Wiese gleicht der Kirche, die ein Spiegel der Herrlichkeit Gottes ist.

Mein Weg führte mich weiter auf einen kleinen Hügel. Oben angekommen, erwartete mich ein klarer Blick über die Landschaft Virginias mit ihren sanften Hügeln und weiten Wiesen. Ich dachte zurück an die Zeit, in der ich im Staat Washington gelebt hatte. Die Landschaft dort ist geprägt von schneebedeckten Bergen, Nadelwäldern und großen Flüssen und Wasserfällen. »Was ist wohl schöner?«, fragte ich mich. Würde ich mich für die Wiesen, die sanften Hügel und die schmalen Bäche Virginias entscheiden oder für die immergrünen Wälder Washingtons mit ihren farnbedeckten Böden und den imposanten Bergen, deren unverrückbare Felsen den Verlauf der Autobahnen bestimmen? Ich konnte es nicht sagen – und habe dabei mitten in der Natur eine weitere wertvolle Lektion gelernt: Gottes Schönheit kennt keine Grenzen. Wie anders ist diese Schönheit, dachte ich, als all die Hollywood-Schönheit, die wir zu sehen bekommen: Die weiblichen Stars müssen alle die gleiche Haarfarbe und mehr oder weniger gleiche Figur haben, und die Männer müssen sich einen bestimmten Körperbau antrainieren und die gleiche, leicht grimmige Miene aufsetzen.

Dieses Erlebnis ließ mich für einen kleinen Moment den Unterschied zwischen einem unendlich großen Gott und uns endlichen Menschen begreifen. Dieser Augenblick war eindrucksvoll genug, um demütig meine eigenen Grenzen zu sehen und mir Mut zu machen für die grenzenlosen Möglichkeiten Gottes.

Es ist jeden Tag möglich, von der Natur zu lernen. Jonathan Edwards liebte diese Schöpfungsanalogien. Eine seiner Tagebucheintragungen trägt den Titel: »Die Sprache der Natur und was wir von ihr lernen können«. Die Tatsache, dass Rosen Dornen haben, lehrt uns – so sagt er –, dass »alles Süße einen bitteren Beigeschmack hat«. Spinnen, die ihre Opfer aussaugen, sind ein Bild für den Teufel und die Versuchung; ins Meer mündende Flüsse sind ein Symbol dafür, dass alle Dinge auf Gott hinzielen.[12]

Franz von Assisi war berühmt dafür, dass er sich sogar um die Würmer gekümmert hat. Sie haben ihn an die Beschreibung des gedemütigten Erlösers in Psalm 22,7 erinnert: »Ich aber bin ein Wurm und kein Mensch, ein Spott der Leute und verachtet vom Volk.« Der berühmte Zisterziensermönch Bernhard von Clairvaux schrieb: »In den Wäldern wirst du mehr Anregung finden als jemals in Büchern. Wälder und Steine werden dich Dinge lehren, die dir kein Meister sagen könnte.«[13]

Antonius (geb. 251 v.Chr.), ein Wüstenvater, der durch die Schriften des Athanasius berühmt geworden ist, wurde einmal gefragt: »Wie (...) kannst du zufrieden sein, Vater, ohne den Trost der Bücher?« Antonius antwortete: »Mein Buch ist das Wesen der geschaffenen Dinge, und immer wenn mir danach ist, die Worte Gottes zu lesen, dann sind sie schon da.«[14]

Gott spricht zu uns durch seine Schöpfung, wir müssen ihm nur zuhören. Wenn Sie das Gefühl haben, dass Sie das Lesen von Büchern oder das Hören von Predigten nicht mehr vorwärts bringt, dann ziehen Sie den Mantel an, nehmen Sie Ihren Wanderstock, und gehen Sie raus in die Schule, die immer geöffnet ist.

Gott klarer sehen

1998 flog der siebenundsiebzigjährige John Glenn noch einmal in den Weltraum. Augenblicklich wurde er überwältigt von der Gegenwart Gottes. »Von diesem Aussichtspunkt aus auf die Erde zu schauen, die wunderbare Schöpfung von hier aus zu sehen und nicht an Gott zu glauben – das ist für mich unvorstellbar«, so erzählte er den Reportern.

Damit ist Glenn nicht allein. Flüge in den Weltraum sind offensichtlich eine gute Möglichkeit der Evangelisation. Bryan O'Connor, ein Astronaut im Ruhestand, hat gesagt, dass bei vielen Astronauten der Glaube wächst. »Ich sage euch, ich habe dort oben beim Anblick der Erde plötzlich eine Ehrfurcht empfunden, wie ich sie nie zuvor gefühlt hatte.«[15]

Eigentlich ist das nicht überraschend. »Der Himmel verkündet Gottes Größe und Hoheit, das Firmament bezeugt seine großen Schöpfungstaten!«, so verkündet der Psalmist (Psalm 19,1). Der Apostel Paulus schreibt: »Gott ist zwar unsichtbar, doch an seinen Werken, der Schöpfung, haben die Menschen seit jeher seine göttliche Macht und Größe sehen können« (Römer 1,20).

Christliche Kirchen und einzelne Christen haben immer wieder bezeugt, dass wahr ist, was in der Bibel steht: Gott offenbart sich häufig in der Natur. Artikel 2 der »Confessio Belgica« (das niederländische Bekenntnis) besagt, dass Gott uns bekannt gemacht wird »durch die Schöpfung, Erhaltung und Regierung der Welt, die offen liegt wie ein schönes Buch«.

Der große Prediger Charles H. Spurgeon hat das so ausgedrückt: »Alles, was von der Hand eines solchen Meisters wie Gott geschaffen ist, birgt in sich auch Teile von ihm. Es gibt auf diesem herrlichen Planeten wunderschöne Stellen, die sogar die zum Glauben bringen müssten, die Gott lästern. Wenn ich inmitten von Bergen stehe, kann ich nur sagen: Wer hier meint es gäbe Gott nicht, ist verrückt. Manches von dem, was Gott gemacht hat, führt uns seine Allmacht überwältigend vor Augen. Wie nur kann ein Mensch dies alles sehen und doch die Existenz seiner Göttlichkeit bezweifeln?«

Wenn Sie das Gefühl haben, dass Sie das Lesen von Büchern oder das Hören von Predigten nicht mehr vorwärts bringt, dann ziehen Sie den Mantel an, nehmen Sie Ihren Wanderstock, und gehen Sie raus in die Schule, die immer geöffnet ist.

John Milton versucht uns in seinem berühmten Gedicht »Paradise Lost« zu sagen, dass wir durch die Betrachtung alles Geschaffenen Schritt für Schritt Gott näher kommen können.[16] Und eines der größten Glaubenslieder – »Wie groß bist du« – feiert die Art, wie Gott uns durch seine Schöpfung zu sich zieht:

> Wenn durch die Wälder und die lichten Auen
> ich wandernd hör der Vögel helles Lied,
> wenn ich von luft'gen Höhn ins Tal kann schauen,
> ein Bächlein rauscht, ein Wind vorüberzieht,
> dann jauchzt das Herz dir, großer Herrscher zu:
> Wie groß bist du! Wie groß bist du!
> Dann jauchzt das Herz dir, großer Herrscher zu:
> Wie groß bist du! Wie groß bist du!

Die Existenz, das Geheimnis und die Herrlichkeit Gottes werden uns jeden Tag für alle sichtbar vor Augen geführt – wir müssen nur ins Freie treten und unsere Herzen und unseren Verstand für die Wahrheit öffnen.

Aber nicht nur die Schönheit Gottes kann man in der Natur entdecken. Auch seine beängstigende Schreckensherrschaft kommt hier zum Ausdruck. Denn die Bibel lehrt uns, dass unser Gott zwar ein Gott der Gnade und des Erbarmens ist, aber genauso ist er auch ein Gott der Gerechtigkeit und des Gerichts. Deshalb ist es gar nicht überraschend, dass der gleiche Regen, der den Boden nährt, in Form eines tropischen Sturms eine ganze Küste verwüsten kann. Die Sonne, die im Frühling die Vegetation sprießen lässt, verbrennt im Sommer die empfindlichen Pflanzen. Der Wind, der uns im Sommer Kühlung schenkt, kann in Form eines Tornados unsere Häuser durch die Luft wirbeln lassen.

Die Schöpfung tut also beides: Sie erinnert uns an Gottes Schönheit, und genauso erinnert sie uns an seine Macht und sein Gericht.

Ruhe finden in Gott

Dieser Aspekt der Schöpfung liegt mir persönlich besonders am Herzen. Vor einigen Jahren war ich einmal völlig ausgebrannt. Und vor mir lagen sechs anstrengende Wochen, in denen ich fünf lange Reisen zum Teil quer durch ganz Amerika unternehmen sollte. Ich saß am Schreibtisch, und ein Mitarbeiter kam herein, der etwas ganz Einfaches von mir wissen wollte. Ich saß da und konnte ihn nur anstarren. Schließlich sagte ich: »Ich fahre mit dir zurück.«

Ich spürte, wie schlecht es mir ging, und nahm mir erst einmal Zeit für eine lange Mittagspause. Ich wanderte durch einen der wunderschönen Parks von Virginia, dann durch eine Siedlung mit großen, alten Bäumen und schließlich hinein in einen weiteren Park. Es war kalt an jenem Tag, aber die frische Luft half mir dabei aufzuwachen. Die Blätter unter meinen Füßen raschelten, die Ruhe der Bäume übertrug sich auf mich, und die

Sonne zauberte mit ihrem Lächeln wieder etwas Hoffnung in meine geplagte Seele.

Und ich schüttete Gott mein Herz aus. »Ich schaffe das alles einfach nicht«, sagte ich. »Ich kann nicht meiner Arbeit, meiner Familie, meinen Büchern, meinen Vortragsterminen und allem anderen gleichzeitig gerecht werden. Ich will aufhören.« Doch nach diesem Gebet und meinem Gang durch die Natur konnte ich dem restlichen Tag im Büro wieder ins Auge blicken. Ein paar Tage später beantwortete Gott mein Gebet, indem zwei meiner Vortragsreisen abgesagt wurden – so rückte er auch meine eigenen Fehlplanungen wieder zurecht, denn schließlich hatte ich selbst mir den Terminkalender so voll gepackt.

Bei meinem Spaziergang durch den Park erkannte ich auch Folgendes: Nicht immer brauchen wir einen Wechsel. Manchmal brauchen wir auch nur eine Pause – und es gibt keinen besseren Ort, um unseren Körper und unsere Seele zur Ruhe kommen zu lassen, als die Natur.

In Psalm 23 dankt David Gott dafür, dass er seine Seele erquickt; ganz deutlich spielt dabei das Umfeld eines Schafhirten eine Rolle.[17] Natur ist kein Ersatz für die Gemeinschaft mit Gott, aber Gott kann sie auf machtvolle Weise benutzen. Susan Power Bratton, eine christliche Schriftstellerin, die sicherlich zu den Naturtypen gehört, schreibt:

Die Schönheit und den Frieden Gottes in der Natur zu erleben und zu spüren, ist kein Ersatz für einen direkten Kontakt mit der regenerativen Macht des Schöpfers. Aber (...) die Anbindung an Gott, die so wichtig ist für die Heilung unseres mit Stress gefüllten Lebens, kann durch die Schöpfung möglich werden. Allen, die geistlich unterdrückt und von ihrem Umfeld verletzt sind, kann eine sanfte und ruhige Landschaft zu geistlicher Entspannung verhelfen. An einem klaren, frei dahinfließenden Fluss zu rasten oder auf einem sonnigen Hang inmitten blühender Wiesen zu sitzen, kann betrübte Seelen mit Frieden und Freude füllen.[18]

Jesus hat mitten in seinem anstrengenden Dienst oft einsame Orte aufgesucht, um zu beten und sich wieder von Gott füllen zu lassen. Und seine Jünger hat er gelehrt, das Gleiche zu tun (Markus 6,30–32). Vielleicht ist es in diesem Zusammenhang nur

Zufall, aber interessanterweise fährt Jesus mit seinen Jüngern im Boot zu einem Ort der Stille. Vom Wasser »umspielt« zu sein, ist überaus erfrischend. Jesus wusste, dass Gott für uns sorgt, und die Schöpfung kann so etwas wie eine warme Decke sein, die Gott benutzt, um unsere kalten Herzen darin einzuhüllen.

Gott in seiner Schöpfung lieben – wie geht das?

An jenem Spätsommertag in Birch Bay spiegelten sich die kristallfarbenen Strahlen der Sonne im Wasser. Ich befand mich südlich von der kanadischen Grenze und hundert Kilometer nördlich von Seattle im Staat Washington. Das Wasser war still und klatschte nur leise an die Seiten meine Kajaks. Ich fühlte mich so wohl wie ein Säugling an der Brust der Mutter.

Steve, ein Freund aus der Collegezeit, inzwischen ebenfalls Pastor, paddelte mit seinem Kajak neben das Meine, und wir ließen uns von den kleinen, sanften Wellen schaukeln. Wir sprachen darüber, wie sehr unser Leben sich während des vergangenen Jahrzehnts verändert hatte. Wir tauschten aus, was Gott in unserem Leben getan hatte und noch tat, was uns herausfordert und was uns Mut macht. Wir sprachen über gemeinsame Freunde, wir lachten, wir dankten Gott, wir sagten uns gegenseitig, wie sehr wir die Gesellschaft des anderen genießen und auch die Welt, in der uns Gott Augenblicke wie diesen erleben lässt.

Jesus wusste, dass Gott für uns sorgt, und die Schöpfung kann so etwas wie eine warme Decke sein, die Gott benutzt, um unsere kalten Herzen darin einzuhüllen.

Als wir zum Ufer zurückpaddelten, wunderte ich mich darüber, dass ich das alles als Kind nicht wahrgenommen hatte. Ich bin weiter südlich des Bays groß geworden, im Schatten des Mount Rainier. Die immergrünen Nadelwälder, die die Landschaft am Pazifik im Nordwesten Amerikas prägen, gehören zu den ausgeprägtesten Erinnerungen an meine Kindheit. Ich war viel in den Wäldern, aber die meiste Zeit bin ich gerannt. Mein Herz war noch nicht so weit, dass ich einen Wald betreten und ihn als Kathedrale Gottes empfinden konnte, als heiligen Ort des Gebetes. Wir werden heute geboren in der keimfreien Umgebung eines Krankenhauses, dann in ein mit Tapete ausgekleidetes Kinderzimmer gebracht und in einer Blechkiste – genannt Auto – durch die Gegend gefahren. Ist es da ein Wunder, dass unsere Fähigkeit, Gott in der Schöpfung zu begegnen und ernst zu nehmen, sozusagen verstümmelt ist?

Margaret Ruth Miles bemerkte einmal: »Nichts hindert uns daran, den durch und durch wunderbaren Charakter der Schöpfung zu erleben – außer unserer Unfähigkeit, unsere Gefühle in die richtige Richtung zu lenken und unsere Sinne zu benutzen.«[19] Mit anderen Worten: Wir müssen geistlich aufwachen, um die Natur richtig wahrnehmen und wertschätzen zu können. Elizabeth Barrett Browning hatte das begriffen, als sie schrieb:

> Die Erde ist voller Himmel und jeder noch so kleine Busch trägt in sich das Feuer Gottes.
> Doch nur wer sieht, zieht seine Schuhe aus vor Ehrfurcht, der Rest aber sitzt einfach da und pflückt Brombeeren.

Wie können unsere Sinne neu erwachen für die Wunder der Natur? Dazu ein paar Ideen von mir, denn ich habe eine lange innere Reise hinter mir: von einem Pfadfinder, der ohne Gebet auf den Lippen durch die Wälder streifte, hin zu einem reifen Christen, der das Feuer Gottes in den Büschen und Bäumen entdeckt. Ich habe gelernt, dass wir uns erst Zeit, Ruhe und Abgeschiedenheit gönnen müssen, bevor wir Gott wirklich sehen können. Wir müssen neu lernen zu glauben, wahrzunehmen und zu empfangen.

Glauben

Um zu vermeiden, dass wir in unserem Glauben von Sentimentalität und Irrglauben geleitet werden, müssen wir erst einmal ganz und gar in Christus leben. In seinen Predigten zum Johannesevangelium sagt Martin Luther: »Erst wenn ich an den Sohn Gottes glaube und mir immer wieder klar mache, dass er als

Mensch auf die Erde kam, dann erscheint mir die Schöpfung noch hundert Mal schöner als zuvor. Dann erst kann ich die Sonne, den Mond, die Sterne, die Bäume, die Äpfel und die Birnen richtig schätzen – denn erst dann habe ich begriffen, dass er Herr über alle Dinge ist und zugleich auch ihr Mittelpunkt.«[20] Wenn wir naturverbundene Menschen nicht respektieren, dann könnte es sein, dass es uns auch an Respekt für den Schöpfer fehlt.

Luther macht uns klar, dass wir nur mit den »Augen des Glaubens« die Wunder in der Natur entdecken können – und er ist fest davon überzeugt, dass diese Wunder noch größer sind als die der Sakramente. Wenn wir tatsächlich verstehen könnten, wie das Wachstum eines Weizenkorns funktioniert, dann würden wir erstarren angesichts eines solchen Wunders.[21]

Der erste Schritt zu einem neuen Erwachen der Sinne ist also die Suche nach dem Schöpfer in seiner Schöpfung. Luther nannte die Schöpfung »Maske Gottes«. Sicher, zunächst einmal ist eine Maske dazu da zu verdecken – aber gleichzeitig sagt sie uns, dass hinter ihr etwas zu finden ist.

Erkennen

In einem zweiten Schritt müssen wir unsere Wahrnehmung neu schulen, müssen verschüttete Möglichkeiten wieder entdecken. Der heilige Bonaventura, ein Anhänger Franz von Assisis, schlägt Schritte vor, mit denen wir uns darin »schulen« können, Gott in der Natur zu suchen und zu begegnen.

Zunächst sollten wir uns die Größe der Schöpfung vor Augen halten – die Berge, den Himmel und die Meere. Sie spiegeln die unendliche Macht, Weisheit und Güte des dreieinigen Gottes wider.

Dann sollten wir die Vielfalt der Schöpfung betrachten – in einem Wald gibt es mehr Pflanzen- und Tierarten, als Sie je in Ihrem Leben erforschen könnten. Das zeigt uns, dass Gott unendlich viel auf einmal tun kann. Wer sich fragt, wie Gott all die vielen, gleichzeitig gesprochenen Gebete hören kann, war viel zu lange nicht mehr in einem Wald.

Schließlich sollten wir auf die Schönheit der Schöpfung blicken – die Schönheit der Felsen in ihren verschiedenen Formen, Farben und Schattierungen, die Schönheit einzelner Dinge (wie zum Beispiel eines Baumes) und die Schönheit ganzer Einheiten (wie die von Wäldern). Gottes Schönheit kann nicht durch eine Form allein offenbart werden, sie ist so groß und unendlich, dass sie eine ganze Welt mit Wundern füllt.

Christen, die zu den Naturtypen gehören, sprechen auch von der Fülle Gottes. Ich habe schon viel über Wälder gesagt, aber stellen Sie sich vor, Sie stehen barfuß in der Wüste oder am Strand und versuchen zu raten, wie viele Sandkörner Sie unter Ihren Füßen oder in Ihrem Blickfeld haben – und wie viele es wohl sind, wenn man alle Strände und alle Wüsten der Welt zusammen nimmt. Wir dienen einem Gott der Fülle, dessen Gnade und Liebe unerschöpflich sind.[22]

Wer sich fragt, wie Gott all die vielen, gleichzeitig gesprochenen Gebete hören kann, war viel zu lange nicht mehr in einem Wald.

Als mein Sohn Graham gerade zwei Jahre alt war, schlenderten wir oft gemeinsam über das Schlachtfeld von Manasses in Virginia (dort trugen die Konföderierten im amerikanischen Bürgerkrieg 1861 und 1862 entscheidende Siege davon). Wir schwiegen. Ab und zu deutete ich auf einen Baum oder eine Pflanze, Graham nickte, und dann gingen wir weiter. Ich liebte diese Spaziergänge, weil wir zusammen sein konnten und gleichzeitig voller Ehrfurcht waren. Jetzt ist Graham zehn, und es ist geradezu unmöglich für ihn und seine Freunde, keine Kiefernzapfen und Stöcke zu sammeln, um einen Hinterhalt zu bauen und anzugreifen, wenn der Rest der Familie vorbeikommt. Er ist nicht mehr im Wald, um wahrzunehmen; er ist dort, um zu spielen – und das ist auch in Ordnung so.

Für einen naturverbundenen Christen ist die Schöpfung nicht mehr und nicht weniger als ein Heiligtum, ein heiliger Ort, der zum Beten einlädt. Wie kann es gelingen, die Seele wach und aufnahmefähig zu machen für die Schöpfung? Zum Beispiel, indem Sie auf dem Weg zur Arbeit oder zum Einkaufen einen – kleinen oder auch größeren – Umweg fahren, der

Sie über eine Landstraße führt. Nehmen Sie sich einen Augenblick Zeit, um sich Gottes Schöpfungswerk bewusst zu machen. Treffen Sie die Entscheidung, dass der Weg selbst wichtiger ist als das Erreichen des Zieles. Machen Sie aus dem Unterwegssein ein Ereignis.

Empfangen

Psychologen behaupten, dass Kinder ihre eigenen Aggressionen auf Tiere übertragen – und sie deswegen Angst vor ihnen haben. Das Gleiche könnte passieren, wenn wir einen Wald betreten: Wir könnten unsere eigenen Sorgen auf die Umgebung übertragen. Bei wirklich hilfreichen Spaziergängen lasse ich das, was mich beschäftigt, beim Anblick des ersten Grashalmes los und warte darauf, dass Gott meine Gedanken lenkt.

Einmal wanderte ich einen Waldweg entlang und war ganz damit beschäftigt, über ein berufliches Problem nachzudenken. Ich war ganz in Gedanken, aber beim Gehen spürte ich plötzlich, wie Gott mich zu korrigieren begann. Nach ein paar weiteren Metern war mein Geist klar, und mein Herz konnte Gott hören, lieben und sich ihm ganz zuwenden.

Der Weg machte eine Biegung und begann leicht abwärts zu führen. Es war zu Beginn des Frühlings, und ein Bachbett, über das ich den ganzen Winter immer gegangen war, führte jetzt so viel Wasser, dass der Bach frei wie ein Strom dahin floss. Ich war fassungslos. Der gleiche, kleine, erdige Pfad, über den ich ein paar Monate lang einfach hinweg gestiegen war, stand jetzt völlig unter Wasser. Ich hatte den Bach auch schon vorher so gesehen, aber diese plötzliche Veränderung überwältigte mich; und mitten hinein in dieses Gefühl brach Gottes Stimme: Umstände verändern sich. Wenn wir die Überquerung nicht wagen, wenn es gerade möglich ist, dann kann es sein, dass es später nicht mehr geht.

Bei wirklich hilfreichen Spaziergängen lasse ich das, was mich beschäftigt, beim Anblick des ersten Grashalmes los und warte darauf, dass Gott meine Gedanken lenkt.

Gedanken, Vergleiche und Ideen schossen mir durch den Kopf, während ich weiter wanderte, um zu der kleinen hölzernen Brücke zu kommen, die über den Bach führte. Auf diesem Weg gab mir Gott neue Orientierung ins Herz. Ich verweilte einige Zeit auf der Brücke und genoss diese wunderschöne Zeit des Betens. Ich stand einfach da und freute mich an dem Anblick des Wassers, das unter mir herfloss, dem Anblick der Bäume, die ihre Äste in den Bach streckten und damit Blätter und kleine Stöcke auffingen, dem Gurgeln des Wassers und dem Geruch der frischen Luft. Ich wollte gar nicht mehr gehen. Und dabei hätte ich diesen Segen fast verpasst, weil mein Kopf noch so voll war, als ich den Wald betrat. Gott war gnädig und hat den Bann gebrochen; und ich verließ den Wald mit einem tiefen Gefühl der Liebe zu diesem Gott, der sein Innerstes und seine Ziele mit mir teilen will.

Wir können jedoch nicht empfangen, wenn wir nicht Zeit reservieren, damit Gott sprechen kann – und ihm dann Einblick gewähren in das, was uns beschäftigt. Ich habe herausgefunden, dass meine Gedanken oft in eine andere Richtung gehen als die Gedanken Gottes. Er sollte der Initiator sein auf meinem geistlichen Weg. Er weiß, was ich gerade brauche. Denn wenn ich allzu sehr mit meinen momentanen Problemen beschäftigt bin, verpasse ich den Segen der Natur.

Wenn Sie in den Wald gehen, dann gehen Sie, um zu empfangen. Lassen Sie Ihre Sorgen zu Hause.

Versuchungen

Wie alle anderen geistlichen Temperamente auch, muss der Naturtyp sich vor einigen Versuchungen hüten.[23]

Individualismus

Jesus hat Zeit allein in der Natur verbracht – aber er tat es, um gut vorbereitet in die Welt zurückkehren zu können. Selbst

Franz von Assisi hat betont, wie wichtig es ist, die von ihm so geliebte Natur zu verlassen, um in die Städte zu gehen und Ausschau zu halten nach Menschen, die Gottes Wort brauchen. Wir müssen uns klar machen, dass wir die Schöpfung nicht benutzen dürfen, um den Pflichten zu entfliehen, die wir als Christen im Leben haben.

Irrglaube

Psychologen haben herausgefunden, dass Menschen, die durch das Land der Bibel reisen, oft so überwältigt sind, dass sie meinen, selbst eine biblische Person oder sogar Jesus zu sein. Persönlichkeiten wie Henry David Thoreau bis hin zu Astronauten wie John Glenn sind ein Zeugnis dafür, dass die Schöpfung tatsächlich die Fähigkeit hat, tief in unserer Seele etwas zum Klingen zu bringen. Manchmal flüstert Gott uns durch die Schöpfung etwas zu, manchmal hört es sich fast an wie ein Schrei.

Trotzdem müssen wir uns klarmachen, dass solche Eindrücke sehr sorgfältig überprüft werden sollten. Wenn wir auf einem Spaziergang mit Gott etwas »empfangen«, dann sollten wir dies nicht als unumstößliche Anweisung verstehen, sondern als zu überprüfenden Hinweis. Allein die Bibel kann unser ganz und gar verlässlicher Ratgeber sein. Wir müssen auf der Hut sein vor Erfahrungen, die der Satan nur zu gern benutzt, um uns zu täuschen und in die Irre zu führen.

Natur als Idol

So mancher zu den Naturtypen gehörende Christ steht in der Versuchung, in den Pantheismus abzugleiten – und das ist gleichbedeutend mit einer Häresie. Pantheismus ist eine Lüge. Es stimmt nicht, dass Gott der gesamten Natur innewohnt oder die Natur Gott ist. Wahr ist dagegen, dass ich immer dann, wenn ich von der Schöpfung umgeben bin, sehen kann, dass es Gott gibt. Die Bibel lehrt uns, dass die Erde des Herrn ist.

Der Pantheismus verdreht diese Aussage und macht daraus: »Die Erde ist der Herr.« Im Zuge der verschiedenen Theorien des New Age ist auch der Pantheismus wieder aufgeblüht, und Christen machen sich mit Recht Gedanken darüber, ob sie solche Lehren in ihre Gebetspraxis aufnehmen dürfen. Trotzdem möchte ich Gott loben und preisen, indem ich das würdige, was er geschaffen hat. Und das lasse ich mir nicht durch die Gefahr des Pantheismus verderben.

Das Bild der Mutter, die ihr zum College gegangenes Kind vermisst, beschreibt sehr gut den Unterschied zwischen Pantheismus und wahrem christlichen Lobpreis Gottes. Die Mutter geht in das Zimmer ihrer Tochter und nimmt sich Zeit, all das zu betrachten, was diese zurückgelassen hat. Sie atmet den angenehmen Duft der Tochter ein, ihre Augen bleiben an den Postern hängen, dem Bett, ein paar zurückgelassenen Kleidungsstücken. Ihre Tochter ist nicht im Raum, aber der Raum erinnert sie daran, dass es ihre Tochter gibt. Ohne Zweifel fühlt sie sich ihr hier in diesem Zimmer näher als in irgendeinem anderen Teil des Hauses. Ein Teil ihrer Tochter ist – nicht körperlich, aber doch nachweisbar – anwesend, in der Anordnung der Möbel, der Dekoration der Wände, den Dingen, die sie gesammelt hat.

> *Es stimmt nicht, dass Gott der gesamten Natur innewohnt oder die Natur Gott ist. Wahr ist dagegen, dass ich immer dann, wenn ich von der Schöpfung umgeben bin, sehen kann, dass es Gott gibt.*

Das Gleiche gilt für den, der Gott liebt. Gott ist nicht als Materie anwesend in der Natur, aber seine Sorgfalt im Detail, seine überwältigende Kreativität, seine Ordnungen und noch unendlich viel mehr sind deutlich sichtbar für all die, die Augen haben zu sehen. Sicher, das alles kann uns auch berauschen. Ohne den Heiligen Geist können auch wir dazu verführt werden, die feine Linie zum Pantheismus zu überschreiten. Aber mit einer soliden Unterweisung, die uns die Richtung weist, und dem Heiligen Geist, der uns führt, können wir – ohne dem Pantheismus zu verfallen – die Botschaft der Natur erkennen: Es gibt ihn, unseren Gott.

Sind Sie ein Natur-Typ?

Gehören Sie zu den Natur-Typen? Am Ende jeder einzelnen Typenbeschreibung wird es einen Test geben, mit dessen Hilfe Sie herausfinden können, ob dieses geistliche Temperament bei Ihnen zu den dominanten gehört. Ich werde jedes Mal sechs Aussagen machen, die Sie für sich auf einer Skala von eins (gar nicht zutreffend) bis fünf (äußerst zutreffend) einschätzen sollen. Schreiben Sie das Ergebnis Ihrer Einschätzung auf.

_____ 1. Ich fühle mich Gott am nächsten, wenn ich von all dem umgeben bin, was er gemacht hat – von Bergen, Wäldern und dem Meer.

_____ 2. Ich fühle mich abgeschnitten, wenn ich zu lange immer nur drinnen Predigten gehört und gesungen habe.

_____ 3. Ich würde Gott lieber in einer ruhigen Stunde an einem Bach loben und preisen als in einem Gottesdienst mit vielen Menschen.

_____ 4. Ich wäre sehr glücklich, wenn ich an einem kalten Tag in den Garten fliehen, an einem warmen Tag durch die Wiesen wandern oder sonst irgendwann einen Ausflug in die Berge machen könnte.

_____ 5. Ein Bildband mit dem Titel »Heiligtümer der Natur« ist für mich äußerst reizvoll.

_____ 6. Es ist für mich bewegender, Gottes Schönheit in der Natur zu entdecken, als neue Gedankenanstöße zu bekommen, an einem liturgischen Gottesdienst teilzunehmen oder eine Veranstaltung zu besuchen, die sozialdiakonischen Zwecken dient.

Gesamtpunktzahl: _____

Die jeweils höchstmögliche Punktzahl ist dreißig. Je höher Ihre Punktzahl ist, desto stärker dominiert das jeweilige geistliche Temperament in Ihrem Leben. Aber vergessen Sie nicht, dass die meisten von uns mehr als ein geistliches Temperament haben. Eine Punktzahl über fünfzehn weist immer auf eine Tendenz zu dem jeweiligen Temperament hin.

Und nun nehmen Sie sich einen Augenblick Zeit, um die Punktzahl auf Seite 246 im letzten Kapitel in die Tabelle einzutragen. Wenn Sie alle Temperamente durchgearbeitet und alle Punktzahlen eingetragen haben, dann werden Sie wissen, auf welchen Wegen Ihre Seele am besten zu Gott kommt.

Einladung

Ich erinnere mich, dass ich vor einigen Jahren einmal gerade dabei war, meine Schuhe anzuziehen, als mein Sohn zu mir kam und fragte, wohin ich gehen will. Er wusste, dass es für ihn draußen zu kalt und nass war, aber er wollte wissen, was ich vorhatte.

»Ich will zum Schlachtfeld«, antwortete ich.

»Warum?«, fragte er.

Ich schaute ihn an und streichelte ihm über die Wange. »Ich kann da draußen einfach viel besser beten.«

Wie Sie aus diesem Kapitel sicherlich herauslesen konnten, habe ich für mich selbst entdeckt, dass ich ein Naturtyp bin. Ich liebe es, mitten in einem tiefen Wald, hoch oben auf einem Berg oder draußen auf dem Wasser zu sein. Mein Tagesablauf erlaubt es mir nicht, so viel im Freien zu sein, wie ich es eigentlich möchte. Aber ich habe gelernt, dass es nur wenige Orte gibt, an denen ich besser zu Gott finden kann als dort.

Ich bin einmal über eine große Wiese gewandert und habe dabei den Sonnenuntergang beobachtet – und plötzlich hatte ich eine ganz wichtige Erkenntnis: Ich würde – unabhängig von persönlichem Leid, unabhängig von Erfolg oder Misserfolg im Beruf, unabhängig von zu viel oder zu wenig Geld – immer ein reicher Mann sein, wenn ich nur hinausgehen konnte in die Natur.

Manchmal aber geschieht gar nichts, wenn ich draußen bin. Es kann passieren, dass ich keine neuen Einsichten gewinne und dass ich auch Gottes Nähe nicht spüre. Das hat mich gelehrt, dass die Sehnsucht nach geistlichen Erfahrungen genauso unersättlich sein kann wie die nach Essen, Geld oder Sex.

Man muss dem Wunsch nach geistlichen Höhepunkten Grenzen setzen, denn nur dann können sich auch die anderen Teile unserer Persönlichkeit weiterentwickeln.

Wir werden noch acht weitere geistliche Temperamente betrachten. Manche von ihnen waren wunderbare Ergänzungen zu meinem Weg als Naturtyp; manche andere haben sich mir vor allen Dingen durch die Erfahrungen anderer erschlossen. Wir können als Christen so viel Verschiedenes erleben und erfahren, dass ich dankbar bin für die Zeit, die Gott mir auf dieser Erde geschenkt (und im Himmel versprochen) hat. Ich möchte sie nutzen und immer neue und tiefere Wege entdecken, um ihn mehr und mehr zu preisen und zu lieben.

2.
Der sinnliche Typ:
Gott lieben mit allen Sinnen

Henri Nouwen war von einer anstrengenden Vortragsreise durch die Vereinigten Staaten so erschöpft, dass er sich »kaum noch auf den Beinen halten konnte«. Er fühlte sich – wie er es selbst beschreibt – »völlig verängstigt, einsam und unruhig und sehr bedürftig«. Als er eine Freundin in deren Büro besuchte, fiel sein Blick auf Rembrandts Bild »Die Rückkehr des verlorenen Sohnes«. Die Ausstrahlung des Bildes überwältigte Nouwen, und er sagte: »Es ist schön, ja mehr als schön. (...) Man möchte gleichzeitig weinen und sich freuen. (...) Ich kann dir nicht sagen, wie mir zumute ist, wenn ich darauf schaue, aber es ergreift mich ganz tief.«[24]

Nouwen schreibt:

> Rembrandts Umarmung (hatte sich) meiner Seele viel tiefer eingeprägt als jeder andere vorübergehende Trost und Zuspruch. Seine Umarmung hatte mir Zugang zu einer ganz anderen Ebene eröffnet, die tief unterhalb von all dem Auf und Ab eines betriebsamen Lebens liegt, und das entspricht der bleibenden Sehnsucht des menschlichen Geistes. (...) Die Sehnsucht nach einem bleibenden Zuhause, die Rembrandts Bild bewusst gemacht hatte, verstärkte sich, und irgendwie wurde der Maler selbst mir zu einem treuen Gefährten. (...) Die scheinbar unbedeutende Begegnung (mit einem von Rembrandts Meisterwerken) löste in mir ein langes Abenteuer aus. Es führte mich zu einem neuen Verständnis meiner Berufung und gab mir neue Kraft, sie zu leben.[25]

Gott benutzte dieses Gemälde, um seinen Ruf an Nouwen zu bestätigen: Er sollte Dienst tun in einer Gemeinschaft geistig behinderter Erwachsener.

Kunst kann uns ein tieferes Verständnis von Gottes Wahrheit und Wesen vermitteln – eine Tatsache, die von vielen Christen dummerweise oft einfach übersehen worden ist. Im Laufe der Jahrhunderte sind aus dem Glauben heraus die wunderschönsten Kunstwerke entstanden.

Bei meinen Beobachtungen des christlichen Lebens habe ich herausgefunden, dass manche Christen sich in ihrer Gebetspraxis eher von einer sinnlichen Erfahrung anrühren lassen als von irgendetwas anderem. Wenn ich sinnlich sage, dann meine ich unsere fünf Sinne: Schmecken, Fühlen, Riechen, Hören und Sehen. Wenn wir alle Christen darauf festlegen, Gott auf einer rein intellektuellen Ebene anzubeten, dann machen wir viele von ihnen zu Glaubenskrüppeln. Wenn wir jedoch unsere fünf Sinne einsetzen – die Gott selbst ja geschaffen hat –, dann eröffnet das viele neue Wege.

Das mag eine schwierige Botschaft für Christen sein, die wie ich mit der Einstellung aufgewachsen sind, dass nur Stille und die Abwesenheit von sinnlichen Eindrücken in die richtige Gebetshaltung führen. Wenn wir uns aber die Bibel anschauen, dann stellen wir fest, dass Gott oft auf sehr laute und farbenfrohe Weise in Erscheinung tritt.

Der Gott der Bibel: laut und farbenfroh

Wenn die Bibel von der himmlischen Herrlichkeit Gottes berichtet, dann handelt es sich immer um eine höchst kunstvolle Angelegenheit, die – um es vorsichtig auszudrücken – nur selten von Stille geprägt ist. Denken wir nur an die Erfahrungen Hesekiels. Er *fühlt* den Wind. Er *sieht* von hellem Glanz umgebene Blitze, fantastische Kreaturen und einen atemberaubend schönen Thron aus Saphir (Hesekiel 1,4+26–27). Er *hört* das Geräusch von Flügelschlägen, die wie das rauschende Wasser und wie lautes Dröhnen klingen (Hesekiel 3,12–13). Außerdem wird Hesekiel aufgefordert, eine Buchrolle zu *essen*, die süß wie Honig schmeckt. Am Ende ist er so überwältigt, dass er sich wie betäubt hinsetzt und sieben Tage sitzen bleibt (Hesekiel 3,1–3+15).

Etwas Ähnliches berichtet Hesekiel in Kapitel 10. Da hat er es mit glühenden Kohlen, strahlendem Licht, lauten Geräuschen, den Tempel ausfüllenden Wolken und fantastischen Erscheinungen zu tun: mit Rädern, die wie ein Türkis schimmern, und Engeln mit vier Gesichtern.

Als die Herrlichkeit in den Tempel zurückkehrt, heißt es wieder, dass sie »wie ein großes Wasser braust« (Hesekiel 43,2) und das Land mit ihrem Licht überstrahlt. Der Anblick ist so großartig, dass Hesekiel mit dem Gesicht nach unten umfällt.

In der Offenbarung beschreibt Johannes, wie Christus ihm erscheint, und auch diese Erfahrung ist eine sehr sinnliche. Als Jesus seinen Namen nennt, hört Johannes hinter sich »eine große Stimme wie von einer Posaune«. Das Haar auf dem Kopf Jesu ist »weiß wie weiße Wolle, wie der Schnee, und seine Augen wie eine Feuerflamme«; Jesu Stimme dröhnt wie »großes Wasserrauschen«; und sein Gesicht »leuchtete, wie die Sonne scheint in ihrer Macht«. Jeder weiß: Wenn man versucht, in die Sonne zu schauen, muss man sein Gesicht abwenden, weil sie zu hell ist. Und genau das passiert auch Johannes: »Als ich ihn sah, fiel ich zu seinen Füßen wie tot« (Offenbarung 1,10+14–17).

Diese Bilder von Gottes Herrlichkeit stehen in starkem Kontrast zu dem ruhigen und friedlichen »Postkarten«-Jesus, der uns heute häufig verkauft wird. Genauso wenig Ähnlichkeit haben sie mit dem geschundenen, blutenden Jesus, der am Kreuz leidet. Wer meint, dass man nur in der Stille Ehrfurcht zeigen kann, könnte sich im Himmel etwas unwohl fühlen – eine Lektion, die wir von sinnlichen Christen lernen können.

Wenn ich ehrlich bin, muss ich gestehen, dass der sinnliche Typ für mich eines der schwierigeren geistlichen Temperamente ist. Mir ist die Natur und die stille Einsamkeit lieber als überwältigende Stimulation. Und doch ist da etwas in mir – in uns allen –, das in Ehrfurcht und Staunen versetzt wird, wenn es solcher Schönheit begegnet. Ich glaube, dass hier unsere Sehnsucht nach der Majestät und Erhabenheit des Himmels aufblitzt. So gesehen, fällt es nicht schwer, für die sinnliche Seite der Anbetung Gottes zumindest offen zu sein.

Sinn für Schönheit – ein Gewinn

Ogden Vogt behauptet, dass es Parallelen gibt zwischen dem Umgang mit Schönheit und dem Umgang mit Gott. Ich denke, diese Parallelen werden uns dabei helfen, den sinnlichen Typ besser zu verstehen und zu würdigen.[26] Zu allererst weckt Schönheit *Demut*. Man hört zum Beispiel eine Oper und stellt fest: »Niemals könnte ich eine solche Oper schreiben, selbst wenn ich tausend Jahre alt würde.« Ich erinnere mich noch daran, dass ich am Anfang meiner College-Zeit Romanschriftsteller werden wollte und dass ich ein Buch von Charles Dickens fast auf den Boden geschmissen hätte, weil ich so frustriert war: Gegen diese Literatur wirkten meine eigenen Versuche einfach nur mickrig. Solche Demütigungen sind nötig. Wenn wir sie einmal erlebt haben, können wir nie mehr zurück ins Mittelmaß; haben wir Gott einmal »geschmeckt«, geht uns der Geschmack an der Welt verloren.

Im zweiten Schritt, so meint Vogt, bewegen wir uns von der Demut zur *Würde*. Wir erkennen, dass wir zwar nicht in der Lage sind, eine Oper zu schreiben, dass es aber andere Dinge gibt, die wir tun können. Und genau diese Dinge zeigt uns Gott, wenn wir wahrhaft bescheiden geworden sind – das Resultat ist eine neue Würde.

Im dritten Stadium entwickeln wir eine neue *Weltsicht*. »Das Unwürdige versinkt, alles Wahre und Gute gewinnt an Größe und Bedeutung.« Eltern erleben eine solche Wandlung manchmal, wenn ihr Rock 'n' Roll begeistertes, Comic lesendes Kind vom College zurückkehrt, klassische Musik hört und Bücher von M. Scott Peck liest.

Der vierte und letzte Schritt führt zu der *Erkenntnis*, dass wir in die Welt zurückkehren müssen. Man kann nicht für immer im Museum oder im Theater bleiben; dem Gottesdienst in der Kirche muss die Evangelisation auf der Straße folgen. Wir selbst aber haben uns durch die Begegnung mit der Schönheit oder mit Gott verändert.

Es ist klar, dass dieser Vergleich Grenzen hat. Eine Begegnung mit Schönheit verbessert nicht unbedingt auch das moralische Verhalten, eine Begegnung mit Gott dagegen sehr wohl –

so sollte es jedenfalls sein. Die Suche nach Schönheit kann selbstsüchtig sein, Gott dagegen fordert uns auf, unser Ich aufzugeben. Trotzdem spiegeln die vier von Vogt genannten Schritte Jesajas Aufforderung zu Reue, Reinigung, Erleuchtung und Engagement.[27] Christsein ohne Schönheit verkommt schnell zu einer körperlosen Religion des Verstandes. Gedankliche Wahrheit ist ein wichtiger Bestandteil des Christseins. Aber auch Gefühle sind wichtig, denn wir sollen Gott nicht nur mit all unserem Verstand, sondern auch von ganzem Herzen lieben. Darüber hinaus ist Wahrheit oft nicht ausreichend für Menschen, die in der Welt der Sinne leben. Vogt schreibt:

Man muss der Wahrheit Ausdruck geben, um sie begreifen zu können. Man muss sie in sich aufnehmen, um sie zu verstehen. Religiöse Bewegungen sind nur dann kraftvoll und populär gewesen, wenn sie auch von einem Sinn für das Körperliche durchdrungen waren. Immer schon hat man Bilder, Riten, Glaubensbekenntnisse, Gefühle, Feste, Visionen und Sakramente dazu gebraucht, um die Wahrheit auszudrücken.[28]

Vogt räumt ein, dass wir die Propheten brauchen, die immer wieder gegen Götzenverehrung und den Missbrauch der Sinne gepredigt haben; aber er hält daran fest, dass die Menschen schon immer Symbole, Sakramente und Riten benutzten, um die Wahrheit zu verstehen und auszudrücken. Und genau an dieser Stelle kommt die Schönheit ins Spiel: Wann immer wir versuchen, himmlischer Wahrheit Ausdruck zu verleihen, muss dies mit all der Schönheit geschehen, deren wir Menschen fähig sind.

Die Sinne wecken

Ich war sehr froh, dass ich bei meinem ersten Abendmahl in der Kapelle des Regent Colleges alleine saß; das Ganze wäre mir sonst fürchterlich peinlich gewesen. Das Brot wurde herumgereicht – das kannte ich schon. Dann kam der Kelch. Ich öffnete meinen Mund, trank – und schmeckte zum ersten Mal in meinem Leben Rotwein.

Ich war in einer Baptistengemeinde groß geworden, und das hieß, dass wir Abendmahl mit Traubensaft oder auch Kohlsaft (das ist kein Witz!) gefeiert haben – das hing davon ab, wer gerade mit der Leitung des Abendmahlsgottesdienstes dran war. Der Wein kam für mich völlig unvorbereitet. Ich will gar nicht erst versuchen, meinen Gesichtsausdruck in diesem Augenblick zu beschreiben, aber ich bin froh, dass ihn keiner gesehen hat. Als ich die Kapelle nach dem Gottesdienst wieder verließ, stellte ich fest, dass ich den Geschmack des Weines auf der Zunge mitnahm. Er erinnerte mich noch Stunden später an die tiefe Wahrheit des Abendmahls. Hier habe ich vielleicht zum ersten Mal festgestellt, wie gut es tut, wenn man Gottesdienst mit den Sinnen wahrnehmen kann.

Ich bin kein sehr sinnlicher Mensch, das habe ich bereits angedeutet. Auf dem Gebiet der Musik sind meine Sinne nicht sehr geschult und sehr unreif. Ich kann nur bestätigen, was Carl F.W. Henry einmal gesagt hat – dass er sich nämlich deshalb so auf den Himmel freut, weil er dann all die großen, schönen Kirchenlieder nicht mehr nur auf einem Ton singen muss. Den Geruch von Weihrauch finde ich, wenn ich ehrlich bin, schrecklich. Kunstvolle Architektur finde ich ganz schön, wenn ich sie als Tourist betrachte, aber manchmal empfinde ich sie nicht als Einladung, sondern eher als Ablenkung, wenn ich Gott anbeten und preisen will.

Deshalb muss ich mir immer wieder neu ins Gedächtnis rufen, dass es ja Gott war, der unsere Sinne geschaffen hat. Es war seine Idee, etwas mit allen Sinnen genießen zu können, und nicht die des Teufels. Deshalb werfen wir jetzt einen Blick darauf, wie Christen in Gebet und Gottesdienst ihre Sinne eingesetzt haben.

Hören

Je ruhiger es ist, desto heiliger ist es auch – wer so denkt, hält es vielleicht für paradox, über »Geräusche« zur Liebe Gottes finden zu wollen. Sicherlich, man braucht immer wieder Zeiten der Stille, aber es gibt viele Traditionen, in denen Geräusche dazu benutzt wurden, um Gott zu dienen. Davon wird schon in der Bibel berichtet. Die geräuschvollen Erscheinungen Gottes bei Hesekiel und Johannes haben wir bereits betrachtet, aber es gibt noch viel mehr zu entdecken. Psalm 96 beginnt mit den Worten: »Singt dem Herrn ein neues Lied, singt dem Herrn, alle Bewohner der Erde! Verkündet jeden Tag: Gott ist ein Gott, der rettet!« Die Psalmen 147, 149 und 150 fordern dazu auf, Gott mit Instrumenten zu loben und zu preisen.[29]

Die biblische Aufforderung, Gott mit Musik anzubeten, sollte uns nicht überraschen. Als unser Schöpfer weiß Gott sehr genau, dass Sprache und Musik zusammen das Gehirn viel besser anregen, als Sprache allein es kann; deswegen ist die Gemeinde während eines besonderen Liedes oder Musikstücks »lebendiger« als während der Predigt. Und wahrscheinlich ist die Erinnerung an die Liedverse noch präsent, wenn sie die Botschaft der Predigt schon wieder vergessen hat.

Schöne Musik ist von Anfang an Teil der Kirchengeschichte gewesen. Händel hat das entdeckt, was er »Transzendenz der Tonarten« nannte. Jede Tonart mit fünf, sechs, sieben oder acht Kreuzchen assoziierte er mit dem Himmel. Er setzte bewusst Akkorde ein, um bestimmte Gefühle zu wecken: g-Moll für Eindringlichkeit und Eifersucht; e-Moll, um eine traurige, klagende Stimmung zu erzeugen; bei G-Dur soll man sich an helles Sonnenlicht und grüne Weiden erinnert fühlen; und f-Moll vermittelt Düsterkeit und Niedergeschlagenheit.[30]

Luther hat interessanterweise gesagt, dass die Schrift eher dazu geschaffen sei, gehört als gelesen zu werden. Er war der Meinung, dass unsere Herzen viel eher verändert werden, wenn wir das Wort Gottes hören. Die Wissenschaft hat Luthers Erkenntnis bestätigt. Unser Gehirn ist deutlich aktiver, wenn man uns aus der Bibel vorliest, als wenn wir selbst in ihr lesen.

Riechen

Wie riecht die Kirche? Die meisten Protestanten würden diese Frage völlig absurd finden. Andere Traditionen dagegen würden bei dieser Frage sofort auf den Gebrauch von Weihrauch hinweisen.

Gerüche können sich im Gedächtnis festsetzen. Wenn ich ein Babyshampoo rieche, erinnere ich mich sofort daran, wie ich meine Kinder gebadet habe; ein Parfüm meiner Frau erinnert mich an unsere abendlichen Verabredungen.

Vielleicht liegt es an dieser Eigenschaft von Gerüchen, dass Brandopfer im Alten Testament so eine große Bedeutung für die Anbetung Gottes hatten. Ein vertrauter Geruch kann für einen Christen die Erinnerung an eine Zeit bedeuten, in der er den Lobpreis besonders tief empfunden hat. Und dann kann sogar eine Konditionierung stattfinden: Der Geruch bringt den Gläubigen dazu, in die Gegenwart Gottes zu treten.

Gott trug Mose auf, vom Volk Gewürzgaben einzusammeln, um einen süßen Duft zu erzeugen (2. Mose 25,6). Aaron sollte jeden Morgen eine wohlriechende Weihrauchmischung verbrennen (2. Mose 30,7). Auch Elia und Salomo pflegten den Brauch, Weihrauch zu verbrennen. In 2. Mose 30 werden detaillierte Angaben dazu gemacht, wie man das Räucheropfer darbringen soll.

Durch Maleachi prophezeit Gott: »Auf der ganzen Welt werde ich verehrt, an allen Orten bringen mir die Menschen Opfergaben dar, die mir gefallen, und lassen den Rauch zu mir aufsteigen. Ja, alle Völker ehren mich, den allmächtigen Gott« (Maleachi 1,11; *Hoffnung für alle*). Weihrauch war auch eines der Geschenke, die dem neugeborenen Jesus gebracht wurden (Matthäus 2,11). Der Vater von Johannes dem Täufer, Zacharias, war gerade dabei, Weihrauch zu verbrennen, als der Engel Gottes erschien und verkündete, dass seine Frau ein Kind empfangen würde (Lukas 1,9–11). In der Offenbarung heißt es, dass im Himmel nicht nur die Gebete der Heiligen zu Gott steigen, sondern auch Rauchopfer gebracht werden. Psalm 141,2 sagt, dass Rauchopfer ein Symbol für unsere Gebete sind, die zu Gott aufsteigen.

Es gibt in der Bibel auch Negativbeispiele zum Thema Rauchopfer, aber sie stehen entweder im Zusammenhang mit Götzendienst (2. Könige 22,17; Jeremia 1,16) oder werden aus einem falschen Glauben heraus dargebracht (Jesaja 1,13). Der Missbrauch von Rauchopfern ist also abzulehnen, nicht ihr Gebrauch.

In der Orthodoxen Kirche ist kein gemeinsamer Gottesdienst ohne Weihrauch denkbar. In der katholischen Kirche und in einigen lutherischen Gemeinden mag Weihrauch im Gottesdienst noch eingesetzt werden, man wird ihn jedoch ganz sicher nicht in unierten oder reformierten Gemeinden finden und auch nicht in den Freikirchen. Und doch kann ein vertrauter Geruch einem einzelnen Beter, der Schwierigkeiten hat, sich auf das Gebet zu konzentrieren, bei dem Übergang in die Gebetshaltung helfen.

Selbstverständlich hat es immer Kritik am Gebrauch von Weihrauch gegeben. Selbst wenn man die Reformer einmal beiseite lässt, die den Weihrauch konsequent bekämpften, bleiben noch genug Christen der frühen Kirche übrig, die Schwierigkeiten damit hatten. Der Kirchenvater Basilius der Große schrieb zum Beispiel: »Weihrauch ist etwas Abscheuliches für den Herrn. Es ist widerlich zu denken, dass Gott die Freuden des Geruchssinns wertschätzen könnte. Der Duft, der Gott gefällt, ist ein durch eine reine Seele geheiligter Körper. Körperlicher Duft, der in die Nase steigt und die Sinne beeinflusst, muss verabscheuenswürdig sein für ein Wesen, das nicht aus Körper besteht.«[31]

Basilius hat Recht, wenn er meint, dass Gott ganz sicher keinen Wert darauf legt, als Opfer für unsere Verfehlungen Weihrauch zu verbrennen. Kein einziges Rauchopfer könnte heute eine Sünde auslöschen. Aber Weihrauch wird nicht gebraucht, um Gott zu besänftigen oder seine Gunst zu erlangen – er soll dem Christen dabei helfen zu beten. Er ist nur das Mittel und nicht das Ziel.

Physiologisch gesehen, wird unser Geist durch Düfte geschärft und verändert.[32] Das heißt nicht, dass Weihrauch obligatorisch werden sollte, denn manche Christen werden durch starke Gerüche abgelenkt. Aber wenn etwas keine effektive Hilfe für das Gebet des einen Christen ist, heißt das ja nicht, dass andere sich nicht daran freuen und es in Anspruch nehmen dürfen.

Ich finde es interessant, dass viele von den Christen, die den Gebrauch von Weihrauch ablehnen, zu sehr ungeistlichen Anlässen durchaus Parfüm oder Eau de Cologne benutzen. Vielleicht haben sie auch ein Duftbäumchen im Auto hängen oder kaufen ein spezielles Shampoo aufgrund seines Duftes. Wenn

Düfte dazu benutzt werden können, um Gäste willkommen zu heißen oder unserer Ehefrau etwas Gutes zu tun, warum können sie dann nicht auch als Hilfe beim Lobpreis Gottes eingesetzt werden? Es ist eine sehr willkürliche und künstliche Entscheidung, in dem einen Kontext Düfte zu benutzen und im anderen abzulehnen.

Nur weil einige sehr hilfreiche Bräuche in der Kirchengeschichte (wie zum Beispiel der Kreuzweg, Weihrauch und Ähnliches) zuweilen missbraucht oder von einem lebendigen Glauben abgelöst worden sind, haben manche Christen die meisten von ihnen vollständig weggeworfen. Aber wir waren zu radikal, haben den Arm amputiert, nur weil eine Infektion am Finger drohte.

Wenn Düfte dazu benutzt werden können, um Gäste willkommen zu heißen oder unserer Ehefrau etwas Gutes zu tun, warum können sie dann nicht auch als Hilfe beim Lobpreis Gottes eingesetzt werden?

Uns evangelischen Christen sind damit Predigt, Bibelstudium, Gebet, das Abendmahl als symbolische Handlung und das Singen geblieben, um Gott zu erfahren. Wir haben uns selbst auf eine kleine Ecke im Raum des Glaubens beschränkt, statt das ganze große Museum geistlicher Möglichkeiten zu nutzen.

Fühlen

Immer wieder höre ich von Christen, dass es ihnen schwer fällt, während des Betens wach und/oder konzentriert zu bleiben, besonders früh morgens.

Für diese Christen könnte es hilfreich sein, verschiedene kleine Gegenstände zu sammeln, die sie in die Hand nehmen können, während sie für verschiedene Menschen beten. Eine Büroklammer könnte ihnen helfen, sich auf eine zerbrechende Ehe zu konzentrieren, ein Gummiband bei der Bitte um ein fügsames Herz.

Eine Osterzeit lang trug ich einen Nagel mit mir herum, der mich daran erinnert hat, immer wieder Fürbitten- und Bußgebete zu beten. Seine scharfe Spitze erinnerte mich – jedes Mal, wenn ich sie berührte oder beim Bücken spürte – an die Leiden Christi. Berührung teilt etwas mit, besonders sinnlich geprägten Christen.

In orthodoxen Gottesdiensten wird immer wieder geküsst: das Kreuz, der Altar, heilige Gegenstände. Die Berührung mit den Lippen drückt aus, dass uns etwas sehr kostbar ist. Einmal fand ich in einer Kiste auf dem Dachboden ein paar Kleidungsstücke, die meine Tochter als Kind getragen hatte. Die Erinnerungen an diese Zeit überfluteten mich, und ohne nachzudenken hielt ich ein Kleid an mein Gesicht und küsste es.

Ich entschuldige mich nicht dafür, dass ich immer ein wenig sentimental werde, wenn es um meine Kinder geht; wie viel weniger muss ich mich dafür entschuldigen, dass mich die Realität des Kreuzes anrührt? Denn wo wäre ich ohne das Kreuz? Was also kann falsch sein an einem spontanen (oder auch weniger spontanen) Kuss?

Eines der Gebete, das sich am tiefsten in mein Gedächtnis eingegraben hat, war außerordentlich spontan. Als junger College-Student wollte ich alles, was ich hatte und was mir lieb und teuer war, Gott darbringen. Ohne richtig nachzudenken habe ich mich Gott selbst dargebracht, indem ich die verschiedenen Teile meines Körpers berührte. Erst berührte ich meine Finger und Füße und betete darum, dass Gott sie für den Dienst in seinem Reich segnen möge.»Immer wenn

Nur weil einige sehr hilfreiche Bräuche in der Kirchengeschichte zuweilen missbraucht worden sind, haben manche Christen die meisten von ihnen vollständig weggeworfen. Aber wir waren zu radikal, haben den Arm amputiert, nur weil eine Infektion am Finger drohte.

ich meine Hände ausstrecke, möchte ich sie in Liebe ausstrecken. Wann immer ich reise, möchte ich es in Christi Namen tun.« Dann berührte ich meine Lippen.»Lass alles, was ich je sagen werde, wahrhaftig sein und der Verherrlichung deines Reiches dienen.« Ich berührte meine Augen.»Hilf mir dabei, meine Augen zu schützen, damit sie nur das sehen, was dem Mann in mir gut tut und hilft, damit mein ›inneres Auge‹ nicht blind wird für die wahren Bedürfnisse um mich herum.« Und so fuhr ich fort, meinen Körper Stück für Stück in den Dienst Gottes zu stellen.

Später machte meine Frau mich darauf aufmerksam, dass ich so etwas wie die Blutweihe in 3. Mose 8,24 erlebt hatte, wo Mose den Söhnen Aarons Blut auf ihr rechtes Ohrläppchen, ihren rechten Daumen und ihre rechte große Zehe gestrichen hat. Ich hatte dieses Gebet nicht geplant; es geschah einfach. Ich weiß nicht, wie oft in meinem Leben ich schon gebetet habe, aber die meisten meiner Gebete habe ich vergessen. Dieses hier hat mich jedoch stets begleitet.

Sehen

Henri Nouwen hatte schon mehrere Jahre lang an der Yale-Universität Vorlesungen gehalten, als er Rembrandts Bild vom verlorenen Sohn sah und von ihm so tief berührt wurde. Wahrscheinlich gab es nur wenige theologische Fragen, die Nouwen nicht schon zum wiederholten Male durchdacht und durchdiskutiert hatte. Ganz sicher hatte er die Geschichte vom verlorenen Sohn schon unzählige Male gelesen. Als aber Rembrandts Gemälde seine Seele verzauberte, traf ihn die Wahrheit dieses Gleichnisses bis ins Herz und entfachte in ihm eine ganz neue Leidenschaft.

»Unwiderstehlich fühlte ich mich von der innigen Beziehung zwischen den beiden Gestalten angezogen: die warme rote Farbe des Umhangs des Alten, das goldene Gelb der Kleidung des Jungen und das geheimnisvolle Licht, das beide einhüllte. Vor allem aber waren es die Hände, die Hände des alten Mannes, und die Art und Weise, wie sie auf den Schultern des Jungen lagen. Das traf mich an einer Stelle, an der ich niemals zuvor getroffen worden war.«[33]

Vielleicht beeinflusst uns das Sehen mehr als jeder andere unserer fünf Sinne. Ein Drittel unserer Hirnrinde, dem kompliziertesten Teil unseres Gehirns, ist für das Sehen zuständig. Forscher haben sogar herausgefunden, dass das Sehen dazu eingesetzt werden kann, unseren Willen zu beeinflussen – und diese Tatsache hat direkte Auswirkungen auf unsere innere Einstellung zum Glauben.

Der Journalist Michael Long schreibt: »In einem geheimnisvollen, alchimistischen Vorgang tut sich das Sehen manchmal mit dem Gedächtnis zusammen, um unseren Willen zu aktivieren. Nach seiner Rückkehr aus sechs Jahren Gefangenschaft im Libanon erzählt die Geisel Thomas Sutherland, dass er drei Mal versucht habe, Selbstmord zu begehen; aber jedes Mal erschien das Bild seiner Frau und seiner drei Töchter vor seinem inneren Auge – und er brachte es nicht übers Herz, sich umzubringen.«[34]

Das Sehen ist für Christen so wichtig – sowohl im Gottesdienst als auch im persönlichen Gebet –, weil Jesus Mensch wurde. Aber auch schon im Alten Testament war es ein wesentliches Element der Anbetung. Als Gott Israel anwies, ein Heiligtum zu bauen, um Gottesdienste halten zu können, befähigte und erwählte er zwei Männer, Bezalel und Oholiab, um »alle erforderlichen handwerklichen und künstlerischen Arbeiten auszuführen« (2. Mose 35,31). Diese Handwerker schufen einzigartige Kunstwerke aus Gold, Silber, Bronze und Holz. Sie entwickelten auch die Fähigkeit, mit feinem Leinen umzugehen und wunderschöne gewebte Stoffe herzustellen.

Der Anblick des fertigen Heiligtums muss den Israeliten den Atem geraubt haben. Für Gott war Schönheit wichtig. Die für das Heiligtum nötigen Ausgaben waren ein akzeptables Opfer, und diejenigen, die ihre Gaben dazu beigetragen hatten, wurden hoch geachtet. Man sagte von ihnen, sie seien »vom Geist Gottes erfüllt«.

Es stimmt, Jesus hat der Frau am Brunnen gesagt, dass nur eins bei der Anbetung Gottes zählt: von Gottes Geist und von seiner Wahrheit erfüllt zu sein. Aber damals ging es um die falsche Vorstellung, dass Anbetung an einen bestimmten Ort gebunden ist. Bei einer anderen Gelegenheit akzeptierte Jesus Anbetung, die höchst verschwenderisch war: die Gabe eines teuren, süß duftenden Parfüms.

Ich bin in einer Reihe von Kirchen gewesen, die noch ganz am Anfang standen, ich weiß aus Erfahrung, dass wahre Hingabe ganz unabhängig vom Ort ist – sie ist sogar in einem Schülercafé mit roter Leuchtreklame möglich! Sie ist möglich, aber darum nicht unbedingt nötig, zumindest wenn uns andere, angemessenere Orte zur Verfügung stehen.

»Die normale Durchschnittskirche ist innen völlig uninteressant«, sagt Von Ogden Vogt. »Sie muss gar nicht hässlich sein, aber es gibt auch nichts auffallend Schönes. (...) Kirchengebäude haben eine bestimmte Wirkung, ob man will oder nicht. Und wenn die Wirkung aus Wirkungslosigkeit besteht, ist das schlimmer als alles andere.« Er warnt davor, Kirchen und Gemeindehäuser zu bauen, die entweder zu gemütlich oder zu kalt und farblos sind.[35]

Ironischerweise werden Bauausschüsse selten danach zusammengestellt, ob ihre Mitglieder Ahnung von Architektur haben. Die meisten von uns haben sich viel zu wenig mit der Architektur in Griechenland, Rom und Byzanz beschäftigt und wissen nichts von Romanik, Gotik oder Renaissance – und so werden diese Quellen auch nicht für die heutige Zeit nutzbar gemacht.

Sicher, ich habe nicht Architektur studiert, aber wie jeder andere auch spüre ich die »Schwingungen« in einem Raum, merke, ob er mich ruhig oder unruhig macht. Große, gläubige Architekten haben die Gabe, positive Schwingungen zu erzeugen – zum Beispiel Ruhe, Harmonie und Frieden, Einfachheit, Wärme und Großartigkeit.[36] Es braucht einen großen Architekten, um das zu erreichen – wie also soll das ein Bauausschuss schaffen, der aus einem Rechtsanwalt, zwei Hausfrauen, einem Banker, einem Lehrer, einem Ingenieur und einem Pfarrer besteht?

Manchen Menschen ist es vielleicht gleichgültig, wenn sie in einem Raum beten sollen, in dem überall Ankündigungen für das nächste Konzert, den Weihnachtsbasar oder den Wandertag der Gemeinde hängen. Ein sinnlich ausgerichteter Christ würde sich angegriffen fühlen. Es ist auch naiv zu glauben, dass uns unsere Umgebung in keiner Weise beeinflusst. Sie tut es immer, nur das Maß ist unterschiedlich. Kathedralen sind gebaut worden als Aufruf zum Gebet, damit unsere Gedanken zum Himmel aufsteigen, wenn wir sie betreten.

Nicht nur Gottesdiensträume sind Beispiele dafür, wie wichtig das Sehen ist. Andere Christen sprechen diesen Sinn durch Bilder oder Ikonen an. Der Anblick einer Ikone, die den Gehorsam eines Heiligen darstellt, hilft einem orthodoxen Christen vielleicht dabei, schließlich »Ja« zu einem harten Wort aus der Schrift zu sagen. Eine andere Ikone kann den Christen zum Gebet führen. Eine Ikone anzubeten ist auf keinen Fall eine annehmbare Form, um Gott zu loben, aber ein wahrer Christ empfindet die von der Ikone dargestellte Realität vielleicht als Hilfe, um sich besser auf das Gebet konzentrieren zu können.

Es mag Sinn machen, Kinder dazu zu ermutigen, beim Beten die Augen zu schließen, damit sie sich ganz auf das Gebet einstellen, denn sie lassen sich leicht ablenken. Aber wenn wir älter und reifer werden, finden wir vielleicht heraus, dass unsere Fähigkeit zu beten größer wird, wenn wir dabei jemanden (oder ein Bild von jemandem) ansehen. Wir könnten feststellen, dass es uns nicht ablenkt, sondern die Intensität des Gebetes eher verstärkt, wenn wir beim Lobpreis oder beim Rezitieren eines Psalms in den Himmel schauen. Da das Sehen einen großen Einfluss auf uns ausübt, tun wir also gut daran, es in unser Gebet einzubeziehen.

Da das Sehen einen großen Einfluss auf uns ausübt, tun wir also gut daran, es in unser Gebet einzubeziehen.

Auch Zeichnen könnte für sinnlich geprägte Christen eine Hilfe beim Beten sein. Ich will im Folgenden eine Übung vorstellen, die von einer Gruppe von Christen aus London ausgearbeitet wurde:
1. Versuchen Sie zu zeichnen, welche Bedeutung Gott für Sie hat. Dann zeichnen Sie sich selbst in Ihrer Beziehung zu Gott, so wie es Ihnen angemessen erscheint. Beachten Sie: Strichmännchen oder einfache Symbole sind ausreichend; es geht hier nicht darum, ein Kunstwerk herzustellen.
2. Nehmen Sie ein zweites Blatt (Sie können auch die erste Zeichnung verändern), und zeichnen Sie, wie Sie sich Ihre Beziehung zu Gott und Gottes Beziehung zu Ihnen wünschen.
3. Ergänzen Sie beide Zeichnungen durch das, was dieser Wunschbeziehung im Wege steht.
4. Bringen Sie das, was Sie gemalt haben, auf eine für Sie angemessene Weise im Gebet vor Gott.[37]

Wer kreativ ist, findet seinen eigenen Weg, um das Sehen in sein Gebet zu integrieren.

Schmecken

Das »Schmecken« beeinflusst unser Leben in vielerlei Weise. Wir finden in unserer Sprache an vielen Stellen Wörter und Redewendungen, die etwas mit dem Schmecken zu tun haben. Ein kultivierter Mensch, so sagen wir, hat einen »guten Geschmack«. Ein ordinärer Mensch ist »geschmacklos«. Ein griesgrämiger und rachsüchtiger Mensch ist »bitter«. Ein sehr netter Mensch ist »süß«. Wenn wir eine neue Stelle antreten, dafür aber umziehen müssen, hat der freudige Anlass einen »bitteren Beigeschmack«. Zwei Sprachwissenschaftler haben einmal gesagt, dass »der Geschmackssinn anscheinend so gewichtig ist, so weitreichend in seiner Fähigkeit, die unterschiedlichsten Gefühle in uns heraufzubeschwören, dass wir das Wort dafür bereitwillig auf alle anderen Bereiche unseres Erlebens übertragen haben«.[38]

Wenn das so ist, warum sollten wir das Schmecken dann nicht auch zum Nutzen unseres geistlichen Lebens einsetzen? Ich habe bereits erzählt, welch einen Eindruck richtiger Wein beim Abendmahl bei mir hinterlassen hat. Wir müssen sorgfältig darauf achten, dass uns der sinnliche Aspekt des Abendmahls nicht von der inneren Einstellung abhält, zu der es eigentlich aufruft. Aber in einer gesunden Seele kann der Geschmack die Wirkung des Abendmahls verstärken, besonders wenn wir uns Zeit nehmen und nicht so schnell wie möglich fertig werden wollen.

Auch im Gebet kann das Schmecken hilfreich sein. Etwas Süßes kann uns an Gottes Güte erinnern; etwas Bitteres kann uns dazu bringen, weiter für etwas zu beten, auch wenn das Gebet anscheinend unbeantwortet bleibt. Die meisten von uns nehmen am Tag zwei oder drei Mahlzeiten zu sich, manche zusätzlich dazu ein paar Zwischenmahlzeiten. Wenn wir uns beibringen, dass Geschmack etwas mit Gebet zu tun hat, dann werden wir mehrere Male am Tag daran erinnert zu beten.

Es gibt einige Stellen in der Bibel, die zu diesem Thema passen. In Matthäus 7,16 wird uns gesagt, dass man einen Menschen an seinen Früchten erkennt; denken Sie einmal darüber nach, wenn Sie das nächste Mal in einen besonders süßen (oder in einen faulen) Apfel beißen. Jesus bezeichnet sich selbst als das Brot des Lebens; er ruft uns auf, Salz der Erde zu sein. Wir können diese Stellen also lesen und uns in unserem Alltag an sie erinnern lassen, indem wir das Essen – eigentlich nur eine tägliche Routine – dazu benutzen, uns geistlich zu inspirieren. Gott hat den Geschmack geschaffen; er war seine Idee. Wenn wir kreativ sind, dann finden wir Wege, um Gott durch den Geschmack zu lieben.

Versuchungen

Wir profitieren sehr davon, wenn wir in unserer Beziehung zu Gott unsere Sinne einsetzen. Gleichzeitig aber birgt dieser Weg viele Gefahren. Sinnlich ausgerichtete Christen müssen sich vor folgenden Versuchungen hüten:

Anbetung ohne innere Überzeugung

Erlebnisse der Sinne können trügerisch sein, besonders dann, wenn Musik unsere Gefühle aufwallen lässt. Am College gab es eine Reihe von Konzerten mit bekannten christlichen Künstlern. Manche von ihnen setzten die Musik ein, um eine klare Botschaft zu übermitteln. Anderen ging es allein um die Musik. Manchmal ist das gut – schließlich ist Unterhaltung wichtig –, aber einmal wurde mitten im Konzert dazu aufgerufen, sich vorne am Altar zu Jesus zu bekennen. Die Menschen im Publikum waren von dem eben gehörten Lied aufgewühlt, und viele von ihnen folgten dem Aufruf. Ein paar Tage später erzählte eine von den Frauen, die sich »für Jesus entschieden hatten«, meiner Frau: »Die Musik hatte mich in diese Stimmung gebracht. Ich wollte das gar nicht wirklich.« Ihr Glaube versiegte, noch bevor die Verstärkeranlage abgebaut war.

Das Gleiche kann auch uns passieren. Manchmal staune ich selbst darüber, wie ungerührt ich Lieder singen kann, die von tiefer Hingabe sprechen. Es ist, als ob ich denken würde: *Beim Singen ist es ganz egal, was ich von mir gebe. Gott weiß ja, dass es nur ein Lied ist.* Während meine Gedanken auf Wanderschaft gehen, verspreche ich mit dem Mund, mich vor dem Herrn zu beugen, seinen Namen bis an die Enden der Welt zu verkünden und sogar so weit zu gehen, für meinen Glauben zu sterben. Große Worte – und doch kann man sie so singen, dass sie wenig mehr Gefühle auslösen als die Bestellung eines Hamburgers. Wie oft nennen wir Christen bei der Anbetung »den Namen des Herrn« umsonst?

Es macht Gott etwas aus, wenn wir lügen – auch wenn wir singen und auch wenn alle anderen um uns herum das Gleiche singen. Musik kann uns vortäuschen, eine Hingabe zu empfinden, die gar nicht da ist, und uns dadurch zu gefühllos und unaufrichtig werden lassen.

Verherrlichung der Schönheit

So wie es für den Naturtyp Götzendienst werden kann, wenn er die Schöpfung statt den Schöpfer zu lieben beginnt, so kann beim sinnlichen Christen die Bewunderung beim Anblick einer prächtigen Kathedrale oder einer kunstvoll gemalten Ikone zum Götzendienst führen.

Wenn in der Bibel die Engel als Boten Gottes den Menschen erschienen, dann gerieten sogar in ihrem Glauben gefestigte Propheten in die Versuchung, sie anzubeten. Geschaffenes von großer Schönheit kann unser Herz von dem Einen ablenken, der allein es wert ist, aufrichtig und von ganzem Herzen angebetet zu werden. Man kann einen wunderschönen, liturgischen Gottesdienst mit dem zufriedenen Gefühl verlassen, eine sinnliche Erfahrung gemacht zu haben, ohne wirklich in die Gegenwart Gottes getreten zu sein.

Hingabe als Selbstzweck

Unglücklicherweise ist es tatsächlich möglich, dass wir – ohne es zu merken – plötzlich unsere Sinne nicht mehr dazu einsetzen, um Gott anzubeten, sondern um uns der Hingabe hinzugeben. Viele bekannte christliche Klassiker bezeichnen Anbetung, an der die Sinne beteiligt sind, als unreif oder jedenfalls als wesentlich weniger wertvoll als die dunkle Nacht des Glaubens, die Christen des kontemplativen Typs erleben. Ich kann diese Sichtweise nicht teilen, aber ich bin überzeugt, dass die Sinne durchaus in die Irre führen, und zwar besonders dann, wenn wir sinnliche Anregung mit wahrer Hingabe unseres Willens verwechseln.

Auf der anderen Seite stimmt es nicht, dass das Bedürfnis, die Sinne als Hilfe beim Lobpreis Gottes einzusetzen, gleich auch die Abhängigkeit von dieser Art des Betens bedeutet; es stimmt nicht, dass der sinnliche Christ gar nicht anders kann. Ich kann auch mit einer Mahlzeit am Tag auskommen, aber lieber sind mir mehrere. Deshalb bleibt es dabei: Es gibt Christen, die sinnliche Eindrücke für ihren Glauben tatsächlich als hilfreich empfinden.

Sind Sie ein sinnlicher Typ?

Gehören Sie zu der Gruppe der sinnlichen Typen? Bewerten Sie die folgenden Aussagen wie in Kapitel zwei auf einer Skala von fünf (sehr zutreffend) bis eins (gar nicht zutreffend). Tragen Sie die Punktzahl auf der dafür vorgesehenen Linie ein.

_____ 1. Ich fühle mich Gott am nächsten, wenn ich in einer Kirche sitze, die meine Sinne anregt – wenn ich seine Herrlichkeit sehen, riechen, hören und fast fühlen kann.
_____ 2. Ich genieße Liturgien.
_____ 3. Ich täte mich sehr schwer damit, in einer leeren Kirche, die jeglichen Sinn für Ehrfurcht und Herrlichkeit vermissen lässt, zu beten oder Gottesdienst zu feiern. Schönheit ist für mich sehr wichtig, und ich leide regelrecht, wenn ich minderwertige christliche Musik oder Kunst ertragen muss.
_____ 4. Die Worte *sinnlich*, *farbenfroh* und *wohlriechend* sprechen mich sehr an.
_____ 5. Ein Buch mit dem Titel »Anbetung und Schönheit« weckt mein Interesse.
_____ 6. Ich würde zur Bereicherung meines Gebetslebens gerne Zeichenübungen und Kunst einsetzen.

Gesamtpunktzahl: _____

Auch hier ist die höchst mögliche Punktzahl dreißig, aber wahrscheinlich werden – wenn überhaupt – nur wenige Christen eine so hohe Punktzahl erreichen, denn keiner von uns pflegt seine Beziehung zu Gott in nur einer einzigen Art und Weise. Eine Punktzahl von fünfzehn oder mehr weist allerdings auf eine Tendenz zu diesem geistlichen Temperament hin.

Wir sollten unseren Körper lieber in den Lobpreis Gottes einbeziehen, als ihn dabei zu ignorieren.

Und nun nehmen Sie sich einen Augenblick Zeit, um die Punktzahl auf Seite 246 im letzten Kapitel in die Tabelle einzutragen. Wenn Sie alle Temperamente durchgearbeitet und alle Punktzahlen eingetragen haben, dann werden Sie wissen, auf welchen Wegen Ihre Seele am besten zu Gott kommt.

Einladung

Der in diesem Kapitel bereits mehrfach zitierte Von Ogden Vogt hat einen Appell an die Kirchen gerichtet, der – wie ich finde – ein angemessener Abschluss für dieses Kapitel über den sinnlichen Christen ist:

Auf ganz einfache Weise und ohne viel Aufwand können wir unsere normalen Gottesdienste verbessern: durch einfachere, noblere und schönere Kirchen; durch angemessenere und relevantere religiöse Musik; durch anregende Höhepunkte wie ein gut platziertes Bild oder ein Fenster u. a.; durch eine einheitliche Gottesdienstordnung, die auf einen Höhepunkt zuläuft; durch größere Sorgfalt und Achtsamkeit bei den Sakramenten; durch besser vorbereitete Gebete; und durch eine bessere Unterweisung, die zu geistlichem Wachstum führt.[39]

Machen Sie sich bewusst, dass Sehen, Hören, Schmecken, Fühlen und Riechen zunächst einmal Gaben Gottes sind und nicht Versuchungen des Satans. Wir sollten unseren Körper lieber in den Lobpreis Gottes einbeziehen, als ihn dabei zu ignorieren und ihn dann dort einzusetzen, wo er uns auf sündige Wege führt.

Der Gnostizismus, bei dem allein ein besonderes Wissen und damit nur das Geistige zählte, wurde schon vor vielen Jahrhunderten zur Häresie erklärt.

Wenn ich einmal sterbe, dann möchte ich von meinem Leben sagen können, dass ich Gott mit allem geliebt habe, was ich bin und was zu mir gehört: Ich möchte, dass ich meinen Verstand auf seine Weisheit und Wahrheit ausgerichtet habe, meine Hände auf seinen Dienst, meine Augen auf seine Schönheit und mein ganzes Sein auf die Freude an seiner Gegenwart.

3.
Der traditionalistische Typ: Gott lieben durch Rituale und Symbole

»Das ging ja schnell«, dachte ich, trat aus der alten Kirchenbank und machte mich auf den Weg zum Seiteneingang vorne neben dem Altar. »Diese Katholiken wissen, wie man einen kurzen Gottesdienst hält.«

Der Priester drehte sich um und sah mich durch das Kirchenschiff nach vorne kommen. Höchst verwirrt sah er mir entgegen. Ich schaute mich um und erkannte voller Entsetzen, dass die Gottesdienstbesucher nicht etwa gingen, sondern sich hinsetzten. Der Gottesdienst war ganz und gar nicht zu Ende, er fing gerade erst richtig an.

Mit hochrotem Kopf (die Farbe kam der des Abendmahl-Rotweins sehr nahe) ließ ich mich auf den nächsten freien Platz in einer Bank sinken. Der »Friedensgruß«, begriff ich, war nicht etwa ein Segen, sondern glich eher der in einem baptistischen Gottesdienst üblichen Aufforderung: »Reicht einander die Hände.«

Dieses Erlebnis war auch deshalb so verwirrend für mich, weil ich ja nicht eben erst Christ geworden war. Ich hatte in meinem Leben schon Tausende von Gottesdiensten besucht. Allerdings war ich in einer Baptistengemeinde groß geworden, und die Gottesdienste, die ich auf dem College besuchte, waren überkonfessionell. Dies hier war mein erster liturgischer Gottesdienst, und ich fühlte mich in höchstem Maße unwohl – genauso unwohl wie damals, als ich mit meiner Missionsgruppe am College eine Hochzeit der Sikhs besuchte, um interkulturelle Erfahrungen zu sammeln.

Wenn man nicht mit liturgischen Gottesdiensten aufgewachsen ist, dann dauert es eine Weile, bis man sich daran gewöhnt hat. Und doch kann die Erfahrung auch für einen im baptistischen Umfeld groß gewordenen Christen außerordentlich bereichernd sein. Manchmal reicht es schon, wenn wir einmal aus unserer eigenen Tradition heraustreten, um vertraute Aspekte des Glaubens neu verstehen zu lernen. Die in einer presbyterianischen Gemeinde aufgewachsene Dichterin und Autorin Kathleen Norris erzählt:

> Ich denke, ich bin ein typisches Exemplar meiner Generation. Nach Abschluss der Schule hörte ich auf, zur Kirche zu gehen, und ich weiß immer noch nicht, was genau mich zehn Jahre später wieder dorthin zurücktrieb. Es scheint verrückt, aber ich glaube, es waren die Benediktinerinnen, die mich danach bei der Stange hielten. Ich bin verheiratet. Ich bin keine Katholikin. Aber ich begann, ihre liturgischen Tagesgebete zu besuchen, in denen sie vier Mal am Tag Psalmen sangen oder rezitierten, einen Bibeltext lasen und einige vorgegebene Gebete sprachen. Es war eine völlig neue Erfahrung für mich, Gedichte laut zu sprechen und zu hören, auch wenn sie schon 1700 Jahre alt waren. Sie waren eine neue Art Nahrung für mich und haben aus mir eine bessere Presbyterianerin gemacht.[40]

Heute beschreibt sich Kathleen als »presbyterianische Benediktinerin«. Ich denke, sie ist ein Beispiel für viele Christen, die ihrer Kirche und Tradition treu bleiben wollen, aber herausgefunden haben, dass es Elemente in anderen christlichen Traditionen gibt, die ihren Glauben sehr bereichern.

Es gibt Menschen, die reagieren auf das Wort *Religion* genauso wie Kinder auf den Satz: »Zeit, ins Bett zu gehen!« Sie fürchten sich regelrecht vor jeder Form von Glauben ohne Substanz und betonen immer wieder: »Christsein ist eine Beziehung, keine Religion.«

Und trotzdem können religiöse Praktiken und Rituale im Kontext eines echten Glaubens viel Gutes in sich bergen – wir sollten sie als Freunde auf dem Weg zu einer reichen und wachsenden Beziehung zu Gott betrachten, nicht als Feinde.

Religiöse Riten in der Bibel

Bei all unserem Misstrauen religiösen Riten gegenüber müssen wir bedenken, dass Gott selbst viele von ihnen erfunden (und manchmal sogar verordnet) hat; sie kennzeichneten die Väter des Alten Testamentes. Und auch die glühenden Verfechter der im Neuen Testament gelehrten »Rechtfertigung allein durch Glauben« haben mit viel Eifer bestimmte Riten praktiziert – wohlgemerkt nicht, um durch sie erlöst zu werden, sondern als Nahrung für ihren Glauben.

Für viele Christen sind solche Riten ein Weg, um geistliche Wahrheiten zum Ausdruck zu bringen. Deshalb finden wir auch in der Bibel eine reiche Tradition »geheiligter religiöser Riten«.

Abraham drückte seinen Glauben aus, indem er Altäre baute. Als Gott ihm in Sichem erschien und ihm versprach, dass das Land der Kanaaniter eines Tages ihm gehören würde, baute Abraham einen Altar für Gott. Als er von dort weiterzog und seine Zelte zwischen Bethel und Ai aufschlug, schichtete Abraham wieder Steine zu einem Altar für Gott auf. Das Gleiche tat er, als er nach Hebron weiterzog. Auf diese Weise versuchte Abraham, seinem Glauben eine Form zu geben (1. Mose 12,7–8; 13,18).

Und auch die glühenden Verfechter der im Neuen Testament gelehrten »Rechtfertigung allein durch Glauben« haben mit viel Eifer bestimmte Riten praktiziert – wohlgemerkt nicht, um durch sie erlöst zu werden, sondern als Nahrung für ihren Glauben.

Und Gott selbst begann damit, dem Glauben Israels eine Form zu geben. Er verbot das Anfertigen von Götzenbildern und wies Mose stattdessen an, einen Altar aus Erde zu errichten und darauf Brandopfer darzubringen. Gott schaffte also die religiösen Riten nicht etwa ab, sondern gab ihnen eine neue Richtung. Aaron und seine Söhne bekamen sogar ganz genaue Anweisungen zur Durchführung der Rituale (2. Mose 20,23–24; 40,12), die ihnen helfen sollten, das »Heilige vom Unheiligen und Reine vom Unreinen« (3. Mose 10,8–11) zu unterscheiden, um die Ehrfurcht vor Gott zu erhalten.

Vielleicht neigen wir als moderne Christen dazu, über diese Symbolhandlungen zu spotten. »Das ist doch höchstens etwas für die Rückständigen und Abergläubischen«, mögen wir sagen. »Gott legt ganz bestimmt keinen Wert auf solche Äußerlichkeiten.« Das aber stimmt ganz und gar nicht – im Gegenteil: Sie waren ihm sogar außerordentlich wichtig. Denn als Nadab und Abihu, zwei der Söhne Aarons, »fremdes Feuer vor den Herrn (brachten), das er ihnen nicht geboten hatte«, nahm er ihnen das Leben. Nach dem Tod Nadabs und Abihus gab Gott Mose genauere Anweisungen dazu, wie die Priester in seine Gegenwart treten sollten (3. Mose 10,1–2; 16,1).

Gott sieht, dass unsere Reaktion auf Symbolhandlungen oft der Reaktion unseres Herzens auf ihn selbst entspricht. Wenn wir leichtfertig mit ihnen umgehen, dann gehen wir oft auch leichtfertig mit dem um, was die Symbole darstellen. Um dem vorzubeugen, wies Gott Mose an, die Bundeslade genauso zu bauen, wie Gott es ihm auf dem Berg gezeigt hatte (2. Mose 25,40; Hebräer 8,5). Es ging Gott hier tatsächlich um jedes Detail.

Auch Esra war Traditionalist. Er studierte das Gesetz und lehrte die darin enthaltenen Verordnungen, ließ ein Fasten ausrufen, brachte Opfer dar, trauerte über Sünden, forderte zur Umkehr auf und las in der Öffentlichkeit aus dem Gesetz vor (Esra 7,16; 8,21+35; 10,7+11; Nehemia 8,3).

Im Alten Testament wird von vielen Menschen berichtet, die die religiösen Riten gewissenhaft einhielten. Sie lehren uns, dass auch die Religiosität ihren Platz im Leben eines Christen hat, auch wenn der Kern des Christseins auf dem Glauben basiert. Jesus selbst pflegte an jedem Sabbat in die Synagoge zu gehen. (Wenn schon Jesus es für sich als notwendig empfand, regelmäßig einen liturgischen Gottesdienst zu besuchen, wie viel mehr gilt das für uns!) Petrus und Johannes hatten festgelegte Gebetszeiten. Paulus, der glühendste Verfechter der Lehre von der Rechtfertigung durch den Glauben, hielt sich in Philippi an die religiöse Sitte, sich am Sabbat am Flussufer zum Gebet zu treffen. Er unterzog sich auch dem Ritual der Reinigung (Lukas 4,16; Apostelgeschichte 3,1; 16,13; 21,26).

Im Neuen Testament wird deutlich, dass niemand durch religiöse Riten gerettet wird; aber es wird auch klar, dass gewisse religiöse Riten dem Glauben mancher Christen als Nahrung dienen können.

Ausdrucksformen

Ich werde nie meinen ersten Besuch in der National Cathedral in Washington D. C. vergessen. Die Kirchen meiner Kindheit waren meistens lang gestreckte Gebäude, in denen vorne ein Kreuz hing. Hätte man das Kreuz entfernt und den Boden mit Linoleum ausgelegt, hätte man denken können, man sei in einer Schule.

Die Kathedrale war völlig anders. »Das ist ein Schloss!«, rief meine Tochter Allison aus, als wir das erste Mal vorbeifuhren. Die Türen waren schwer und solide. Der Steinboden vermittelte mir ein Gefühl der Sicherheit; der Grund unter meinen Füßen schien so fest zu sein wie die Erde selbst. Als ich das erste Mal den Altarraum betrat, fühlte ich mich ganz klein, viel kleiner als bei einem Blick in den Himmel. Es gab auch Seitenkapellen. In einigen brannten Kerzen, in anderen befanden sich die Gräber von vor langer Zeit verstorbenen Christen. Mein Blick blieb an der Canterbury-Kanzel hängen: Sie war so großartig, dass ich beinahe lachen musste bei dem Gedanken an die Notenständer, hinter denen ich oft meine Predigten gehalten hatte.

Ich stellte fest, dass in der Mittagszeit Andachten gehalten wurden. Ich wollte versuchen, an einer oder zweien von ihnen teilzunehmen oder einen Nachmittag in einer der Seitenkapellen im stillen Gebet zu verbringen. Letzteres jedoch stellte sich als schwierig heraus. Die Kathedrale ist nicht nur ein heiliger Ort, sondern auch ein Anziehungspunkt für Touristen – und ich erkannte schnell, dass es unmöglich war, längere Zeit für sich zu sein.

Meine Frau war etwas überrascht von meinem großen Interesse an diesem religiösen Gebäude. Früher war mein Leben als Christ davon geprägt gewesen, auf die Straße zu gehen, um vor Nichtchristen Zeugnis abzulegen und für Gerechtigkeit zu kämpfen. Es war etwas völlig Neues zu erleben, dass eine Kathedrale mich derart berührte und ich den Wunsch verspürte, umgeben von religiösem Schmuck zu Gott zu beten.

Manche Christen haben in ihrer Kindheit erlebt, dass solche Elemente ihrer wahren Bedeutung für den Glauben beraubt wurden, und sie verwerfen sie deshalb als leblos. Meiner Seele begannen genau diese Elemente auf ganz neue Art Nahrung zu geben und in mir eine Kraft und Tiefe zu entwickeln, die meinem geistlichen Leben bis dahin gefehlt hatte. Ich lernte dadurch, das geistliche Temperament der Traditionalisten ganz neu zu schätzen.

Es gibt drei Formen, die den Weg des traditionalistischen Typs prägen:
- Riten (oder liturgische Elemente),
- Symbole (oder ausdrucksstarke Bilder),
- Opfer.

Evelyn Underhill, Anfang des 20. Jahrhunderts eine beliebte christliche Schriftstellerin, nennt diese drei Elemente »bewusste Zeichen einer unbewussten Tat«[41]. Mit ihrer Hilfe können wir die greifbare Welt dazu nutzen, um nicht greifbare (geistliche) Wahrheiten auszudrücken.

Riten

Riten bestärken uns in unserem Verhalten – das ist die Kraft, die in ihnen liegt. Protestanten, Katholiken und orthodoxe Christen mögen sich darüber streiten, welche Riten angemessen sind, Tatsache aber ist, dass alle Christen von ihnen profitieren.

Gertrud Mueller Nelson, eine zeitgenössische Autorin und Künstlerin, sagt dazu: »Gott hat die Welt mit einer Ordnung geschaffen, die aus Raum, Materie, Zeit, Leben und den nach seinem Bild geschaffenen Menschen besteht. Durch Rituale und Zeremonien machen wir Menschen unsererseits aus dem Chaos eine Ordnung. Wir schaffen einen Fixpunkt, einen heiligen Raum, um uns im endlosen Raum orientieren zu können. Der Zeitlosigkeit setzen wir rhythmische Wiederholungen entgegen, das wiederkehrende Fest. (...) Was uns zu groß und formlos ist, zerlegen wir in kleine, handhabbare Stücke. Wir tun dies, weil es praktischer ist, aber auch aus einem viel tief liegenderen Grund: um sicherzugehen, dass wir Bezug zum Mysterium bekommen, um mit dem Transzendenten zu kommunizieren.«[42]

Um das genauer zu erklären, benutzt sie ein Bild, das wir alle kennen. Wenn Kinder sich vor der mächtigen Brandung des

Meeres fürchten, kann man beobachten, dass sie versuchen, das Meer zu »zähmen«: Sie graben an der Stelle, an der sich die Wellen brechen, ein kleines Loch in den Sand und lassen es durch die Wellen mit Wasser füllen. Sie schaffen also sozusagen ein »Mini-Meer«, das sie kontrollieren können und das sie deshalb nicht überfordert. »Sie haben ein Loch gegraben«, so schreibt Nelson, »um etwas von dem Großen, dem Transzendenten, einzufangen. Auch wir können nicht einfach vor das Angesicht des Allmächtigen treten. Genau wie das Kind im Angesicht des Meeres wenden wir dem, was uns zu groß ist, den Rücken zu und schaffen nach und nach Formen, die ein wenig von dem fassen, was nicht fassbar ist. (...) Manchmal muss man sich vor der Kraft des Allmächtigen schützen, aber gleichzeitig muss man sie heranwinken, nach ihr rufen, um sie werben.«[43]

So wie die Sakramente sind auch Riten eine Möglichkeit, in Gottes Herrlichkeit einzutreten und gleichzeitig vor ihr geschützt zu sein, weil sie jenseits dessen liegt, was wir Menschen verkraften können. Werfen wir einen Blick auf einige dieser Riten.

Feste und Riten im Kirchenjahr

Meine Tochter wollte meine Hand gar nicht loslassen. Ich konnte ihre Unsicherheit geradezu spüren und beugte mich zu ihr hinunter, um zu erfahren, was los war.

»Was ist?«, fragte ich.

»Ich bin so fein angezogen«, antwortete sie verunsichert und deutete auf ihr Kleid.

Ich schaute mich um. Wir waren umgeben von Menschen in Ledermänteln, bunten T-Shirts, Lackjacken mit Sportlogos, Jeans – vom normalen Publikum im Wartezimmer eines Gefängnisses eben. Allison und ich kamen gerade von einem Karfreitags-Kindergottesdienst, und wir wollten einen der Gefangenen besuchen.

»Das macht nichts«, sagte ich zu ihr. »Es ist Karfreitag. Sie werden bestimmt denken, dass du in der Kirche warst.«

Wir mussten ziemlich lange warten, dann wurde der Name unseres Gefangenen ausgerufen, und wir machten uns auf den

Weg zu den Gefängniszellen. Ich hatte Allison auf das vorbereitet, was sie erwartete – der Mann, den wir besuchen wollten, würde in einem Raum hinter Glas sitzen, und wir würden nur durch eine Sprechanlage mit ihm reden können.

»Das hat lange gedauert«, begann ich, als wir uns gesetzt hatten.

»Ich war beim Sport«, erklärte er.

»Wird Ostern auf irgendeine Weise bei euch gefeiert?«, fragte ich nach einer Weile.

»Ist an diesem Wochenende Ostern?«, fragte er zurück. »Ich dachte, das sei schon letztes Wochenende gewesen. Sie haben ›Jesus von Nazareth‹ im Fernsehen gezeigt, also habe ich gedacht, es müsse Ostern sein.«

Ich muss zugeben, das hat mich betroffen gemacht. Ich bin an solchen Stellen nicht übermäßig fromm, aber es machte mich traurig zu wissen, dass ein Mitchrist an Karfreitag Basketball spielt, ohne zu wissen, dass Ostern vor der Tür steht.

Diesem Menschen, der da vor mir saß, war es nicht leicht gefallen, Christ zu werden. Der Wille war da, aber es gab immer wieder Druck von außen, und manchmal scheiterte er daran. So ein viertägiges Fest wie Ostern hätte eine heilsame Wirkung haben können.

Es gab Zeiten in der Kirchengeschichte, zu denen das österliche Fest *vierzig Tage* dauerte. Vierzig Tage sind zu viel für eine so beschäftigte Gesellschaft wie unsere, also haben wir das Ganze auf vier Tage gekürzt: Gründonnerstag, Karfreitag, Karsamstag und Ostersonntag. Aber selbst das scheint uns Christen heute schon zu viel zu werden. Also schauen wir uns Samstagabend einen frommen Film wie »Das Gewand« an und kommen Sonntagmorgen gut ausgeruht und hübsch angezogen in den Gottesdienst.

So muss es aber nicht laufen. Religiöse Riten einzuhalten ist durchaus sinnvoll. Sicherlich, Rituale können leer und ohne Leben sein; sie können aber auch zu einer Leben spendenden Erfahrung werden – alles hängt davon ab, welchen Zugang wir zu ihnen haben. Wenn wir bereit sind, uns für ein paar Tage aus der Welt zurückzuziehen, dann finden wir vielleicht heraus, dass Gott diese Tage mit einer ungeahnten Kraft füllt.

Walter Wangerin hat der Kirche mit seinem Buch »Reliving the Passion« einen großen Gefallen erwiesen.[44] Es enthält meditative Texte für die Passionszeit von Aschermittwoch bis Ostern, die auf dem Markusevangelium basieren. Andere Bücher mit ähnlichem Inhalt wollen dabei helfen, die Weihnachtszeit richtig zu feiern. Manche Christen halten es für besser, all diese Orientierungspunkte im Kirchenjahr zu ignorieren; Traditionalisten werden mit Recht sagen, dass wir jeden Einzelnen von ihnen angemessen feiern und begehen sollten.

Rituale können leer und ohne Leben sein; sie können aber auch zu einer Leben spendenden Erfahrung werden – alles hängt davon ab, welchen Zugang wir zu ihnen haben.

Eine Mutter, die sich bemüht, Weihnachten und Ostern zu einem schönen Fest zu machen, tut ihrer Familie einen außerordentlich christlichen Dienst. Ein Vater, der seinen Kindern die Bedeutung bestimmter Sonn- und Feiertage erklärt, nimmt eine äußerst wichtige Aufgabe wahr.

Gerade in unserer »nach-christlichen« Gesellschaft werden solche Aufgaben immer wichtiger. Meine Frau und ich haben das erst richtig begriffen, als wir einen gerade erst bekehrten Christen in seinen ersten Weihnachtsgottesdienst mitnahmen. Als wir uns der Kirche näherten, fragte er: »Ich verstehe schon, warum wir Weihnachten feiern, aber ist Jesu Tod und Auferstehung nicht genauso wichtig? Warum feiern wir das denn nicht?« »Das tun wir doch«, antwortete ich. »An Karfreitag und Ostern.« »Ach, darum geht es an Ostern!«, rief er aus. Dieser junge Mann war in den Vereinigten Staaten aufgewachsen und kannte die Bedeutung von Ostern nicht!

Biblische Rituale

Das Nachdenken über Bibeltexte ist eine wichtige Nahrungsquelle für jeden Christen, besonders aber für den traditionalistischen. Die Praxis der Wiederholung wurde schon zu Zeiten des Alten Testamentes empfohlen. »Und lass das Buch dieses Gesetzes nicht von deinem Munde kommen, sondern betrachte es

Tag und Nacht, dass du hältst und tust in allen Dingen nach dem, was darin geschrieben steht« (Josua 1,8).

Manche der biblischen Vorschläge können altbewährten Praktiken eine neue Bedeutung geben. Folgende könnten Sie ausprobieren:

Lies Bibeltexte laut. Angefangen habe ich damit in einem Hotelzimmer. Ich war unterwegs und todmüde. Als ich versuchte, in der Bibel zu lesen, verschwammen die Worte in meinem Kopf, und ich verstand überhaupt nicht, was ich da las. Aber ich hatte es dringend nötig, von Gott neu gefüllt zu werden. Also stand ich auf, wanderte durch den Raum und begann, mir die Texte aus der Bibel laut vorzulesen. Da wurden die Worte lebendig. In dem Augenblick, als ich sie laut ausgesprochen hörte, gruben sie sich ein in meine Seele.

Lies die Psalmen. Der Kirchenvater Chrysostomus setzte als gegeben voraus, dass jeder Christ jeden Morgen den Psalm 62 und jeden Abend den Psalm 140 las. Der Mönch Caesarius von Arles ging davon aus, dass alle Christen die Psalmen 50, 90 und 103 kannten.[45] Es kann sehr bereichernd sein, die gleichen Passagen der Bibel immer und immer wieder zu lesen, bis man sie auswendig kann. Stellen Sie sich vor, Sie lesen mit achtzig Jahren einen Psalm, den Sie in Ihren Dreißigern täglich gelesen haben – wie viel Kraft muss dieser Psalm dann ausstrahlen! Rituale können die Jahre unseres Lebens mit dem roten Faden des Glaubens verbinden.

Beginne deinen Tag mit der Bibel. Am Anfang meiner Teenagerzeit habe ich damit begonnen, morgens und abends ein Kapitel aus der Bibel zu lesen – Gottes Wort stand am Anfang und am Ende jeden Tages. Ein anderer Christ hat mir erzählt, dass er die Bibel nachts auf seine Schuhe legt. So muss er in ihr lesen, noch bevor er sich anzieht.

Der christliche Kalender

Das Christentum basiert darauf, dass Gott durch die Menschwerdung oder die Geburt Christi in unsere Welt gekommen und für uns sichtbar geworden ist.[46] Darum kann es äußerst hilfreich für unsere Hingabe an Gott sein, wenn wir die Feste auf dem christlichen Kalender auch feiern und begehen. Wenn wir historische Ereignisse ritualisieren – und zwar nicht nur Weihnachten und Ostern, sondern auch Pfingsten, den Advent und Christi Himmelfahrt –, dann bestätigen wir damit, dass unser geistliches Leben eine historische Basis hat.

Ich habe festgestellt, dass es sehr hilfreich ist, Gebete zu wiederholen – nicht weil dann die Wahrscheinlichkeit steigt, dass Gott uns hört, sondern weil ich selbst besser verstehe, was ich da bete.

Ich würde gerne auch noch mehr Gedenktage in meinen Kalender aufnehmen – so zum Beispiel Pascals tief greifende Gotteserfahrung in der Nacht zum 23. November 1664, die beinahe ekstatischen Charakter hatte; oder die Gefangennahme Bonhoeffers und seinen Märtyrertod am 9. April 1945; oder den Geburtstag Augustins. Alle diese Tage haben für mich deshalb eine besondere Bedeutung, weil die damit zusammenhängenden Menschen für meinen Glauben wichtig waren und sind.

An solchen Tagen könnte man etwas aus dem Werk der betreffenden Person lesen oder einfach danken dafür, was sie zur Geschichte der Christenheit beigetragen hat.

Vorgegebenes Gebet

Viele Christen finden es hilfreich, »Gebetsregeln« oder »Gebetsgewohnheiten« zu benutzen, um ihr Gebetsleben zu strukturieren. Es fällt ihnen dann leichter, regelmäßig jeden Tag zu beten.

Das Ziel soll sein, das Gebet zu einer täglichen Gewohnheit zu machen. Deshalb ist es günstig, die liturgische Zeit relativ kurz zu gestalten. Verlängern kann man sie immer, aber wenn die Grundeinheit zu lang ist, dann ist die Versuchung groß, sie zu verkürzen.

Um Ihren eigenen Gebetsablauf zu gestalten, können Sie katholische oder orthodoxe Gesang- bzw. Gebetbücher zu Hilfe nehmen. (Auch im EG finden sich praktische Vorschläge für Tageszeitenandachten und sehr hilfreiche Gebete; Anm. d.

Übers.) Natürlich wird man als protestantischer Christ die Gebete zu Maria auslassen, alles andere aber kann ausgesprochen hilfreich sein.

Ich werde im Folgenden eine von Marc Dunaway ausgearbeitete Gebetsliturgie vorstellen. Ich habe mir erlaubt, manches auszulassen und dafür anderes hinzuzufügen. Der vollständige Ablauf mit Vorschlägen zu zusätzlichen Gebeten ist nachzulesen in dem Büchlein »Building a Habit of Prayer« (Conciliar Press, 1989).

Anrufung

Im Namen des Vaters und des Sohnes und des Heiligen Geistes. Amen
(kurze Zeit der Stille)
Gott, sei mir Sünder gnädig. (3 x)
(Anmerkung: Ich habe festgestellt, dass es sehr hilfreich ist, Gebete zu wiederholen – nicht weil dann die Wahrscheinlichkeit steigt, dass Gott uns hört, sondern weil ich selbst besser verstehe, was ich da bete.)

Schuldbekenntnis

Psalm 51
Herr, sei mir Sünder gnädig.

Anrufung des Heiligen Geistes

Lob und Preis sei dir, o Herr, in Ewigkeit. Amen.
Du himmlischer König, du Tröster und Geist der Wahrheit, du Bewahrer alles Guten und Geber allen Lebens – komm und nimm Wohnung in uns. Mach uns frei von aller Schuld und erlöse unsere Seelen.

Dreifaltigkeitsgebet

Heiliger, allmächtiger und ewiger Gott, erbarme dich unser. (3 x)
Ehre sei dem Vater und dem Sohn und dem Heiligen Geist,
jetzt und in Ewigkeit. Amen.
O heilige Dreifaltigkeit, erbarme dich unser.
Gott Vater, erlöse uns von unserer Schuld.
Jesus Christus, vergib uns unsere Vergehen.

Heiliger Geist, komm und heile unsere Unsicherheit
um deines Namens Willen.
Herr, erbarme dich. (3 x)
Ehre sei dem Vater und dem Sohn und dem Heiligen Geist,
jetzt und in Ewigkeit. Amen

Vater unser im Himmel, geheiligt werde dein Name.
Dein Reich komme, dein Wille geschehe, wie im Himmel so auf Erden.
Unser tägliches Brot gib uns heute
und vergib uns unsere Schuld,
wie auch wir vergeben unseren Schuldigern.
Und führe uns nicht in Versuchung, sondern erlöse uns von dem Bösen.
Denn dein ist das Reich und die Kraft und die Herrlichkeit
in Ewigkeit. Amen.
Herr, erbarme dich. (3 x)

Hingabegebet

Wir wollen uns beugen und ihn anbeten, unseren Gott und König.
Wir wollen uns beugen und ihn anbeten, Christus,
unseren König und Gott.
Wir wollen uns beugen und ihn anbeten, Christus selbst,
unseren König und Gott.

Lied (wahlweise)

Zum Beispiel: »Vater, wir beten an« (aus: Lebenslieder, Nr. 44, Mundorgelverlag, Köln/Waldbröl, 1991)

Lesen oder Singen eines Psalms

Lesen eines Bibeltextes

Nachdenken über den Text

Auswählen eines Liedes für den Tag

Fürbitten

Bringen Sie Ihre persönlichen Fragen vor Gott – so wie sie

Ihnen in den Sinn kommen oder nach einer von Ihnen erarbeiteten Fürbittenliste. Vielleicht lassen Sie etwas Platz, damit Gott Ihnen Fragen (oder Anweisungen) ins Herz legen kann.

Schlussgebet

Ehre sei dem Vater und dem Sohn und dem Heiligen Geist, jetzt und in Ewigkeit. Amen.
Herr, erbarme dich. (3 x)
Herr, hab Dank, dass du meine Gebete erhört hast. Gib mir die Kraft, dir heute dienen zu können. Erbarme dich meiner und behüte mich, denn du bist gut und liebst alle Menschen. Amen.

Manch einer mag eine solche Struktur für sein Gebet eher als hinderlich empfinden. Besonders Christen, deren Gedanken leicht abschweifen, und auch solche, die noch nicht sehr geübt sind im Beten, werden aber feststellen, dass diese feste Form sich positiv auf ihre Disziplin und Ernsthaftigkeit auswirkt.

Die evangelikale Bewegung hat eine sehr freie und informelle Art des Betens gepflegt – und das hat ihr nicht unbedingt gut getan. Menschen, die neu zum Glauben gekommen sind, brauchen oft mehr Anleitung als die übliche Empfehlung: »Rede einfach mit Gott und sag ihm, was du auf dem Herzen hast.« Das reicht nicht, um ihnen beizubringen, wie man richtig betet. Durch Gebete in einer vorgegebenen Form können Christen lernen, angemessen zu beten: Hingabe, Dank und Bekenntnis bekommen einen direkten Bezug zur Fürbitte.

Ebenfalls als sehr hilfreich empfinde ich, wenn man das Vaterunser betet und dabei nach jeder Zeile eine Pause macht, um sie für sich persönlich auszulegen. So kann ich das Vaterunser als Gerüst für mein spontanes Gebet benutzen.

Feste Gebetszeiten

Es ist immer schon so gewesen, dass Christen das Gebet viel zu wichtig fanden, um es dem Zufall zu überlassen. In der frühen Christenheit hat man feste Gebetszeiten eingeführt und war davon überzeugt, dass man nur so im Gebet treu bleiben könne.

Clemens von Alexandrien, ein bedeutender christlicher Denker des ausgehenden zweiten Jahrhunderts, erzählt, dass viele Christen bestimmte Stunden des Tages für das Gebet reserviert hatten; sie beteten zum Beispiel zur dritten, sechsten und neunten Stunde des Tages. Vor den Mahlzeiten gab es normalerweise Lobgesänge und Bibellesungen.[47]

Die Didache oder auch Apostellehre, die von den 12 Aposteln verfasste, erste Kirchenordnung, belegt, dass die Christen des ersten Jahrhunderts dazu angehalten wurden, drei Mal am Tag zu beten. Sie beteten meistens das Vaterunser. Tertullian, ein Christenführer aus dem frühen dritten Jahrhundert, forderte die Christen genau wie Clemens von Alexandrien dazu auf, zur dritten, sechsten und neunten Stunde zu beten – und zwar zusätzlich zu den regelmäßig angebotenen Gebeten am Morgen und während der Nacht. Tertullian betonte allerdings, dass die genaue Stundenangabe eher als Richtlinie zu verstehen sei und nicht als strenge Regel. Christen brauchen mindestens drei Mal am Tag eine Gebetszeit, so sagte er, und ein Festsetzen der Zeiten kann ihnen bei der Einhaltung dieser Regel helfen.[48]

Menschen, die neu zum Glauben gekommen sind, brauchen oft mehr Anleitung als die übliche Empfehlung: »Rede einfach mit Gott und sag ihm, was du auf dem Herzen hast.« Das reicht nicht, um ihnen beizubringen, wie man richtig betet.

Als ich damit begann, regelmäßig jeden Tag zu beten, hat es mich häufig frustriert festzustellen, dass ich die Gegenwart Gottes mittags schon wieder aus dem Blick verloren hatte – selbst wenn ich morgens eine ganze Stunde mit ihm verbracht hatte. Kürzere, aber dafür häufigere Gebetszeiten können dabei helfen, die ständige Gegenwart Gottes in unserem Leben bewusster wahrzunehmen. Wäre es wirklich schwierig, fünf Minuten am Morgen, fünf Minuten zur Mittagszeit und fünf Minuten am Abend zu reservieren, um Gott im Gebet zu begegnen?

Rituale geben unserem Glauben eine Struktur. Für Christen des traditionalistischen Typs sind darüber hinaus auch noch Symbole eine Möglichkeit, dem Glauben eine innere Bedeutung zu geben.

Symbole

Kennen Sie das: Sie hören eine bewegende Predigt, sind tief berührt von einem Vers oder aufgewühlt durch eine neue Erkenntnis – und der Effekt ist im Nu verpufft, weil man viel zu schnell wieder vergisst? Symbole können uns dabei helfen, eines der größten Hindernisse christlichen Lebens zu überwinden – unsere Vergesslichkeit.

Dietrich Bonhoeffer war fasziniert von der Beobachtung, dass seine Mitgefangenen in einem Bombenangriff dem Tode nahe sein konnten und alles wieder vergessen hatten, sobald die Gefahr vorüber war. Während die Bomben der Alliierten die Gefängnismauern erschütterten, flehten auch nichtgläubige Menschen Gott um Rettung an; sobald die Bomber weg waren und der Staub sich wieder gesetzt hatte, kehrten die Gefangenen zurück zum Kartenspiel und sonstigem Zeitvertreib, und ihre flehenden Bitten an Gott waren vergessen. Bonhoeffer schreibt:

Etwas, was mir bei mir selber und bei anderen immer wieder rätselhaft ist, ist die Vergesslichkeit in Bezug auf die Eindrücke während einer Bombennacht. Schon wenige Minuten danach ist fast alles von dem, was man vorher gedacht hat, wie weggeblasen. Bei Luther genügte ein Blitzschlag, um seinem ganzen Leben auf Jahre hinaus eine Wendung zu geben. Wo ist dieses »Gedächtnis« heute? Ist nicht der Verlust dieses »moralischen Gedächtnisses« (...) der Grund für den Ruin aller Bindungen, der Liebe, der Ehe, der Freundschaft, der Treue? Nichts haftet, nichts sitzt fest. Alles ist kurzfristig, kurzatmig.

Aber die Güter der Gerechtigkeit, der Wahrheit, der Schönheit, alle großen Leistungen überhaupt brauchen Zeit, Beständigkeit, »Gedächtnis«, oder sie degenerieren. Wer nicht eine Vergangenheit zu verantworten und eine Zukunft zu gestalten gesonnen ist, der ist »vergesslich«, und ich weiß nicht, wo man einen solchen packen, stellen, zur Besinnung bringen kann. Denn jedes Wort, wenn es auch im Augenblick beeindruckt, verfällt der Vergesslichkeit. Was ist da zu tun?, ein großes Problem der christlichen Seelsorge.[49]

Symbole helfen uns dabei, dieses »moralische Gedächtnis« zu erhalten. Gott hat den Gebrauch von Symbolen bejaht; als er zu Mose sprach, sagte er: »Rede mit den Israeliten und sprich zu ihnen, dass sie und ihre Nachkommen sich Quasten machen an den Zipfeln ihrer Kleider und blaue Schnüre an die Quasten der Zipfel tun. Und dazu sollen die Quasten euch dienen: Sooft ihr sie anseht, sollt ihr an alle Gebote des Herrn denken und sie tun, damit ihr euch nicht von eurem Herzen noch von euren Augen verführen lasst und abgöttisch werdet, sondern ihr sollt an alle meine Gebote denken und sie tun, dass ihr heilig seid eurem Gott.« (4. Mose 15,37–40)

Ich kann die Protestschreie förmlich hören: »Aber wir sind doch erlöst durch den Glauben! Wir brauchen solche alttestamentlichen Symbole nicht mehr!« Symbole sind in der Tat nicht der Weg zur Erlösung; sie können aber sehr wohl ein Weg sein, um die Konsequenzen aus dieser Erlösung im Alltag besser zu leben. Dass wir gerettet sind, heißt doch nicht, dass wir keine Hilfe mehr bei der Realisierung eines geheiligten Lebens brauchen.

Symbole sind in der Tat nicht der Weg zur Erlösung; sie können aber sehr wohl ein Weg sein, um die Konsequenzen aus dieser Erlösung im Alltag besser zu leben. Dass wir gerettet sind, heißt doch nicht, dass wir keine Hilfe mehr bei der Realisierung eines geheiligten Lebens brauchen.

Christen, denen es zum Beispiel schwer fällt, sich beim Autofahren angemessen zu verhalten, könnten sich zur Erinnerung ein Symbol – ein Kreuz oder einen Fisch – an den Rückspiegel hängen, wenn ihr Temperament mit ihnen durchgehen will. (Das ist eindeutig besser, als sich einen Fisch für alle sichtbar hinten aufs Auto zu kleben und dann zu fahren wie der Teufel.) Ein Pfarrer, mit dem ich befreundet bin, nutzt einen Teich in der Nähe seines Hauses als Symbol. Wenn er nach der Arbeit an diesem Teich vorbeikommt, weiß er, dass er bald zu Hause ist und sich dort auf seine Frau und seine Kinder konzentrieren muss. Seine Sorgen und Nöte aus der Gemeinde bleiben auf der Nordseite des Teiches. Er kann sie am nächsten Morgen wieder aufsammeln, wenn er auf dem Weg zur Arbeit wieder dort vorbeikommt.

Man kann für eigentlich jedes Bedürfnis und jede Situation ein Symbol finden. Männer und Frauen, die sich sexuell versündigt haben, können ein Kreuz tragen, um sich daran zu erinnern, dass sie ab jetzt ein reines Leben führen wollen. Während einer Zeit intensiven Gebetes könnte man einen Ring tragen, um immer wieder an die Gebete erinnert zu werden.

Bonhoeffer fand es als Gefangener hilfreich, während des Betens das Kreuzzeichen zu schlagen. Er war damals auf der Suche nach einem »religionslosen« Christsein – aber seine Suche scheiterte. Er fand heraus, wie so viele Christen vor und nach ihm, dass Symbole sehr wohl dabei helfen können, in die Realität und Gegenwart Gottes zu treten.

Auch Architekten bedienen sich christlicher Symbole. Byzantinische Kirchen zum Beispiel haben häufig die Form eines Kreuzes. Andere Kirchen sind kreisförmig, um zu symbolisieren, dass »die Kirche sich auf dem gesamten Erdkreis ausgebreitet hat«. Auch einzelne Elemente des Kirchengebäudes können eine symbolische Bedeutung haben. Das Kirchen-»Schiff«, in dem die Gemeinde sitzt, hat seinen Namen von dem lateinischen Wort *navis:* ein Symbol dafür, dass die Kirche so wie die Arche Noah von den Wellen der Welt hin und her geschleudert wird. Der Altarraum oder Chor, in dem früher (in der anglikanische Kirche auch heute noch; Anm. d. Übers.) der Kirchenchor sitzt, ist ein Symbol für die triumphierende Kirche.[50]

> *Das Taufkleid ist ein ungewöhnlich schönes Symbol – man wird in dem Kleid begraben, das die Hoffnung der Taufe verkündet.*

In einigen christlichen Traditionen ist das Taufkleid zu einem Symbol geworden. Es wird zur Erinnerung an die Taufe behalten und bedeckt später den Körper nach dem Tod. Dies ist meiner Ansicht nach ein ungewöhnlich schönes Symbol – man wird in dem Kleid begraben, das die Hoffnung der Taufe verkündet.

Im Protestantismus werden Brot und Wein bzw. Traubensaft als Symbole für den Leib und das Blut Jesu Christi gesehen. Schon in der frühen Christenheit gab es Symbole für die Dreifaltigkeit. Für Christus steht gemeinhin das Chi-Rho-Symbol, das aussieht wie ein X, über dem ein P steht. Dies sind im Griechischen die ersten beiden Buchstaben von *Christus*. Gebräuchlich sind auch die Buchstaben I.H.S., im Griechischen die ersten drei Buchstaben für *Jesus*. Die fünf Buchstaben vom griechischen »Fisch« (ICHTHYS) sind die Anfangsbuchstaben von »Jesus Christus, Gottes Sohn, Retter«. Jesu Göttlichkeit und Herrschaft kamen im Bild des Hirten zum Ausdruck – der gute Hirte. Seine Passion und sein Leiden wurden eingefangen im Bild des Lammes.[51]

Gott Vater wurde von den ersten Christen im Allgemeinen nicht durch ein Symbol oder Bild dargestellt. Er offenbarte sich lediglich durch den Mensch gewordenen Christus, also gab es keine irdischen Bilder, die man kopieren konnte. Bis zum zwölften Jahrhundert jedoch wurde Gott Vater manchmal dargestellt durch eine Hand. Im dreizehnten und vierzehnten Jahrhundert wurde der Hand ein Arm hinzugefügt – als Bild für den Arm Gottes. Später dann wurde Gott Vater als alter Mann gemalt und noch später im Westen als Papst mit vielen Kronen (der irdische Papst hatten nur eine).[52]

Ich möchte damit nicht sagen, dass wir zu diesen Symbolen zurückkehren sollten. Persönlich bin ich der gleichen Meinung wie die ersten christlichen Theologen, die jegliche Darstellungen Gottes des Vaters ablehnten. Etwas so Unvollständiges wie eine Hand mag für die Kunst ein legitimes Mittel sein, aber Bilder von einem alten Mann tun Gott Unrecht. Es ist eine Sache, wenn man Jesus malt – er ist Mensch geworden; es ist aber gefährlich, dasselbe mit dem Vater zu tun, den wir nie gesehen haben.

Der Heilige Geist begegnet uns immer wieder im Symbol der Taube (in Anlehnung an die biblische Metapher, in der der Geist wie eine Taube auf Jesus herabkam) oder des Feuers (in Anlehnung an die biblische Beschreibung von Pfingsten, wo »Zungen von Feuer« auf die Jünger herabkamen).

Die Dreifaltigkeit als Ganzes ist immer schon als Dreieck oder als drei ineinander verschlungene Kreise dargestellt worden.[53]

In der christlichen Kunst werden viele Symbole benutzt, die für den traditionalistischen Christen hilfreich sein können – ob zu Hause, am Arbeitsplatz oder im Auto. Ich will hier nur einige Beispiele nennen: der Anker (Symbol für die Hoffnung); der Pfeil (für Märtyrertum, Schmerz und Leid); das Banner (für den Triumph über Verfolgung und Tod); der Kreis (für die Ewigkeit); die Krone (für die Vorherrschaft Gottes); die Öllampe (für Weisheit und Frömmigkeit); die Palme (für Märtyrertum).[54]

Eines der wichtigsten Symbole für die Christenheit war sicherlich immer das Kreuz, aber selbst dieses Symbol kennt viele Varianten. Jeder, der sich einmal mit orthodoxen Devotionalien auseinandergesetzt hat, weiß, dass ein orthodoxes Kreuz anders aussieht als eines, das von einem Protestanten getragen wird. Und ein protestantisches Kreuz sieht anders aus als ein katholisches Kruzifix. Das Symbol des Kreuzes hat sich über die Jahrhunderte hinweg verändert. Im frühen Mittelalter gab es Kreuze nur *mit* dem gekreuzigten Jesus, um an das Leiden des Erlösers zu erinnern. In der Zeit davor war das Kreuz immer *leer*, als Symbol für den Sieg des Christentums.

Aberglaube verhält sich zur Religion wie Lust zur Liebe – ein leerer Ersatz, bei dem nichts mehr übrig ist von der Kraft des Originals.

Frühe christliche Künstler haben auch bestimmte Farben als Symbol benutzt – so wie auch heute noch in manchen Denominationen liturgische Farben durch das Kirchenjahr führen. Ganz einheitlich war der Gebrauch nicht, aber im Allgemeinen wurde Weiß für Ostern und Weihnachten benutzt und als Farbe der Freude angesehen. Rot stand für die Erhöhung des Kreuzes, Gedenktage von Märtyrern und das Leiden des Herrn. Grün wurde an normalen Sonntagen und für den Alltag benutzt und war Symbol für das Leben insgesamt. Lila setzte man in der Fastenzeit, der Karwoche und im Advent ein, um das Zusammengehören von Liebe und Schmerz zu symbolisieren. Schwarz wurde nur an Karfreitag benutzt.[55]

In einer Weiterführung der Symbolik wurden Wasserspeier eingesetzt, die das Reine, Noble, Schöne und Gute symbolisierten und denen als Kontrast hässliche, grobe und vulgäre Figuren gegenüberstanden. Leider haben manche Menschen den ursprünglichen Sinn dieser Symbole mit abergläubischem Inhalt gefüllt. Aberglaube verhält sich zur Religion wie Lust zur

Liebe – ein leerer Ersatz, bei dem nichts mehr übrig ist von der Kraft des Originals.

Symbole werden auch dann gefährlich, wenn sie zum Inhalt (statt zum Denkanstoß) unseres Glaubens werden. Das haben auch schon die Menschen im Alten Testament erlebt. Einmal gebot Gott Mose, eine eherne Schlange zu machen, um Israel von der Plage der Schlangenbisse zu erlösen. Später dann begann Israel, diese Schlange anzubeten und sie als Gott zu behandeln statt als Symbol (4. Mose 21,4–8; 2. Könige 18,4). Etwas Gutes kann pervertiert werden, aber die Perversion besteht in der Art und Weise, wie das Symbol gebraucht wird, nicht im Symbol selbst.

Gertrud Mueller Nelson hat wunderbar in Worte gefasst, wie Rituale und Symbole eine »Poesie« in unsere Beziehung zu Gott bringen können:

Wir haben ihn völlig aus den Augen verloren, den poetischen Aspekt der Kirche, der uns durch Riten und Symbole, durch rhythmische Wiederholungen mit Nahrung für den Glauben versorgt hat. (...) Diese kreative und poetische Art, Kirche zu sein, hilft uns dabei, dem volle Aufmerksamkeit zu schenken, was uns sonst banal und alltäglich vorkommt. Riten und Symbole nutzen die alltäglichen und irdischen Elemente unserer Existenz, verinnerlichen sie und erreichen damit, dass sie betont, geheiligt und vollendet werden. Das Banale wird zum Gefäß für das Göttliche. Das Transzendente wird enthüllt durch etwas wunderbar Vertrautes: Brot, Wein, Feuer, Asche, Erde, Wasser, Öl, Tränen, Samen, Lieder, Feiern und Fasten, Schmerzen und Freude. (...) Als kreative Kraft spricht die Kirche direkt zu unserem Herzen – und das Herz ist offen für Symbole, nicht für rationale Argumente.[56]

Opfer

Zu Riten und Symbolen kommt eine dritte Form, die den Glauben eines traditionalistischen Christen prägt und immer schon einer der Kerngedanken des Christentums war: das Opfer. Für all jene, die sich zutiefst mit ihrem Herrn identifizieren möchten und ihm sich selbst als Opfer gegeben haben, ist dieser Gedanke höchst nachvollziehbar. Das Opfer ist die Brücke zwischen unserer idealisierten und oft romantischen Verherrlichung Gottes und der Realität. Unsere Hingabe zu Gott darf nicht auf rein emotionale Ausdrucksformen reduziert werden – wir sind immer auch aufgerufen, unseren Willen dem Willen Gottes zu unterwerfen.

In diesem Aspekt des Glaubens ist auch der Grund zu finden, warum so viele Christen vom traditionalistischen Typ die Fastenzeiten so gewissenhaft einhalten. Unglücklicherweise leben wir in einer Gesellschaft, die zwar Karneval feiert, die Fastenzeit aber völlig ignoriert. »Wir sind doch befreit!«, mögen wir Christen sagen. »Warum also sollten wir uns an die Fastenzeit halten?« Gott ist nicht darauf angewiesen, dass wir auf etwas verzichten; er »braucht« mein Fleisch sicherlich nicht – aber manchmal brauche ich den Verzicht auf etwas, um wieder richtig schätzen zu lernen, was wirklich wichtig ist.

Einmal habe ich beschlossen, in der Fastenzeit auf Eis zu verzichten. Da ich in einer Baptistengemeinde groß geworden bin, hatte ich vorher nie in Betracht gezogen, dieser Zeit Beachtung zu schenken. Aber dann haben wir in unserer Familie beschlossen, es einfach einmal zu versuchen. Während dieser Zeit hielt ich unterwegs an einem Supermarkt, um mir etwas zu essen zu kaufen. Leider war der Laden etwas weitab vom Schuss und alles, was sie zu bieten hatten, schien schon einen langen Transportweg hinter sich zu haben – und das vor mindestens drei Wochen. Es gab kein vernünftiges Brot und auch sonst nichts, was einladend genug ausgesehen hätte, um es mit in mein Hotelzimmer zu nehmen.

Schließlich wollte ich der Versuchung nachgeben. »Ich nehme einfach eine kleine Dose Eis mit«, dachte ich. Aber in dem Moment, als meine Hand die kalte Gefriertruhe berührte, fiel mir mein Fastenversprechen wieder ein – und ich legte die Eiscreme zurück. Mir stand plötzlich lebhaft vor Augen, was Jesus an Karfreitag und Ostern für mich getan hatte, und ich fühlte ganz tief in mir die Trauer und die Freude, die diese Zeit mir schenken will.

Alles in allem war es ein wunderbarer Tausch: eine Portion

Eis gegen ein viel tieferes Erleben der Passions- und Osterzeit. Und darum genau geht es beim Fasten, oder? Wir bekommen dafür keine Extrapunkte bei Gott, aber Gott kann das Fasten nutzen, um unsere fordernden Herzen zur Einsicht zu bringen.

Natürlich können wir Gott nicht wirklich etwas geben, denn es gehört ja schon alles ihm – einschließlich der Kraft, die wir brauchen, um ein Opfer zu bringen. Aber wenn wir uns klarmachen, was Opfern heißt, dann werden wir daran erinnert, dass nicht Gott unser Diener ist, sondern wir Gottes Diener sind.

Im Alten Testament ist von drei verschiedenen Opferarten die Rede: vom Sündopfer, vom Dankopfer und vom Brandopfer. (Alle Opfer sind Gaben, aber nicht alle Gaben sind Opfer).[57] Zum Einen konnte der Geber seine Gabe als Opfer einsetzen (eine Sängerin kann ihre Stimme dem Herrn geben); andere Gaben dagegen sollten vollständig vernichtet werden (ein Alkoholiker kann beschließen, nie wieder Alkohol anzurühren). Es gibt also folgende zwei Möglichkeiten: Entweder besteht das Opfer darin, dass wir etwas komplett aufgeben, oder es besteht darin, dass wir eine Gabe in den Dienst Gottes stellen. Wenn wir Geld spenden, sollten wir dies zum Beispiel als Opfer sehen. Wir geben etwas an Gott ab und können es nicht mehr in einem anderen Zusammenhang für uns selber nutzen.

»Glaube« wird heute oft als Mittel dazu gesehen, etwas Bestimmtes von Gott zu bekommen. Eigentlich aber sind Christen immer Menschen gewesen, die etwas Kostbares an Gott abgegeben haben.

Opfer ist ein Herzstück geheiligten Lebens. Manchmal müssen wir etwas aufgeben, das uns lieb und teuer war, weil es uns nicht gut getan hat – eine unpassende Beziehung, ein Arbeitsplatz, der uns finanzielle Sicherheit bot, eine bestimmte Tätigkeit, übermäßiges Essen, Spielen, Rauchen.

Es gab immer wieder Propheten, die vor dem Opfern als Ausdruck der Liebe zu Gott gewarnt haben. Das hat bei vielen Christen Angst vor diesem Thema ausgelöst. Aber bei diesen Warnungen ging es immer darum, dass die Rituale verkommen waren – es ging nie um die Idee selbst.[58] Gott bejaht den Gedanken des Opferns durch das ganze Alte Testament hindurch;

und im Neuen Testament war Jesus Teil dieses Opfersystems, bis dahin, dass er selbst schließlich zum Opfer wurde. Dieses Opfer Christi machte das Opfern von Tieren selbstverständlich überflüssig, aber das Prinzip wurde dadurch nicht außer Kraft gesetzt: Paulus forderte die Römer auf, sich selbst zum Opfer zu geben (Römer 3,25; 8,3; 12,1) Zugegeben, im Zusammenhang gesehen will Paulus, dass wir unsere geistlichen Gaben zum Dienst am Leib Christi einsetzen; es geht ihm aber dabei nicht darum, einfach etwas »aufzugeben«. Dadurch würde seine Forderung nicht erfüllt, sondern nur ihr tieferer Sinn verwässert. Es kommt also darauf an, dass man den Stellenwert des Opfers verstehen lernt und begreift, wie sehr es Teil des Glaubenslebens eines gesunden Christen ist.

Traditionalisten erinnern uns daran, dass in unserem Glauben eine Umkehrung stattgefunden hat: »Glaube« wird heute oft als Mittel dazu gesehen, etwas Bestimmtes *von* Gott zu bekommen. Eigentlich aber sind Christen immer Menschen gewesen, die etwas Kostbares an Gott abgegeben haben. Wenn also traditionalistische Christen den Gedanken des Opferns in ihren Alltag aufnehmen, dann geben sie damit einem Schlüsselelement des christlichen Glaubens Form und bewahren es gleichzeitig vor dem Vergessen.

Als Traditionalist leben

Wie also können Sie als Traditionalist Ihre Liebe zu Gott zum Ausdruck bringen? Indem Sie die für dieses Temperament typischen drei Formen in Ihren Alltag integrieren: Machen Sie reichlichen Gebrauch von Symbolen; entwickeln Sie für sich hilfreiche Rituale; und finden Sie heraus, auf welchen Gebieten Sie opfern können.

Ich würde zunächst einmal mit einer dieser Formen beginnen – mit den Symbolen zum Beispiel – und sie nach und nach in den Alltag integrieren. Vielleicht möchten Sie auch noch mehr über Symbole der ersten Christen lesen, um mehr Hintergrundwissen zu haben. Wenn Sie die Symbole in Ihre Gebetspraxis integriert haben, dann wenden Sie sich einem weiteren Element zu. Sie könnten zum Beispiel ein bestimmtes Ritual einführen – vielleicht einen festen Ablauf für den Heiligen Abend, ein besonderes Gebet für den Sonntag, eine neue Form des Bibellesens o. Ä.

Es kommt nicht darauf an, all das möglichst schnell umzusetzen. Bedeutung geht vor Leistung; Symbole sind Werkzeuge, nicht Inhalt. Lassen Sie sich Zeit damit, nach und nach Formen des Religiösen in Ihr Leben zu integrieren.

Versuchungen

Gott dienen, ohne ihn zu kennen

Ja, es ist tatsächlich möglich, Gott eine ganze Weile zu dienen, ohne ihn wirklich zu kennen. Samuel ist ein gutes Beispiel für diese Gefahr. In 1. Samuel 3,1 wird uns berichtet, dass »der Knabe Samuel dem Herrn diente unter Eli«, doch in Vers 7 heißt es: »Aber Samuel hatte den Herrn noch nicht erkannt, und des Herrn Wort war ihm noch nicht offenbart.« Samuel war eng beteiligt, wenn die religiösen Riten des Volkes Israel durchgeführt wurden, aber er war dem Gott Israels noch nicht persönlich begegnet.

Die Welt ist voll von Religionen und religiösen Menschen, die Gott nicht kennen. Religion kann dem Glauben dienen, aber sie ist kein Ersatz und kann niemals seine Stelle einnehmen. Herz, Verstand und Willen mögen noch so bedeutungsvolle Ausdrucksformen haben, aber sie sind ohne Leben, wenn sie nicht mit einem tiefen und bleibenden Glauben einhergehen.

Soziale Pflichten vernachlässigen

Gleich einigen anderen geistlichen Temperamenten kann es auch den Traditionalisten passieren, dass sie so gefangen sind in ihrem Glauben, dass darüber die mit dem Glauben einhergehenden sozialen Pflichten gänzlich in Vergessenheit geraten. Es reicht nicht, wenn wir versuchen, ein geheiligtes Leben zu kultivieren; ebenso wichtig ist es, loszugehen und anderen zu dienen.

Bedenken Sie Gottes Warnung an die Israeliten: »Ich bin euren Feiertagen gram und verachte sie und mag eure Versammlungen nicht riechen. Und wenn ihr mir auch Brandopfer und Speiseopfer opfert, so habe ich kein Gefallen daran und mag auch eure fetten Dankopfer nicht ansehen. Tu weg von mir das Geplärr deiner Lieder; denn ich mag dein Harfenspiel nicht hören! Es ströme aber das Recht wie Wasser und die Gerechtigkeit wie ein nie versiegender Bach.« (Amos 5,21–24)

Religion als Ersatz für die sozialen Verpflichtungen, die uns der Glaube auferlegt – das muss für das Volk Israel eine ständige Versuchung gewesen sein, denn auch Jeremia hat gesagt, dass Religion allein nicht ausreicht: »Verlasst euch nicht auf Lügenworte, wenn sie sagen: Hier ist des Herrn Tempel, hier ist des Herrn Tempel, hier ist des Herrn Tempel! Sondern bessert euer Leben und euer Tun, dass ihr recht handelt einer gegen den andern und keine Gewalt übt gegen Fremdlinge, Waisen und Witwen und nicht unschuldiges Blut vergießt an diesem Ort und nicht andern Göttern nachlauft zu eurem eigenen Schaden, so will ich immer und ewig bei euch wohnen an diesem Ort, in dem Lande, das ich euren Vätern gegeben habe.« (Jeremia 7,4–7)

Auch Jesus warnte vor einer bloßen Zurschaustellung von Religion. Religion ohne Substanz, so sagt Christus, ist Heuchelei; dann sind wir »wie die übertünchten Gräber, die von außen hübsch aussehen, aber innen sind sie voller Totengebeine und lauter Unrat« (Matthäus 23,27).

Andere verurteilen

Traditionalisten müssen sich immer wieder klar machen, dass Gott der Heilige ist und nicht die Religion. Petrus brauchte eine überaus lebendige und eindrückliche Vision, um die religiösen Essensvorschriften einmal beiseite lassen zu können und um den Heiden das Evangelium zu bringen (Apostelgeschichte 10).

Paulus war dazu berufen, die Heiden zu missionieren, deshalb war er sehr darauf bedacht, religiöse Rituale nicht zum Maßstab für einen rechten Glauben werden zu lassen. In Römer 14 und Kolosser 2,16–17 sagt er sehr deutlich, dass religiöse Riten zur eigenen inneren Erbauung benutzt werden dürfen, aber nie, um andere zu verurteilen: »So lasst euch nun von niemandem ein schlechtes Gewissen machen wegen Speise und Trank oder wegen eines bestimmten Feiertages, Neumondes oder Sabbats. Das alles ist nur ein Schatten des Zukünftigen; leibhaftig aber ist es in Christus.« Paulus warnt Timotheus vor denen, die im Namen der Religion anderen Christen manches verbieten, womit Gott sie erfreuen möchte (1. Timotheus 4,1–5).

Traditionalisten sollten sich ganz frei all den Riten und Pflichten widmen, die ihren Glauben nähren – aber die Tatsache, dass sie etwas bereichert, heißt nicht, dass es für andere ebenfalls verpflichtend ist. In der Nähe meiner Heimatstadt rief ein baptistischer Pfarrer bei einigen seiner Gemeindemitglieder höchste Empörung hervor, weil er gerne am Sonntagnachmittag in seinem Garten arbeitete. Der Pfarrer verbrachte die ganze Woche damit, die Bibel zu studieren, und für ihn war Gartenarbeit keine Arbeit, sondern Entspannung, die ihm bei der Vorbereitung auf den Abendgottesdienst gut tat – auch wenn einige sich eine angemessene Sonntagsgestaltung anders vorstellten.

Religiöse Riten dürfen zur eigenen inneren Erbauung benutzt werden, aber nie, um andere zu verurteilen.

Religion kann den Glauben des Einzelnen ungemein vertiefen, aber sie kann den Glauben einer Gemeinschaft auch zerstören, wenn sie benutzt wird, um zu kritisieren, zu maßregeln oder zu trennen.

Mechanisches Wiederholen

Riten zu wiederholen ist ein wirksames und bereicherndes Instrument, wenn sie von einem lebendigen Glauben durchdrungen sind. Wenn die eigene Aufmerksamkeit aber abschweift, dann wird aus dem Ritual eine ebenso leere wie unaufrichtige

Übung. Rituale – besonders die, die man für sich selbst erarbeitet hat – müssen nicht immer und ewig gleich bleiben. Wenn etwas für Sie die Bedeutung verloren hat, dann tun Sie etwas anderes. (Gemeint sind hier selbstverständlich nicht die gemeinsamen Gottesdienste, sondern die persönlichen Rituale.)

Vergötzung von Riten

Der neue Pfarrer dachte, sein Segen würde den Gottesdienst beschließen, also legte er sein ganzes Gefühl in diesen Segen hinein. Aber als er die Augen wieder öffnete, sah er, dass die Gemeindemitglieder einander bei den Händen nahmen und die Pianistin ans Klavier ging. Einer der Ministranten winkte den Pfarrer dazu, und als dieser die Stufen vor dem Altar heruntergestiegen war, begann die Gemeinde zu singen: »Gesegnet sei das Band, das uns zusammenhält«. Solange man zurückdenken konnte, wurde dieses Lied nach dem Abendmahl gesungen – ob der neue Pfarrer wollte oder nicht, das Lied musste bleiben.

Zunächst einmal ist diese Geschichte sicherlich eine nette Anekdote zum Weitererzählen. Aber dahinter kann sich auch eine fatale Neigung offenbaren. Menschen haben die Tendenz, Rituale buchstäblich zum Gott zu erheben, nur weil es sie schon immer gegeben hat – auch wenn sie ihren eigentlichen Grund schon längst vergessen haben.

Kein Symbol und kein Ritual haben als solches einen absoluten Wert.[59] Ein Symbol repräsentiert eine verborgene Realität und soll das Mysterium spürbar werden lassen. Ist die eigentliche Bedeutung einmal verloren gegangen, hat das Symbol nicht mehr Wert als ein abgelaufener Gutschein.

Sind Sie ein traditionalistischer Typ?

Gehören Sie zu den Traditionalisten? Bewerten Sie die im Folgenden aufgelisteten Aussagen auf einer Skala von fünf (sehr zutreffend) bis eins (gar nicht zutreffend) und tragen Sie die Ergebnisse auf den dafür vorgesehenen Linien ein.

_____ 1. Ich fühle mich Gott am nächsten, wenn ich an einer mir vertrauten Form des Gottesdienstes teilnehme, die mich an meine Kindheit erinnert. Rituale und Traditionen berühren mich mehr als alles andere.

_____ 2. Individualismus ist eine Gefahr für die Kirche. Das Christentum ist der Glaube einer Gemeinschaft, und ein Großteil unserer Gottesdienste sollte eine gemeinsame Ausdrucksform haben.

_____ 3. Die Worte *Tradition* und *Geschichte* lösen bei mir positive Gefühle aus.

_____ 4. Ich genieße es, an einem liturgischen Gottesdienst oder klösterlichen Gebetszeiten teilzunehmen, für mich selbst Symbole zu finden, die ich im Auto, zu Hause oder am Arbeitsplatz aufhängen oder aufstellen kann, und sehr bewusst mit meiner Familie nach dem Kirchenjahr zu leben.

_____ 5. Ein Buch mit dem Titel »Symbole und Liturgie als Elemente der persönlichen Anbetung« würde mich sehr interessieren.

_____ 6. Ich würde gerne für mich persönlich feste Gebetsformen (oder ein Gebetsritual) erarbeiten.

Gesamtpunktzahl: _____

Jede Punktzahl über 15 deutet darauf hin, dass Sie eine Tendenz zu diesem geistlichen Temperament haben. Tragen Sie Ihre Punktzahl in die Tabelle im letzten Kapitel, auf Seite 246 ein, damit Sie ein vollständiges Bild davon bekommen, auf welche Weise Sie Gott am besten Ihre Liebe zeigen können.

Einladung – Traditionalistische Formen entdecken

Während meiner Collegezeit habe ich mich regelrecht in den Gedanken eines »spontanen« Christseins verbissen. Gebete vorher niederzuschreiben und Predigten auszuformulieren kam in meinen Augen dem »Abtöten des Geistes« gefährlich nahe.

Deshalb war ich höchst erstaunt, als ich bei meinen ersten Begegnungen mit Liturgie, vorformulierten Gebeten und religiösen Riten feststellte, dass ich mich tief in meiner Seele angerührt fühlte. Ich bin versucht, es mit dem Ausdruck »nach Hause kommen« zu beschreiben – obwohl ich doch vorher noch nie dort gewesen war! Ich hatte das Gefühl, mit meinen Wurzeln in Berührung gekommen zu sein.

Und genau das war geschehen.

Rituale, Symbole, Sakramente und Opfer haben die Geschichte des christlichen Glaubens geprägt. Buchstäblich jedes Symbol und jedes Ritual ist irgendwann einmal eingeführt worden, hat eine wie auch immer geartete Sinnänderung erfahren oder seine Kraft verloren, weil es nur noch mechanisch wiederholt wurde.

Aber das Problem war nie das Symbol, das Ritual oder der Ritus an sich, sondern das Herz des Menschen. Viele der religiösen Verpflichtungen, von denen ich mich in meiner eigenen Jugend »befreit« gefühlt hatte, entdeckte ich später für mich wieder als Wege zu geistlichem Wachstum. Ich fühlte mich nicht mehr befreit, sondern um etwas betrogen – so als ob man mir beigebracht hätte, ein Leben als Christ zu führen, ohne mir dazu das nötige Handwerkszeug mit auf den Weg zu geben.

Viele der religiösen Verpflichtungen, von denen ich mich in meiner eigenen Jugend »befreit« gefühlt hatte, entdeckte ich später für mich wieder als Wege zu geistlichem Wachstum. Ich fühlte mich nicht mehr befreit, sondern um etwas betrogen – so als ob man mir beigebracht hätte, ein Leben als Christ zu führen, ohne mir dazu das nötige Handwerkszeug mit auf den Weg zu geben.

Heute fühle ich mich von Ritualen und Symbolen getragen, genährt und gestärkt.

Vielleicht geht es Ihnen genauso.

4.
Der asketische Typ:
Gott lieben in Einsamkeit und Schlichtheit

Lediglich bekleidet mit einem Tierfell tobt Johannes der Täufer durch das Amphitheater und schreit all das heraus, was er den Pharisäern vorzuwerfen hat. Sein Haar ist verfilzt, und seine Muskeln zittern vor Anspannung. Er nimmt eine Hand voll Dreck und schleudert ihn in die Luft, so dass der Staub auf ihn niederrieselt, während er seine Anklagen losdonnert; die Adern auf seiner Stirn sind geschwollen wie Feuerwehrschläuche unter Wasserdruck. Er klagt Herodes an und fordert ihn auf, Buße zu tun.

Es gibt nur zwei Lautstärken bei Johannes: laut und lauter. Sein Atem geht schwer, ist fast asthmatisch, wie ein Tier im Käfig läuft er auf und ab, und Spucke sprüht ihm aus dem Mund, während er die Menschen anprangert.

Der Großteil unseres Alleinseins ist nicht selbst gewählt, sondern ungewollt. Deshalb entsteht daraus Einsamkeit und nicht geistliche Nähe zum Vater.

Ist dieses Porträt stimmig? Passt es auf Johannes den Täufer? Ich wage es zu bezweifeln. Zunächst einmal hätte er in diesem Stil und in dieser Lautstärke auf keinen Fall mehr als eine halbe Stunde predigen können und erst recht nicht stundenlang – und das Tag für Tag. Johannes der Täufer folgte offensichtlich einer Berufung zum Asketen und trank deshalb keinen Alkohol, schnitt sich sein Haar nicht usw. – aber das bedeutet nicht gleich, dass er sich auch entschlossen hatte, am Rand des Wahnsinns zu leben.

Dass Johannes der Täufer in vielen Passionsspielen so dargestellt wird, überrascht mich allerdings nicht. Unserer Gesellschaft fällt es schwer, Menschen mit asketischen Zügen zu verstehen. Vielleicht bewundern wir solche Leute, aber wir verdächtigen sie auch des religiösen Fanatismus, und das wiederum kommt fast einer Geisteskrankheit gleich.

Asketisches Temperament neigt zu Einsamkeit, Selbstbeschränkung, Einfachheit und tiefer Hingabe. Es ist sozusagen das »klösterliche« Temperament. Menschen, die so sind, haben keine Angst vor Disziplin, Ernsthaftigkeit und dem Alleinsein – es sind Christen, deren Herzen erst durch diese Elemente offen werden für die Gegenwart Gottes.

Es hat fast etwas Tragisches, dass uns in einer Gesellschaft, in der Einsamkeit und Isolation sich fast seuchenartig ausbreiten, das Alleinsein so fremd geworden ist. Ein Grund hierfür ist, dass wir die Kunst der Beschränkung verlernt haben, die unserer Einsamkeit Bedeutung und Substanz geben könnte. Wenn wir den Begriff »beschränken« hören, dann haben wir eine Reihe von Assoziationen: moralische Strenge, Härte, Düsterkeit und Ernst, Schlichtheit und Schmucklosigkeit. All diese Facetten sind in unserem Zusammenhang von Bedeutung, und sie sind eine Erklärung dafür, dass uns der asketische Typ so fremd und rätselhaft ist.

Denn der Großteil unseres Alleinseins ist nicht selbst gewählt, sondern ungewollt. Deshalb entsteht daraus Einsamkeit und nicht geistliche Nähe zum Vater. Unsere Gesellschaft ist alles andere als moralisch streng. Wir mögen es lieber banal und trivial als düster und ernst, und wir brüsten uns mit dem, was uns schmückt und vielschichtig erscheinen lässt, statt Einfachheit anzustreben. Der Grund ist oft, dass wir verzweifelt versuchen, unser wahres Selbst zu verbergen. Asketen müssen – vielleicht mehr als alle anderen geistlichen Temperamente – gegen den Strom unserer Gesellschaft schwimmen, um ihre Liebe zu Gott leben und praktizieren zu können.

Asketen in der Bibel

Als Jugendlicher haben mich Menschen wie Johannes der Täufer ungemein fasziniert. *Das bedeutet heilig sein,* dachte ich: *Man muss alles aufgeben und so richtig seltsam und unheimlich aussehen.*

Damit lag ich natürlich völlig falsch. Asket sein war nicht eine menschliche Eigenschaft, sondern ein Gelübde, das man für eine begrenzte Zeit ablegte. Und während dieses Zeitraums verzichtete man auf Alkohol, schnitt sich nicht die Haare (dieser Teil der Verpflichtung hatte es mir angetan, leider hat mein Vater dem einen Riegel vorgeschoben) und kam nicht in Kontakt mit Toten. Während des Gelübdes waren die Asketen tatsächlich dem Herrn geweiht und heilig – sie waren zu einem bestimmten Zweck »von den anderen abgesondert«. Weil die Zeit der Berufung begrenzt war, konnten die Asketen dann später ihre Einsamkeit wieder verlassen und die sozialen Verpflichtungen des Glaubens erfüllen (4. Mose 6).

Wenn wir an Einsamkeit und Askese denken, dann fällt uns in der Tat erst einmal Johannes der Täufer ein. Aber auch Jesus hatte solche Neigungen. Bevor er seinen Dienst in der Öffentlichkeit begann, verbrachte er vierzig Tage allein in der Wüste, um zu fasten. Er lehrte die Menschen, hinter verschlossenen Türen zu beten. Er setzte voraus, dass auch seine Anhänger fasteten. Und auch in den schwierigen Augenblicken seines Dienstes – zum Beispiel als er vom Tod Johannes des Täufers hörte oder als er von der Volksmenge verfolgt wurde – zog es ihn in die Einsamkeit (Matthäus 4,1; 6,5–6+16–17; 14,13+22–23).

Markus und auch Matthäus berichten uns, dass Jesus sich regelmäßig an einsame Stätten zurückzog. »Und am Morgen, noch vor Tage, stand er auf und ging hinaus. Und er ging an eine einsame Stätte und betete dort« (Markus 1,35). Das von Markus gewählte Wort ist hier mit »einsame Stätte« übersetzt; es könnte aber auch »verlassen« bedeuten und sich auf die Kargheit des Landes beziehen, das ihn umgab. Im Dunkeln dagegen wirkt selbst ein Ort mit üppiger Vegetation karg. Es ist deshalb gar nicht überraschend, dass Jesus vor seiner größten Prüfung Trost in der Dunkelheit suchte, im Garten Gethsemane, wo er in der Stille auf den Knien zu Gott betete (Matthäus 26,36).

In solchen dunklen, intensiven und einsamen Augenblicken erwacht die Seele eines asketisch geprägten Christen. Wer am eigenen Leibe erfahren hat, wie aufreibend der Dienst im Reich Gottes sein kann, weiß, dass der wahre Kampf im Garten Gethsemane stattgefunden hat und nicht auf Golgatha. Fest steht, dass Jesus auf Golgatha für unsere Sünden bezahlt hat – und deshalb ist sein Tod dort unverzichtbar. Aber der Schauplatz des geistlichen Kampfes ist Gethsemane, denn dort entschied sich Jesus endgültig für den Gehorsam. In einem mutigen Akt der Selbstverleugnung, der ihn innerlich fast zerriss, bewies Jesus die Unerschütterlichkeit seines Glaubens.

Ich kenne solche inneren Kämpfe. Es gab eine Zeit, in der ich als Straßenevangelist durch verschiedene Colleges reiste, und meine inneren Kämpfe fanden immer während des Gebets direkt vor meiner Predigt statt. Wenn ich dann schließlich meine Ängste und Zweifel besiegt hatte, war der eigentliche Akt des Gehorsams fast enttäuschend. Auch später in meinem Leben habe ich das immer wieder erlebt: Der Akt des Gehorsams ist weniger schwierig als die vorhergehende Entscheidung, gehorsam zu sein. »Weißt du nicht, wohin Gott dich dadurch führen will?«, wurde ich einmal gefragt.

»Doch, das weiß ich«, war meine Antwort. »Und genau da liegt das Problem. Ich warte darauf, dass mein Wille mit dem Willen Gottes gleichzieht.«

Darum kann ich mich so gut in den Christus hineinversetzen, der – allein und in Todesangst – im Garten Gethsemane betet. Hier erkennen wir, was Christsein in seinem Kern bedeutet: Wir fechten geistliche Kämpfe aus, während Gott unseren Willen auf seinen Willen ausrichtet. Genau dieses Bild nährt das geistliche Temperament des Asketen.

Im Alten Testament werden verschiedene Formen der Askese beschrieben; es gibt nicht nur die genannte Form des Gelübdes, sondern auch den Aufruf zu Buße und Trauer. In den Psalmen finden wir viele Passagen für enthusiastische Christen, die gerne feiern; aber in den Klageliedern Jeremias, bei Daniel und bei Joel gibt es viele Texte, die dem zu Buße und Trauer aufgerufenen Asketen reiche Nahrung geben.

Daniel erzählt von flehentlichem Gebet zu Gott unter Fasten und in Sack und Asche (Daniel 9,3). Joel fordert die geistlichen Führer auf, in Sack und Asche zu gehen, zu trauern, zu klagen und zu fasten, die Nacht hindurch zu wachen, um zu beten und zu Gott zu schreien. Gott selbst ruft Israel auf, sich zu ihm zu bekehren mit Fasten, Weinen und Klagen (Joel 1,13–14; 2,12).

Selbstverständlich gibt es im Gebetsleben jedes Christen Zeiten der Klage und Einsamkeit. Christen mit dem geistlichen Temperament eines Asketen jedoch geben sich diesen beiden Aspekten am allerliebsten hin.

Drei Schwerpunkte

Drei Schwerpunkte sind charakteristisch für dieses geistliche Temperament; mit ihrer Hilfe werde ich versuchen, diesen Typ zu beschreiben: Zurückgezogenheit und Einsamkeit; Einfachheit und Beschränkung; Konsequenz und Strenge.

Zurückgezogenheit und Einsamkeit

Im Laufe der Jahre ist die Einsamkeit einer meiner besten Freunde geworden. In der Einsamkeit liegt eine Ruhe und Tiefe, die mir neue Nahrung gibt, während andere geistliche Aktivitäten – Predigen zum Beispiel – mich auslaugen. Selbst wenn ich auf einem Fest oder sonst mit vielen Menschen zusammen bin, versuche ich manchmal, mich für ein paar Minuten fortzustehlen, um allein zu sein. Vielleicht finden manche, dass ich mich damit zu wichtig nehme – und vielleicht haben sie recht. Aber ich weiß, dass in solch einsamen Augenblicken die Farben für mich wieder an Glanz gewinnen und sich die Wahrheit wieder klar vor mir abzeichnet. Fehlen diese Zeiten der Einsamkeit, habe ich das Gefühl, ohne Anker zu sein.
  M. Basil Pennington hat dazu Folgendes gesagt: »Wenn es ein Kennzeichen für einen wahren Mönch gibt, dann dies: Er ist weggegangen, um auf irgendeine Weise allein zu sein.«[60] Die »Mönche« der heutigen Zeit haben entdeckt, dass sie – selbst wenn sie verheiratet sind oder einen anstrengenden Dienst in Kirche und Gemeinde tun – Zeiten des Alleinseins brauchen, um mit Gott im Einklang zu sein.

Für eine junge Mutter, einen jungen Vater oder auch für ein zu Hause lebendes Kind mag es unmöglich sein, wirklich wegzugehen. Wichtig wäre dann, »Räume des Alleinseins« zu schaffen.[61] Eine Familie könnte zum Beispiel beschließen, einen Andachtsraum einzurichten; oder man könnte den örtlichen Pfarrer um einen Schlüssel zur Kirche oder Kapelle bitten. Schon der Akt des Weggehens kann zur Anbetung aufrufen oder sie einleiten.

Für die hauptsächlich nach innen gerichtete Existenz eines Asketen ist Einsamkeit und Alleinsein unendlich wichtig. Jerome, ein Asket des vierten Jahrhunderts, schrieb: »Für mich ist die Stadt ein Gefängnis und die Einsamkeit das Paradies.«[62] Mir ist dieses Bekenntnis des Jerome sehr sympathisch, aber ich habe gelernt, dass hierin auch eine große Versuchung liegt. Einsamkeit ist ein Werkzeug, das wir einsetzen können, um uns wieder mit Kraft füllen zu lassen; wenn wir aber »die Stadt« vernachlässigen, dann werden wir die nicht erreichen können, die unsere Botschaft so dringend brauchen.

Historisch gesehen, hat das Leben in Abgeschiedenheit, das ganz am Anfang charakteristisch war für die Askese, dem Leben und Lernen in der Gemeinschaft Platz gemacht. Aus der völligen Einsamkeit wurden Zweiergruppen, bestehend aus Meister und Schüler, dann kleinere Gruppen und schließlich größere Gemeinschaften. »Für andere nicht mehr existent zu sein, eines der Grundmerkmale des einsamen Asketen, wandelte sich in eine innere Einstellung, die Nähe zu anderen Männern durchaus zuließ.«[63] Jerome hat diese »innere Askese« besonders betont. Seiner Meinung nach waren Unschuld, das Verlassen der Stadt und Armut lediglich der Anfang von Askese, nicht schon ihr Ziel.[64] Ein später lebender Asket ist einen Schritt weitergegangen: »Findet inmitten der Geschäftigkeit der Stadt die Wüste der Mönche.«[65]

Das beschreibt die Lebenshaltung heutiger Asketen. Wir müssen nicht mehr in die Wüste gehen, um unseren Glauben auszudrücken; durch unsere innere Distanz gelingt es uns inmitten größter Geschäftigkeit, einsame Wüsten zu finden. Jahrelang war ich Stunden vor allen anderen an meinem Arbeitsplatz, weil die Ruhe und das Alleinsein notwendig waren für meinen Glauben. Ich habe das sehr genossen, der frühe Morgen war meine liebste Tageszeit. Als ein weiterer »Frühaufsteher« zu unserem Team stieß, brauchte ich einige Zeit, um mich daran zu gewöhnen. Freunde und Familie müssen lernen, dass Asketen Zeiten für sich allein brauchen, manchmal sogar täglich.

Einfachheit und Beschränkung

Eine Freundin unserer Familie, eine junge Frau mit zwei kleinen Kindern, zeigt an vielen Stellen Züge eines Asketen. Sie erfährt die Nähe Gottes am intensivsten, wenn alles ruhig geworden ist, wenn die Kinder im Bett und die Lichter gelöscht sind. Wenn die Kinder keine Ruhe geben wollen, geht sie ins Badezimmer, dreht den Wasserhahn an, um anderen Lärm zu übertönen, und betet dort.

Susanna Wesley, die Mutter von John und Charles Wesley, hatte ein große Familie zu versorgen. Aber wie die eben beschriebene junge Mutter sehnte sie sich nach einem bescheidenen und einsamen Ort, an dem sie ihrem Gott begegnen konnte. Und wie hat sie das Problem gelöst? Sie zog sich ihre Schürze über den Kopf, um in Ruhe beten zu können. Ihre Kinder lernten, sie während dieser Zeiten nicht zu stören. Während sinnliche Christen über ihre Sinne zu Gott finden, werden Christen vom asketischen Typ durch ihre Sinne eher abgelenkt und versuchen deshalb, ihnen kein Futter zu bieten. Mönche suchen sich oft eine möglichst karge Umgebung aus, damit ihre Sinne nicht angesprochen und sie beim Beten und Fasten nicht abgelenkt werden.[66] Franz von Assisi empfand tiefe Freude über die Schönheit der Landschaft. Viele der Wüstenväter dagegen suchten absichtlich die Einöde auf. An diesem Punkt unterscheiden sich Asketen deutlich vom geistlichen Temperament des Natur-Typs.

Konsequenz und Strenge

Vor zehn Jahren habe ich zu meiner Bestürzung herausgefunden, dass es wirklich stimmt, was man über das zehnjährige

Abiturtreffen sagt: Die Frauen sehen tendenziell besser aus, die Männer haben tendenziell an Gewicht zugelegt und weniger Haare, und alle versuchen immer noch, die anderen zu beeindrucken. Was ich allerdings überhaupt nicht erwartet hatte, waren die Gerüchte, die umgingen. Eines davon betraf mich.

»Hast du das mit Gary gehört? Er hat alles verkauft, was er hatte, hat sich einer frommen Gruppe angeschlossen und ist zum religiösen Fanatiker geworden.«

»Stimmt das, Gary?«, fragte mich jemand.

Ich lachte. »Das hört sich nur so an. Tatsache ist, dass ich eine Bibelschule besucht habe, in ein Haus gezogen bin, das 200 Euro Miete im Monat kostete und für einen Studentenpfarrer gearbeitet habe. Mein Gehalt entsprach ungefähr dem, was man in so einem Fall erwarten würde.«

Meine Frau war erschrocken, als sie hörte, was da über uns erzählt wurde. Ich war eher belustigt. Neunundneunzig Prozent dessen, was gesagt wird, ist eine Frage der Interpretation. Ein Mann, der beschließt, einen Teil seines Einkommens der Kirche zu geben, der sich Zeit nimmt, um zwei oder drei Mal in der Woche in den Gottesdienst zu gehen, der den Menschen auf der Straße von seinem Gott erzählt und regelmäßig Bücher über diesen Gott liest, erhält von der Welt den Stempel »religiöser Fanatiker«. Wenn derselbe Mann jedoch sein Geld für einen Diamantring ausgeben würde, am Wochenende immer verabredet wäre, all seinen Kollegen von der wunderschönen Frau vorschwärmen würde, die in sein Leben getreten ist, und ihre Liebesbriefe wieder und wieder lesen würde, dann wäre die Erklärung einfach: »Er ist verliebt.«

Während sinnliche Christen über ihre Sinne zu Gott finden, werden Christen vom asketischen Typ durch ihre Sinne eher abgelenkt und versuchen deshalb, ihnen kein Futter zu bieten.

Wenn ich ein Buch über Askese schreiben sollte, würde ich es gerne »Göttliche Romanze« nennen. Auf den ersten Blick erscheint es sicher abwegig, Askese und Strenge mit einer Romanze in Verbindung zu bringen, aber es gibt sehr wohl einen Zusammenhang. Asketen sind »streng und konsequent«, weil sie einen großen Teil ihres Lebens für die leidenschaftliche Suche nach Gott reservieren wollen.

Es ist diese konsequente Seite der Asketen, die am wenigsten verstanden wird. Nicht nur die westliche Kultur insgesamt, sondern auch viele Christen haben damit Probleme. Besonders in den Augen der Protestanten, die Erlösung aus Gnade durch den Glauben predigen und lehren, kommt ein strenger und konsequenter Glaube dem gesetzlichen Denken gefährlich nahe; und damit mögen sie in einigen Fällen sicher Recht haben. Für einen innerlich reifen Asketen aber sind Konsequenz und Strenge eine willkommene Methode, um seine Liebe zu Gott zum Ausdruck zu bringen.

In einem Buch über das Leben von Franz von Assisi antwortet G. K. Chesterton jenen, die fragen: »Ist Gott nicht grausam, wenn er Opfer und Selbstverleugnung von den Menschen verlangt?« Chesterton stellt die Frage in einen anderen Zusammenhang. »Würde eine Frau aus Selbstsucht Blumen verlangen oder aus Habgier einen goldenen Ring, um ihn am Finger tragen zu können? Manches wird getan, gerade weil es nicht verlangt worden ist«, schreibt er und erinnert uns damit an die romantische Seite der Askese.[67]

In Chestertons Augen ist das Bild, das man sich im Allgemeinen von Asketen macht – nämlich das eines düsteren, deprimierten Menschen – ein Irrtum. »Das Faszinierende am heiligen Franz von Assisi war, dass er ganz sicher als Asket bezeichnet werden muss und ebenso sicher nicht düster und trübsinnig war. Er liebte das Fasten so wie andere das Essen lieben. Er stürzte sich in die Armut so wie andere wie verrückt nach Gold graben. Und weil von diesem Teil seiner Persönlichkeit eine so positive und leidenschaftliche Ausstrahlung ausging und ausgeht, ist sein Leben für unsere moderne, vom Spaßgedanken getriebene Gesellschaft eine echte Herausforderung.«[68]

Wahre christliche Askese sucht Leiden und Selbstverleugnung nicht als Ziel, sondern als Mittel, um »Gott noch mehr lieben zu können«.[69] So war ein asketisches Leben in der Kirchengeschichte schon immer eng verbunden mit der mystischen Theologie bzw. dem kontemplativen Leben. Ich mache bei meiner Beschreibung geistlicher Temperamente einen Unterschied zwischen dem kontemplativen und dem asketischen Typ, weil ich meine, dass sie sich in unserer heutigen, modernen Welt voneinander gelöst haben, auch wenn sie in der Vergangenheit Hand in Hand gingen. Asketen lebten konsequent ein Leben der Selbstverleugnung, um frei zu werden für die Kontemplation Gottes. Ohne diese Selbstverleugnung brachen die Sünden des Fleisches wieder durch und machten es unmöglich, sich auf das Einssein mit Gott zu konzentrieren.

Die Konsequenz und Strenge der Asketen gab ihren Lehren eine zusätzliche Autorität. Für Asketen stehen die Taten vor den Worten. Harte Arbeit am inneren Wachstum war wesentlich wichtiger, als einen akademischen Grad zu erlangen, ein Buch zu schreiben oder ein guter Redner zu sein. Wenn der Schüler eines Asketen seinem Meister gestand, den geheimen Wunsch nach »mehr Wortgewandtheit zu verspüren, damit ich die mir gestellten Fragen besser beantworten kann«, dann antwortete der Meister: »Das ist nicht nötig. Die Gabe der Rede und auch des Schweigens wird dir gegeben durch die Reinheit des Verstandes und des Herzens.«[70]

Wahre Asketen sind streng mit sich selbst, behandeln andere aber mit fast übernatürlicher Milde.

Erstaunlicherweise war diese Strenge zu sich selbst gepaart mit einer großen Milde anderen gegenüber. Martin von Tours, Asket des ausgehenden 4. Jahrhunderts, wird nachgesagt, anderen Menschen gegenüber nie nachtragend gewesen zu sein, sie nie verurteilt zu haben. Und von Ambrosius, ebenfalls einem bekannten Vertreter der asketischen Bewegung, weiß man, dass er weinte, wenn er einen anderen Christen verurteilen musste. Auf diese Weise hat er »den Priestern, die ihm folgten, ein beeindruckendes Beispiel gegeben: Sie sollten lieber Fürbitte tun für die Menschen, als Klagen gegen sie vorzubringen.«[71]

Die Pharisäer haben in ihrer Gesetzlichkeit unerreichbar hohe Maßstäbe gesetzt, die andere Menschen erfüllen mussten, während sie selbst sich Luxus gönnten. Wahre Asketen sind streng mit sich selbst, behandeln andere aber mit fast übernatürlicher Milde.

Asketisches Leben konkret

Asketen erleben in den drei oben beschriebenen Welten von Zurückgezogenheit und Einsamkeit, Einfachheit und Beschränkung, Konsequenz und Strenge verschiedene Formen der Hingabe. Die folgende Schilderung dieser Formen ist keineswegs überflüssig, sie soll Christen vom asketischen Typ vielmehr dabei helfen, in ihrer Beziehung zu Gott fruchtbar zu sein und zu wachsen.

Nächtliches Wachen

Es war mitten in der Nacht. Ich hielt meine in der letzten Zeit sehr unruhige Tochter im Arm, schaukelte sie sanft hin und her und sah durch das Fenster in die nächtliche Stille hinaus.

Welche Stille! Tief in der Nacht, wenn selbst die Zuschauer des Spätfilms schon im Bett sind, liegt eine erwartungsvolle Ruhe über allem, und man spürt den bald anbrechenden Morgen, der die Dunkelheit überwinden wird. Meine Tochter war schon lange wieder eingeschlafen, doch ich wollte wach bleiben.

Christen vom asketischen Typ lieben diese stillen, nächtlichen Zeiten der Anbetung. Meistens erlebt man sie höchstens dann, wenn ein krankes Kind uns dazu zwingt, nachts (oder früh am Morgen) wach zu sein. Es gibt aber Christen, die längst für sich entdeckt haben, dass sie zu nächtlicher Stunde am allerbesten beten und sich Gott hingeben können.

Statt länger aufzubleiben sollten Asketen aber lieber versuchen, vielleicht an einem Tag in der Woche früher als sonst aufzustehen. An einem Wochenende könnte man hinterher sogar wieder ins Bett gehen und den verlorenen Schlaf aufholen. »Wichtig ist nicht der fehlende Schlaf – auch wenn er für manche eine wichtige asketische Dimension hat«, schreibt M. Basil Pennington.[72] So wie ein Jugendlicher vielleicht voller Vorfreude auf eine Verabredung oder ein sportliches Ereignis hinlebt, so könnten wir als Christen unseren Tag neu einteilen in Vorfreude auf eine Zeit allein mit Gott.

Wichtiger als der Verzicht auf Schlaf ist die Tatsache, so Pennington weiter, dass man wach ist, wenn andere es normalerweise nicht sind. Während andere schlafen, schwingt sich die Seele asketisch veranlagter Frauen und Männer auf zu Gott. Pennington ist überzeugt, dass dieses »Wachsein« uns begleiten kann: unter der Dusche, beim Anziehen und durch den ganzen Tag. Vielleicht könnte man als Familie vereinbaren, dass es einmal in der Woche oder im Monat kein Radio, kein Fernsehen und kein unnötiges Geschwätz vor dem Frühstück gibt und stattdessen eine heilige Stille herrscht, die in die Gegenwart Gottes einlädt.

So wie ein Jugendlicher vielleicht voller Vorfreude auf eine Verabredung oder ein sportliches Ereignis hinlebt, so könnten wir als Christen unseren Tag neu einteilen in Vorfreude auf eine Zeit allein mit Gott.

Pennington ist der Meinung, dass man den Wert eines solchen Wachseins nicht erkennen kann, ohne es ausprobiert zu haben. »Der Wert und die Auswirkungen des Wachseins kann man nur durch Erfahrung begreifen lernen«, schreibt er.[73] Asketische Christen sollten unbedingt darüber nachdenken, ob nicht nächtliche Gebetszeiten ihr Gebetsleben bereichern würden.

Ich möchte besonders Menschen, die unter Schlaflosigkeit leiden, Mut machen, die Frustration des Nicht-schlafen-Könnens umzuwandeln in die Chance, ganz neue Erfahrungen mit Gebet und Lobpreis zu machen. Oft steht Schlaflosigkeit in engem Zusammenhang mit Stress, und gerade Stress kann durch intensives Gebet und die Begegnung mit dem himmlischen Vater gelindert werden.

Still sein

Ein Freund von mir rief an, um mir mitzuteilen, dass er in der Stadt sei und gerne mit mir zu Abend essen würde. Ich habe immer Lust, mit ihm Essen zu gehen – man kann sich wunderbar mit ihm unterhalten –, und so sagte ich freudig zu. Wir gingen in ein Restaurant mitten im chinesischen Viertel von Washington D.C. Jeder von uns berichtete erst einmal, was ihn gerade beschäftigte. Mein Freund erzählte unter anderem, dass er an Einkehrtagen teilgenommen hatte, bei denen während der ersten vierundzwanzig Stunden nicht gesprochen werden durfte.

Ich konnte mir viele Formen von Einkehrtagen für meinen Freund vorstellen – aber diese Sorte ganz gewiss nicht. »Das meinst du nicht ernst, oder?«, fragte ich. »Und wie war es?« »Zuerst fand ich es schrecklich«, gab er zu. »Ich dachte, ich würde verrückt und dies würde das längste Wochenende meines Lebens werden. Aber stell dir vor, am nächsten Abend erlaubten sie uns, ein oder zwei Stunden miteinander zu reden, und da wollte ich nicht mehr! Ich hatte es so sehr genossen, still zu sein, dass mir Sprechen wie eine Last vorkam. Ich konnte es selbst kaum glauben, aber Tatsache ist: Ich habe es wirklich genossen!«

Aber mit etwas Geduld werden die meisten von uns die Stille nicht nur aushalten lernen, sondern sie sogar mögen.

Es gibt einige Orden, die berühmt geworden sind durch ihr Schweigegelübde. Die Nonnen und Mönche geloben, nie wieder oder für lange Zeit nicht mehr zu sprechen. Für die meisten von uns, die wir nicht im Kloster leben, ist das nicht sehr praktisch. Aber auch wir können uns durch Stille bereichern lassen, wenn wir sie für kurze Zeit einhalten. Unser Geschwätz ist oft leer und reine Energieverschwendung, es lenkt unsere Gedanken ab von ihrer Konzentration auf Gott. Wenn wir einmal versuchen, ein paar Stunden still zu sein, werden wir merken, wie sehr wir ständig abgelenkt sind. Vielleicht werden wir es, wie mein Freund, zuerst schrecklich finden. Aber mit etwas Geduld werden die meisten von uns die Stille nicht nur aushalten lernen, sondern sie sogar mögen.

Fasten

Benediktinische Mönche wurden häufig als »bescheiden« bezeichnet, weil sie praktisch immerzu fasteten – außer in der Osterzeit, in der Fasten unangemessen wäre. Sie durften nur eine leichte Mahlzeit am Tag zu sich nehmen. Wie die Stille, so gibt uns auch das Fasten die Möglichkeit zu entdecken, wie viel Zeit und Gedanken wir auf Vergängliches verwenden. Fasten kann sich auf viel mehr Dinge erstrecken als nur auf Essen. Wir können auf Fernsehen, Radio, Filme oder bestimmte Lebensmittel wie Nachtisch, Fleisch und anderes verzichten.

Asketisch geprägte Christen sind bereit, auf »die Freuden und Tröstungen dieser Welt«[74] zu verzichten, um in den Genuss der Freuden und Tröstungen zu kommen, die Gott uns schenken will. Es kann zur schieren Gewohnheit werden, sich Videos auszuleihen, um das Wochenende damit zu verbringen, oder das Radio anzustellen, um die Fahrt zur oder von der Arbeit zu überstehen. Um sicherzugehen, dass wir von all dem nicht beherrscht werden, müssen wir vielleicht eine Weile damit aufhören. Ich selbst stelle mir in solchen Fällen immer folgende Frage: »Brauche ich dieses oder jenes, um mich geistlich zu ernähren?« Lautet die Antwort »Ja«, dann muss ich Abstand nehmen, weil ich in der Gefahr stehe, abhängig zu werden.

Gehorsam

Ich hatte am College einen guten Freund, der sich immer exakt an alle Geschwindigkeitsbegrenzungen hielt. Er schaffte es tatsächlich, eine zwei- bis dreistündige Fahrt über Land mit einer konstanten Geschwindigkeit von 90 Kilometern in der Stunde zurückzulegen. Einmal sind wir zusammen durch die Stadt gejoggt. Plötzlich stellte ich fest, dass ich allein war. Ich schaute zurück – da stand mein Freund an einer Fußgängerampel und wartete darauf, dass es grün wurde. Es war weit und breit kein Auto zu sehen, aber wenn die Ampel sagte: »Warte!«, dann wartete er.

Ich habe diesen Freund aus den Augen verloren, deshalb weiß ich nicht, ob er sich inzwischen das Gefühl gegönnt hat, einmal mit 99 Stundenkilometern über eine amerikanische Autobahn zu rasen. Ja, es stimmt, strenger Gehorsam kann sehr gesetzlich werden; auf der anderen Seite frage ich mich manchmal, ob bei manchem das Pendel nicht zu weit in die andere Richtung ausschlägt.

Gehorsam war ein wichtiger Teil mönchischen Lebens, weil durch ihn unser menschlicher Stolz besiegt wird und wir aufgerufen werden, demütig zu leben. Als Laien werden wir kaum den strengen Gehorsam einer Meister-Schüler-Beziehung leben, so wie es in den Anfängen des klösterlichen Lebens üblich war. Wir können den Segen des Gehorsams trotzdem kennen lernen – zum Beispiel, wenn wir unseren Regierungen und Arbeitgebern gehorchen; und auch Kinder können dadurch lernen, dass sie ihren Eltern gehorchen.

Ich selbst habe während der letzten Jahre immer in einer Leitungsposition gearbeitet und mich oft mit anderen Chefs über die Lässigkeit unterhalten, mit der Menschen heute Autorität missachten. Einer dieser Chefs erzählte mir von einem Mann, der als Aushilfskraft von einer Agentur geschickt wurde, sich aber eine langfristige Vollzeitbeschäftigung wünschte. Er verdarb sich sämtliche Chancen, indem er dem Chef mitteilte, er sei mit einer Entscheidung nicht einverstanden und wolle dafür eine Erklärung.

»Ich hätte fast laut gelacht«, erzählte der Chef. »Irgendwie habe ich noch herausgebracht, was ich antworten wollte: ›Meinen Sie, Ihre Meinung würde hier irgendjemanden interessieren? Sie sind hier Aushilfskraft!‹«

Das mag hart klingen, aber dahinter steckt auch viel Wahres. Es kann für jeden von uns hart sein, sich zu »beugen« und zu akzeptieren, dass der andere der Chef ist.

Heute meinen viele, es besser zu wissen als ihr Leiter, Chef oder Pastor, obwohl sie wesentlich weniger Erfahrung und Überblick haben und wesentlich schlechter informiert sind als diese.

Auch wenn es radikal klingt: Wir leben in einer sehr arroganten Gesellschaft, die geprägt ist von der Vorstellung, dass jede Meinung gleich viel gilt. Ursprung dieser falschen Vorstellung ist der heutige Relativismus. Wir leben im Zeitalter der Meinungsumfragen und werden ermutigt, uns selbst eine – wenn auch unfundierte – Meinung zu bilden und sie dann auch zu äußern. Aber es gibt Themen, bei denen meine Meinung nicht mehr ist als das Ergebnis wilden Ratens. Es wäre arrogant, jemanden infrage zu stellen, der sich seine Meinung aufgrund eines viel besseren Hintergrundwissens bilden kann.

Es ist alles andere als gesetzlich, wenn wir uns darüber klar sind, dass Rebellion – ganz gleich auf welcher Ebene – auch zu einer Gewohnheit verkommen kann. Wenn jemand versucht hat, die Autorität des alten Chefs zu untergraben, dann wird er das mit großer Wahrscheinlichkeit auch bei dem neuen tun. Respekt vor anderen zu haben ist eine Charaktereigenschaft und setzt voraus, dass man zur Demut bereit ist. Es kann große Demut erfordern, unter einem nicht perfekten Menschen zu arbeiten und sich ihm zu unterwerfen – aber genau das fordert die Bibel von uns. Wenn wir extrem unbekümmert mit dem Gehorsam gegenüber irdischen Autoritäten umgehen, dann ist die Wahrscheinlichkeit groß, dass wir auch die Autorität Gottes sehr lasch behandeln. Deshalb kann die Wiederentdeckung des klösterlichen Gehorsams so lehrreich für uns sein.

Asketen sind nicht deshalb gehorsam, weil Führungspersönlichkeiten es wert sind, sondern weil Gehorsam eine Art ist, Gott zu ehren. Das ist äußerst wichtig. Wenn aber die Regierung, die Eltern oder die Arbeitgeber von uns etwas verlangen, was gegen den Willen Gottes ist, dann muss an erster Stelle immer der Gehorsam gegenüber diesem Willen Gottes stehen.

Arbeit

Neunzig Prozent seines Lebens hat Jesus als ganz normaler Arbeiter zugebracht – eine überraschende Feststellung, oder? Aber es stimmt, nur ein sehr kleiner Teil seiner Lebenszeit war dem öffentlichen Dienst an den Menschen gewidmet. Und wenn wir geneigt sind zu sagen, dass Jesus die Zeit seines Lebens schlecht eingeteilt hat, dann sollten wir uns noch einmal neu Gedanken machen über unsere Unterscheidung zwischen weltlicher und geistlicher Arbeit. Harte Arbeit ist in den Augen Gottes positiv. Wenn sie mit der richtigen inneren Einstellung getan wird, dann ist sie Teil unseres Gottes-Dienstes. Der heilige Benedikt forderte seine Mönche auf, die Werkzeuge im Kloster so zu behandeln, als wären sie Gefäße für den Altar. »Wenn der Mönch arbeitet, dann feiert er eine Liturgie, die Liturgie der Schöpfung.«[75]

Wenn wir erkennen, dass die Kraft und die Fähigkeit zur Arbeit eine Gabe Gottes ist, die er uns gegeben hat, dann ehren wir diesen Gott, wenn wir unsere Energie und unser Können auch zum Einsatz bringen. Der Installateur, der Bäcker, der Pilot – sie alle können Gott durch ihre Arbeit loben und preisen. Für Asketen gilt: Je härter die Arbeit, desto besser.

Einkehrtage

Begrenzte Zeiten der Einkehr können für den Glauben eines Asketen eine große Hilfe sein. Auch wenn die Asketen der heutigen Zeit nicht mehr in völliger Einsamkeit leben, brauchen sie immer wieder ein paar Stunden, einen Tag oder eine Woche für sich. Im Abstand von allem Trubel können sie sich neu darauf konzentrieren, Gott näher zu kommen.

Bevor meine Frau und ich Kinder hatten, hatte ich solche Einkehrzeiten über mehrere Tage fest in mein Leben eingeplant. Es gibt immer nicht allzu weit entfernte Klöster, in denen man solche Zeiten verbringen kann. Nach der Geburt unserer Kinder wurde es schwierig, längere Zeit fortzubleiben. Zudem erfordert schon mein Beruf eine Menge Reisen, deshalb wollte ich nicht noch ein weiteres Wochenende weg sein.

Unser Leben hat viele verschiedene Phasen, und wir müssen lernen, unser geistliches Leben, ja sogar unser geistliches Temperament den verschiedenen Anforderungen unserer sich wandelnden Lebenssituation anzupassen.

Aber ich habe entdeckt, wie wertvoll eine »Nachmittags-Einkehr« sein kann. Als wir noch in Virginia lebten, bin ich entweder in die National Cathedral nach Washington D.C. gegangen oder für ein paar Stunden zum Wandern auf das Schlachtfeld von Manasses. Heute kann ich das nicht mehr so oft tun, wie ich das eigentlich möchte oder sogar bräuchte. Unser Leben hat viele verschiedene Phasen, und wir müssen lernen, unser geistliches Leben, ja sogar unser geistliches Temperament den verschiedenen Anforderungen unserer sich wandelnden Lebenssituation anzupassen.

Einfach leben

Asketen werden bemüht sein, ihren Lebensraum so einfach wie möglich zu gestalten. Wenn es geht, richten sie vielleicht sogar einen schlichten Raum ein, der für Andacht und Gebet reserviert ist. Auch einfache Kleidung und ein einfacher Lebensstil können wichtige Faktoren sein. Asketen werden darauf achten, dass ihr Terminkalender nicht überquillt.

Wenn Sie zum geistlichen Temperament der Asketen gehören, dann haben Sie vielleicht das Bedürfnis, sich einen Andachtsraum mit nackten, weißen Wänden und einfachen Möbeln einzurichten.

Wahrscheinlich haben Sie es gerne ruhig und still, also werden Sie nach einem Ort suchen, an dem kein Lärm herrscht. Eine leise Digitaluhr – oder gar keine Uhr – ist sicherlich besser als eine Pendeluhr, die jede Sekunde tickt. (Wenn Sie für die Bedeutung dieses anscheinend so unwichtigen Details einer leisen Uhr kein Verständnis haben, dann sind Sie kein Asket; wenn Sie aber lächeln müssen und denken: »Ja, natürlich, das ist es!«, dann gehören Sie vielleicht dazu.)

Für manche Christen ist das sicher schwer verständlich, aber schon die Tatsache, in solch einen nackten und stillen Raum zu kommen, kann für den Asketen ein Aufruf zum Beten sein – er wirkt auf ihn genauso wie eine reich verzierte Kathedrale und der Duft von Weihrauch auf einen sinnlich geprägten Christen.

Entbehrungen auf sich nehmen

Wenn man hart für etwas trainiert, dann sind damit immer auch Entbehrungen verbunden. Asketen haben ein tiefes Verlangen danach, Gott näher zu kommen und ihm immer ähnlicher zu werden, deshalb nehmen sie Entbehrungen und Leid auf sich, statt sie zu bekämpfen.

Unter dem Pseudonym Athanasius hat jemand in der frühen Christenheit von einer (wahrscheinlich erfundenen) Frau mit Namen Syncletica erzählt, deren Geschichte viele der ersten Christen dazu ermutigte, Entbehrungen auf sich zu nehmen. Diese Frau musste große körperliche Schmerzen aushalten und war trotzdem ein Vorbild an Reife für alle, die sie kannten.

Syncletica erklärte, dass wir alle zunächst eine kindliche und unerfahrene Seele bekommen haben. Wenn wir krank werden, dann kann das Leid, das wir aushalten müssen, diese Seele stark werden lassen. »Der Embryo reift im Leib der Mutter mit wenig Nahrung zur Perfektion heran und ist deshalb so sicher und geborgen; genauso ziehen sich die Rechtschaffenen aus der Welt zurück für eine Reise mit höherem Ziel.«

Die ersten Asketen haben zum Beispiel auf dem nackten Boden geschlafen und sich Unwettern ausgesetzt. So wie ein olympischer Läufer für sein Lauftraining den höheren Berg wählt, so wählt auch der Asket die rauere Umgebung für sein geistliches Training.

Wenn wir krank werden, dann kann das Leid, das wir aushalten müssen, diese Seele stark werden lassen.

Ich selbst habe für mich herausgefunden, dass es eine geistliche Schwäche und einfach kindisch ist, wenn man es warm haben will, wenn es kalt ist, und kühl, wenn es draußen heiß ist. Wir wollen verwöhnt werden. Als ich noch ein Junge war, verdiente ich mir Geld, indem ich im Nordwesten Amerikas an der Pazifikküste Rhabarber geerntet habe. Ich weiß noch, wie ein aus Lateinamerika kommender Feldarbeiter, der die Aufsicht über die amerikanischen Stadtkinder hatte, einmal zu uns sagte: »Morgens beklagt ihr euch, weil die Blätter kalt sind und ihr deshalb friert; nachmittags beklagt ihr euch, weil es euch zu heiß ist und ihr durstig seid. Wie wollt ihr jemals eure Arbeit schaffen?«

Wenn Krankheit, Hitze, Kälte, Hunger oder Müdigkeit über uns kommen – und sie werden kommen –, dann können wir entweder klagen und fordern und damit unser geistliches Wachstum hemmen, oder wir können uns dem stellen, davon lernen und im Glauben reifen. Es kommt auf unsere innere Haltung an.

Versuchungen

Die persönliche Frömmigkeit zu sehr betonen

Im Buch des Propheten Sacharja wird Gott vom Volk gefragt, ob sie immer noch weinen und fasten sollen, so wie sie es schon viele Jahre getan hatten. Der Herr sprach durch Sacharja: »Sage allem Volk im Lande und den Priestern und sprich: Als ihr fastetet und Leid trugt (...), habt ihr da für mich gefastet?« Was Gott wollte, war nicht öffentlich gezeigte Frömmigkeit. Er rief Israel auf: »Richtet recht, und ein jeder erweise seinem Bruder Güte und Barmherzigkeit, und tut nicht Unrecht den Witwen, Waisen, Fremdlingen und Armen« (Sacharja 7,1–10).

Der Wunsch nach Einsamkeit birgt deshalb Gefahr in sich, weil zum Glauben immer auch der Blick nach draußen gehört. Ich möchte noch einmal an das zeitlich begrenzte Gelübde der Nazarener erinnern – es wurde oft geleistet, weil auch das Ende in Sicht war. Auch Jesus zog sich für ausgedehnte Gebetszeiten in die Einsamkeit zurück, aber auf diese Phasen folgten immer Zeiten des Dienstes in der Öffentlichkeit. Diesen Rhythmus – auf den Dienst folgt eine Zeit der Ruhe und Zurückgezogenheit – betonte er auch gegenüber seinen Jüngern (Markus 6,30–32). Johannes der Täufer ging in die Wüste und wurde Asket, aber er bereitete sich damit auf seinen Dienst in der Öffentlichkeit als Wegbereiter Jesu vor.

Unser Bedürfnis nach geistlichem Auftanken muss also im richtigen Verhältnis stehen zu unserer Verpflichtung, hinauszugehen in die Welt.

Leid suchen um des Leides Willen

Masochismus ist eine Krankheit, kein geistlicher Weg. In unserer heutigen Gesellschaft sind viele Menschen verwöhnt; selbst das kleinste Unbehagen möchten wir sofort aus der Welt geschafft haben. Es gibt jedoch Menschen, die – aufgrund einer falschen Sicht von sich selbst oder einer kranken Psyche – den

Schmerz um des Schmerzes Willen suchen. Das entspricht nicht dem, was uns die ersten Asketen gelehrt haben, und es ist auch kein geeignetes Ausdrucksmittel für die Asketen von heute.

Ein gesunder Asket weiß und zeigt, dass Askese lediglich ein Mittel zum Zweck ist. Wird es zum Selbstzweck, dann ist dies eine grobe Verzerrung einer langbewährten und wertvollen christlichen Praxis.

Gottes Gunst erwerben wollen

Die Maßnahmen, die der Asket ergreift, um seinen Glauben zu vertiefen, sind oft geradezu »heroisch«. Es kann deshalb passieren, dass sie nur noch dem Zweck dienen, Gottes Gunst zu erwerben. Seine Anerkennung oder Vergebung durch ein besonders heiliges Leben gewinnen zu wollen, ist aber sinnlos. Wir sind so sehr von der Sünde durchdrungen – und damit sind Sünden der inneren Haltung, wie zum Beispiel Stolz, genauso gemeint wie Sünden des Fleisches –, dass all unsere Gerechtigkeit wie ein beflecktes Kleid ist (Jesaja 64,5).

Asketen müssen sich immer wieder bewusst machen, dass Gottes Liebe für sie nicht größer wird dadurch, dass sie fasten, auf dem nackten Boden schlafen oder bescheiden leben. Seine Liebe ist vollkommen und gründet nicht auf unseren geistlichen Erfahrungen, sondern auf dem bereits vollendeten Werk Jesu Christi.

Sind Sie ein Asket?

Sind Sie ein asketischer Typ? Bewerten Sie die folgenden Aussagen auf einer Punkteskala von fünf (sehr zutreffend) bis eins (gar nicht zutreffend) und tragen Sie die Ergebnisse ein.

_____ 1. Ich fühle mich Gott am nächsten, wenn ich ganz allein bin und nichts mich von meiner Konzentration auf seine Gegenwart ablenken kann.

_____ 2. Wenn ich meinen Glauben beschreiben sollte, würde ich eher den Begriff »innerlich« als »äußerlich« verwenden.
_____ 3. Die Worte *Stille, Einsamkeit* und *Disziplin* üben auf mich eine anziehende Wirkung aus.
_____ 4. Alleine zu Einkehrtagen in ein Kloster fahren, viel Zeit allein in einem kleinen Raum mit Beten und dem Studium der Bibel zubringen und einen oder mehrere Tage fasten – dies alles würde ich sehr genießen.
_____ 5. Ich hätte große Freude am Lesen eines Buches mit dem Titel »Alleinsein mit Gott: Klösterliche Gebetspraxis für jedermann«.
_____ 6. Ich würde es genießen, nachts wach zu sein und zu beten, kurze Zeiten des Schweigens einzuhalten und meinen Lebensstil einfacher zu gestalten.

Gesamtpunktzahl: _____

Jede Punktzahl über 15 deutet darauf hin, dass Sie eine Tendenz zu diesem geistlichen Temperament haben. Tragen Sie Ihre Punktzahl in die Tabelle im letzten Kapitel, auf Seite 246 ein, damit Sie ein vollständiges Bild davon bekommen, auf welche Weise Sie Gott am besten Ihre Liebe zeigen können.

Einladung – Askese als Grundelement des Glaubens

Von Asketen können Kirche und auch Gesellschaft viel lernen. Sich auf die Suche nach Gott zu begeben, heißt immer auch, auf eine gewisse Distanz zur Welt zu gehen, auch wenn diese Distanz lediglich durch eine innere Loslösung zum Ausdruck kommt.

Das schöne, leichte Leben, das uns reiche und berühmte Menschen vorleben und die Regenbogenpresse vermittelt, endet oft in einer Armut des Geistes (so wie ungewollte Armut oft Bitterkeit zur Folge hat).

Asketen sind Zeugen eines anderen, wertvolleren Lebens, eines Lebens im Geist. Dieses Leben ist eine wertvolle und heilige Einladung an diejenigen, die sich für die weniger befahrenen Wege entscheiden möchten. Ein Spaziergang im Wald, intellektuelle Herausforderungen, enthusiastische Feiern, aktives Eintreten für Gerechtigkeit – all das hat mich auf gewisse Weise berührt. Aber ich habe herausgefunden, dass sich ohne das asketische Element leicht ein geistliches Völlegefühl einschleicht. Dietrich Bonhoeffer, der große deutsche Märtyrer und Theologe, schrieb, dass es uns ohne einen gewissen Hang zur Askese schwer fallen wird, Christus nachzufolgen.

Asketische Elemente halten uns auf der richtigen Spur; sie helfen uns dabei, unseren Weg weiterzugehen, ganz gleich welches geistliche Temperament in uns dominiert.

5.
Der aktivistische Typ:
Gott lieben durch Konfrontation

Rob und ich hatten einen großen Teil der vergangenen Stunde in intensivem Gebet verbracht. Ich konnte mich nicht erinnern, mich ihm je näher gefühlt zu haben. In der Grundschulzeit haben wir zusammen in einer Baseball-Mannschaft gespielt. Später, an der weiterführenden Schule, nahmen wir beide an den mörderischen Querfeldein-Rennen teil – ich weiß noch gut, dass Rob den Vorteil hatte, sich nie bücken zu müssen, um unter tiefhängenden Zweigen durchzulaufen. Respekt und manchmal auch Furcht vor den unvermeidlichen Schmerzen, die solche Rennen mit sich bringen – das schafft zwischen Jungen eine ebenso enge Verbindung wie der Krieg zwischen Männern.

Jetzt, im College, standen wir vor einer neuen Herausforderung – und ich weiß nicht, ob einer von uns jemals nervöser gewesen war. Rob und ich sahen über den Platz, der vor uns lag, und rutschten unruhig von einer Gesäßhälfte auf die andere; dann knieten wir uns beide instinktiv hin, um unsere Schuhe noch einmal zuzubinden. Eigentlich ist das typisch für Läufer vor dem Start – bei uns war es nur ein Zeichen für die nervöse Verwirrung angesichts dessen, was wir zu tun gedachten.

Rob versuchte es auf die humorvolle Art: »Schließlich wollen wir nicht, dass uns die Schuhe von den Füßen fallen, während wir predigen«, sagte er.

Der Platz füllte sich langsam mit Collegestudenten und wir gingen hinüber zum Brunnen wie zwei Leichtgewichte, die in einen Boxring steigen, in dem Mohammed Ali auf sie wartet. Es war nicht unsere erste Predigt, aber unter freiem Himmel ist Predigen immer schwierig, und vor den eigenen Collegekollegen erst recht.

Das Predigen unter freiem Himmel war vermutlich meine erste Einführung in die konfrontationsorientierte Welt der Aktivisten. Viele eifern ihnen nach, von genauso vielen werden sie verachtet – und doch befinden sie sich, von der Bibel her gesehen, in bester Gesellschaft. Christen mit diesem Temperament können sich in eine Reihe stellen mit Berühmtheiten wie Elia und Mose, die beide einen ausgeprägten und mutigen Aktivismus an den Tag gelegt haben. Von ihnen und von anderen können wir etwas über den Segen und auch die Fallen dieses Typs lernen, der Gott liebt, indem er sich tatkräftig für Gerechtigkeit einsetzt.

Biblische Lektionen für den Aktivisten

Die in der Bibel festgehaltene Geschichte des Glaubens ist berstend voll von sowohl glorreichen wie auch verrufenen Aktivisten. Manchmal ist das, was sie tun, richtig und wichtig, und zu anderen Zeiten ist es völlig falsch und fehl am Platz. Es gibt wohl nur wenige Gruppen von Christen, bei denen das so weit auseinander klafft. Mose, Elia, Habakuk und Petrus waren Menschen, deren Mut und Führungsqualitäten mich beeindruckt und herausgefordert und deren Schwächen mir Mut gemacht haben. Wir wollen einige dieser Aktivisten näher betrachten, um ein Gefühl für ihr Wesen zu bekommen.

Mose

Mose begann seine Karriere als Aktivist (wenn auch auf fehlgeleitete Weise): Er tötete einen Ägypter, um einen Mann aus seinem Volk zu schützen (2. Mose 2,11–12). Natürlich war seine Strategie völlig falsch, aber den damit verbundenen Mut sollte er ein paar Jahre später nötig brauchen. Mir sind wenige Aktivisten begegnet, die nicht wie Mose bei dem Gedanken an ihre erste Zeit als Christ schaudern. Es kann einige Zeit dauern, um den Enthusiasmus, der das Wesen des Aktivisten prägt, zu zügeln und in Reife und Weitsicht zu verwandeln.

Kurze Zeit später half der Aktivist Mose zwei jungen Frauen, die von Hirten vom Brunnen verdrängt wurden (2. Mose 2,17).

Wann immer wir ihm begegnen, ist der junge Mose in Konfrontationen verwickelt. Deshalb ist es eigentlich erstaunlich, dass Mose etwas später im Leben erst seine Furcht und seinen Widerwillen überwinden muss, als Gott ihn in seinen Dienst zurückholen will. Mose schien wie ein gebranntes Kind das Feuer zu scheuen, als ob die früheren Erfahrungen sein Vertrauen erschüttert hätten und er nicht noch einmal ins Rampenlicht treten wollte. Einmal in Bewegung gesetzt, gab es jedoch kein Halten mehr. Sein Beispiel ist für mich immer eine große Ermutigung gewesen, denn jeder Aktivist muss lernen, dass Gehorsam im Glauben nicht mit sofortigem Erfolg gleichbedeutend ist.

Ich denke da zum Beispiel an die Auseinandersetzungen mit dem Pharao. Gott hatte Mose nicht gesagt, dass er dem Pharao zehn Plagen schicken würde; diese Genugtuung blieb ihm verwehrt. Er wusste lediglich, dass er dem Pharao sagen sollte: »Lass mein Volk gehen!« Und als er das zum ersten Mal gehorsam getan hatte, legte der Pharao dem Volk noch größere Lasten auf als zuvor, und die Situation wurde noch unerträglicher. Über Nacht wurde Mose zum meist gehassten Mann Israels.

Gott sandte Mose noch einmal zum Pharao; und wieder passierte nichts, außer dass ein paar Schlangen sich in Holzstäbe verwandelten. Erst an diesem Punkt begannen die zehn Plagen. Ich denke, die meisten von uns hätten spätestens nach der dritten oder vierten Plage aufgegeben. Ich kann mich förmlich stöhnen hören: »Gott, ich brauche eine Pause! Ich habe getan, was du gesagt hast, fünf Mal sogar. Der Pharao hat Israel nicht freigegeben, also vergiss es. Sende jemand anderen.«

Glücklicherweise war Mose vorbereitet. Als Gott ihm seinen Auftrag gab, antwortete Mose: »Wer bin ich, dass ich zum Pharao gehe und führe die Israeliten aus Ägypten?« Mit seiner Antwort erteilte Gott zugleich jeglichem Gedanken an Selbstständigkeit eine Absage. Er sagte ganz einfach: »Ich will mit dir sein« (2. Mose 3,11–12). Mit anderen Worten: Es ist unwichtig, wer du bist, Mose – wichtig ist, wer dich sendet.

Mose war beharrlich, und endlich durfte er erleben, dass der Pharao das Volk gehen ließ. Es dauerte allerdings nicht lange, da verfiel er dem »Ich bin der Einzige, der das kann«-Gefühl und begann, sich zu überfordern (2. Mose 18,14). Glücklicherweise hatte Mose ein lernfähiges Herz; er hörte auf seinen Schwiegervater und entging so der völligen Erschöpfung, die unter Aktivisten so weit verbreitet ist. Und doch: Seine Haltung zeigt, dass ein Aktivist immer wieder in der Gefahr schwebt, nach dem Grundsatz »Ich und Gott gegen die Welt« zu leben. Einmal fragte Mose ganz verzweifelt: »Was soll ich mit dem Volk tun?« (2. Mose 17,4). Verzweiflung und Ermüdung sind zwei besondere Versuchungen für aktivistische Christen.

Elia und Elisa

Elias Konfrontationen mit den Herrschern Israels haben große Ähnlichkeit mit den Konfrontationen des Mose mit dem Pharao. Elia zeigte großen Mut, als er Ahab und den Propheten Baals entgegentrat, aber sein Verhalten verrät auch einen gewissen Stolz. Elia war überzeugt davon, der einzige wahre Prophet zu sein, der übrig geblieben war, und auch der Einzige, der wirklichen Eifer zeigte (1. Könige 18,22; 19,10). Gott aber versicherte ihm, dass noch siebentausend andere dem Glauben treu geblieben waren.

In der Erschöpfung und in dem Gefühl der Isolation treten die negativen Seiten von Elias Aktivismus zutage (1. Könige 19,4; 18,22). Das Temperament des Aktivisten kann vielen Christen geistliche Nahrung geben, kann sie aber auch in die Erschöpfung treiben.

Elisa, der Elias Aufgaben übernahm, war auch Aktivist, zeigte aber in seiner Konfrontation mit Hasael, der König Israels werden sollte, eine große Reife. Elisa sah das Leid, das Hasael über das Volk Israel bringen würde, und er weinte darüber – aber er ließ sich davon nicht erdrücken (2. Könige 8,11–13). Das müssen die meisten Christen lernen: Auch wenn Gott von uns verlangt, für ihn aktiv zu werden, müssen wir das Ergebnis unseres Handelns ihm überlassen – sonst lassen wir uns vom Erfolg leiten statt vom Heiligen Geist. Ich kenne eine Reihe von Aktivisten, die nicht mit einer Niederlage umgehen können. Wenn ihre politischen oder sozialen Kampagnen fehlschlagen, ist ihr Glaube erschüttert. Für solche Menschen wäre Elisa ein gutes Studienobjekt, unter anderem damit sie lernen, nicht so zu reagieren wie Habakuk.

Habakuk

Habakuk ist ein warnendes Beispiel für aktivistische Christen, ein Beispiel, das auch ich mir schon oft zu Herzen genommen habe. Ich habe schon so viele Gebete gehört, in denen Gott eher angeklagt als gebeten wurde, so als ob dem aktivistischen Christen mehr an der Gerechtigkeit gelegen sei als Gott selbst. Habakuk ruft aus: »Herr, wie lange soll ich schreien, und du willst nicht hören? Wie lange soll ich zu dir rufen: ›Frevel!‹, und du willst nicht helfen? (...) Darum ist das Gesetz ohnmächtig, und die rechte Sache kann nie gewinnen; denn der Gottlose übervorteilt den Gerechten; darum ergehen verkehrte Urteile« (Habakuk 1,2+4).

Gottes Antwort auf diese Anklagen ist sehr lehrreich. Er sagt, dass er hinter den Kulissen arbeitet; dass es Gerechtigkeit geben wird, ohne dass Habakuk es sehen kann. Die im Buch des Propheten Habakuk verborgene Botschaft lautet: »Der Gerechte wird durch seinen Glauben leben« (Habakuk 2,4). Aktivisten müssen diese Botschaft verstehen und leben lernen. Manche Umstände und Situationen im Leben führen uns in die Versuchung, Gottes Herrschaft und Güte anzuzweifeln. Aber unsere Sicht ist begrenzt. Gott ist weder blind für Ungerechtigkeit, noch ist sie ihm gleichgültig.

Ich habe schon so viele Gebete gehört, in denen Gott eher angeklagt als gebeten wurde, so als ob dem aktivistischen Christen mehr an der Gerechtigkeit gelegen sei als Gott selbst.

Aktivisten müssen sorgfältig darauf achten, dass aus Fürbitte nicht Anklage wird. Und weil es in unserer Welt und auch in der Kirche so viel Apathie gibt, fühlt sich der Aktivist leicht isoliert und alleingelassen. Wir sehen die Ungerechtigkeit – und wenn wir uns umschauen, entdecken wir eine scheinbar schlafende Kirche. Daraus kann ein Gefühl der Isolation erwachsen – und wenn man das nicht im Blick behält, dann wird daraus leicht das Gefühl, dass auch Gott dieser Apathie verfallen ist. »Nicht nur die Kirche reagiert nicht, auch Gott schweigt!«, ist dann die Schlussfolgerung. Wenn wir an dem Punkt angekommen sind, an dem wir denken, uns läge die Gerechtigkeit mehr am Herzen als Gott, dann geben wir uns einer Illusion hin: Wir meinen, selbst der Messias zu sein. »Siehe, wer halsstarrig ist, der wird keine Ruhe in seinem Herzen haben, der Gerechte aber wird durch seinen Glauben leben« (Habakuk 2,4).

Konfrontation – ein Schwerpunkt im Leben des Aktivisten

Es liegt schon einige Jahre zurück, als ein Christ meiner Stadt, der meiner Einschätzung nach zum aktivistischen Typ gehört, es sich zur Aufgabe gemacht hatte, alle auf die »nicht gottgefälligen« Details des Films *Zurück in die Zukunft* aufmerksam zu machen. Er hatte alle anstößigen Wörter und obszönen Gesten aufgelistet und gezählt, wie oft der Name des Herrn missbraucht wurde. Als Gemeindeleiter war meine Adresse im nationalen Netzwerk registriert, und auf diese Weise gelangten seine Informationen zu mir. »Den Typ sollte man einsperren«, dachte ich. »Sich ausgerechnet diesen Film herauszupicken!«

Irgendwann später bin ich mit ihm Essen gegangen, und er erzählte mir die ganze Geschichte noch einmal. Ich versuchte, mir meine Gefühle nicht anmerken zu lassen, als er begann:

»Ich war bei mehreren Pastoren, um sie zu fragen, ob sie *Zurück in die Zukunft* gesehen haben. ›Natürlich‹, hatten sie geantwortet. ›Ich war mit meinen Kindern in dem Film.‹

›Und‹, fragte ich sie, ›sind Sie wieder rausgegangen?‹

›Selbstverständlich nicht.‹

›Darf ich Sie dann bitten, mir in Ihrem nächsten Gottesdienst eine Minute Zeit einzuräumen, in der ich etwas sagen kann?‹

›Wofür?‹, fragten die Pastoren zurück.

›Ich möchte diese Liste mit Ausdrücken laut vorlesen. Ich brauche bestimmt nicht mehr als eine Minute.‹

›Das werde ich Sie ganz bestimmt nicht tun lassen‹, lautete die Antwort der Pastoren.«

Der Mann wurde sehr ernst, als er mir ins Gesicht blickte und sagte: »Ich habe sie gefragt, wie sie es verantworten könnten, dass sich ihre Kinder unflätige Ausdrücke anhören, die sie vor ihrer erwachsenen Gemeinde ganz gewiss nicht über die Lippen bringen würden.«

Dann sprach er über Römer 12,9, ein Vers, der uns aufruft, alles Böse zu hassen und dem Guten anzuhängen.

»*Hassen* wir das Böse eigentlich wirklich«, fragte er, »oder haben wir uns längst zufrieden damit abgefunden?«

Ich habe mir mit meinen Kindern diesen Film nicht angesehen, aber als ich nach dem Essen nach Hause ging, war ich trotzdem überzeugt. Ich fühlte eine wachsende Kälte in meinem Herzen. Sicher, die meiste Zeit widerstand ich dem Bösen, aber hasste ich es wirklich?

Die traurige Wahrheit ist: nicht immer.

Das Mittagessen mit diesem Aktivisten war alles andere als »nett«. Im Gegenteil, es verlief sogar ausgesprochen anstrengend. Aber dieser Mann hatte es geschafft, einen guten Teil North Virginias von einer gewissen Art Pornographie zu befreien; er war maßgeblich daran beteiligt gewesen, die Gemeinden dazu zu bewegen, sich um Gefangene zu kümmern, und hatte sich noch vehementer im Kampf gegen die Abtreibung eingesetzt. Ich musste hören, was er zu sagen hatte.

Er erzählte mir, dass er und seine Frau nicht sehr häufig zum Essen eingeladen würden, und während ich mit ihm redete, entdeckte ich auch den Grund dafür. Wenn er etwas hörte oder sah, was nicht richtig war, dann sprach er es an; er konfrontierte sein Gegenüber damit und erzwang auf diese Weise, ein zweites Mal hinschauen zu müssen. Eine regelrechte Schmeißfliege.

Ich würde bestimmt nicht alles so machen wie dieser Mann – ich kann mir nicht vorstellen von einer Gemeinde zur anderen zu gehen, um mit den Pastoren darüber zu reden, ob sie mit ihren Kindern in *Zurück in die Zukunft* gehen können oder nicht –, aber der Gott, der Kaninchen und Schmeißfliegen geschaffen hat, hat auch kontemplative und aktivistische Christen geschaffen. Dieser Mann findet seine geistliche Nahrung in der Konfrontation. Seine Augen verraten es. Er würde niemals vor einem Kampf davonlaufen.

Nein, ich fände es nicht gut, wenn jedes Gemeindemitglied sich so verhalten würde wie er, aber genauso wenig fände ich es gut, wenn sich jeder so benehmen würde wie ich.

Denn für Aktivisten ist der Kampf die geistliche Nahrung, die sie brauchen – und es gibt sicherlich Schlimmeres. Jesus selbst hat gesagt: »Meine Speise ist die, dass ich tue den Willen dessen, der mich gesandt hat, und vollende sein Werk« (Johannes 4,34). Und ob man es gut findet oder nicht – ein nicht geringer Teil von dem, was Jesus tat, waren intensive Auseinandersetzungen mit den Pharisäern.

Ob aus den Konfrontationen wirklich geistliche Nahrung wird, hängt natürlich davon ab, *wie* wir für die Sache Gottes streiten.

Vor vielen Jahren schrieb Francis Schaeffer in seinem Buch »Das Kennzeichen des Christen«: »Um auch nur einigermaßen angemessen den Kampf Gottes kämpfen zu können, darf man nicht kampflustig veranlagt sein. Ein streitlustiger Mensch kämpft, weil er streitlustig ist; jedenfalls ist das der Eindruck, den man bekommt. Die Welt muss erkennen, dass wir uns als wahre Christen nicht deshalb absondern, weil wir ganz wild sind auf Kampfgetümmel und am liebsten Blut fließen sehen, sondern weil wir in Gottes Namen nicht anders können.«[76]

Denn für Aktivisten ist der Kampf die geistliche Nahrung, die sie brauchen.

Deshalb ist Mose, der »widerwillige Aktivist«, ein so schönes Beispiel. Aktivisten sollten dafür leben, dass Gerechtigkeit und Rechtschaffenheit in Kirche und Gesellschaft sichtbar verwirklicht wird. Und wenn das die Art ist, ihre Liebe zu Gott zu zeigen, dann wird das Resultat Erfüllung und nicht Erschöpfung, Dankbarkeit und nicht Ärger, eine größere Nähe zu Gott und nicht noch mehr Selbstgerechtigkeit sein.

Mir selbst wurde das jedes Mal dann besonders deutlich, wenn ich unter freiem Himmel predigen sollte. Versuchungen gibt es in einem College mehr als genug. Feste Zweierschaften oder Kleingruppen, denen man Rechenschaft ablegen muss, können da sehr hilfreich sein. Bei mir aber konnte nichts so wirksam sämtlichen Verlockungen ihren Reiz nehmen wie das Wissen, am nächsten Morgen predigen zu müssen.

Es war vergleichbar mit dem Training für ein großes Rennen. Etwas zu haben, auf das ich mich freuen konnte, half mir dabei, auf andere Aktivitäten zu verzichten. Die Angst vor der Konfrontation schafft eine Abhängigkeit von Gott, die unter normalen Umständen nicht vorhanden ist. Man liebt ihn nicht nur, man braucht ihn – und wie! Das Schlimmste, was passieren könnte, ist, ihn zu verlieren und die Herausforderung alleine bewältigen zu müssen.

Der Furcht zu begegnen, den Schritt im Glauben zu wagen und dann festzustellen, dass Gott treu ist, dass er mitgeht und uns trägt – das kann die Beziehung zu Gott ungeheuer vertiefen. Ich habe entdeckt, dass es Gott und mich zusammenschweißt wie zwei Kameraden, wenn wir zusammen eine Prüfung bestehen, genauso wie es auch bei zwei Menschen der Fall ist.

Die Angst vor der Konfrontation schafft eine Abhängigkeit von Gott, die unter normalen Umständen nicht vorhanden ist. Man liebt ihn nicht nur, man braucht ihn – und wie!

Um ihr Handeln zu rechtfertigen, zitieren Aktivisten immer wieder die Geschichte der Tempelreinigung Jesu. Er hat nicht nur geheilt, sagen sie. Er hat die Menschen auch konfrontiert mit dem, was sie taten. Er war heilig und nicht nett, das sind zwei völlig verschiedene Dinge. In »Das Kennzeichen des Christen« schreibt Francis Schaeffer: »Viele Menschen denken, dass Christsein etwas Sanftes ist, eine Art rührseliger Liebe, die dem Bösen genauso gilt wie dem Guten. Aber das ist nicht biblisch. Heiligkeit ist nicht gleich Liebe, und beides muss gleichermaßen zum Ausdruck kommen.«[77]

Die Angst vor der Konfrontation ist es, die viele davon abhält, zu Aktivisten zu werden. Denn wenn man eindeutig Stellung bezieht, muss man damit rechnen, ins Kreuzfeuer der Kritik zu geraten. Ich werde nie vergessen, wie ich während meiner Collegezeit das erste Mal öffentlich kritisiert wurde: Der Vorsitzende einer Gruppe, die für das Recht auf Abtreibung kämpfte, schrieb einen Brief voll beißender Kritik an den Herausgeber der Collegezeitung. Ich bin in meiner gesamten Schulzeit immer als »äußerst höflich und nett« beschrieben worden, und es hat eine Weile gebraucht, bis ich begriff, dass »ein netter Kerl sein« und Christ sein nicht generell zusammenpassen.

Bei einer anderen Gelegenheit – ich arbeitete damals als Studentenpfarrer – traf ich mich mit dem Leiter einer Gruppe, die für die Rechte von Homosexuellen kämpfte. Der junge Mann hatte früher einmal zu einer christliche Gruppe gehört, und ich hoffte, ihn wieder zum Glauben zurückführen zu können. Ich hatte mir vorgenommen, erst einmal zuzuhören und herauszufinden, was ihn bewegte. Also fragte ich ihn nach den Zielen seiner Gruppe. Er sah mir in die Augen und sagte ganz nüchtern: »Unser Ziel ist, all das zunichte zu machen, was ihr aufzubauen versucht.«

Meinen Wunsch, »gemocht« zu werden, musste ich also offensichtlich begraben. Ich mag es überhaupt nicht, offen zum Angriff überzugehen oder auf dumme Art unangenehm zu sein, aber Tatsache ist, dass manche Menschen sich dafür entschieden haben, Gott und sein Reich zu hassen. Wenn ich mich also mit Gott und diesem Reich identifiziere, dann werde ich ebenfalls gehasst werden. Wenn wir Gott treu dienen wollen, dann können wir nicht erwarten, dass seine Feinde uns mögen.

Mein Aktivismus war immer eher Resultat meines Gehorsams als Teil meines Wesens; er kommt nicht aus dem Herzen, und dieses geistliche Temperament hat in meiner Liste eine sehr niedrige Punktzahl. Und doch haben Bibelstellen wie die in Sprüche 24,11–12 mich immer wieder vor die Herausforderung gestellt, aktiv zu werden: »Errette, die man zum Tode schleppt, und entzieh dich nicht denen, die zur Schlachtbank wanken. Sprichst du: ›Siehe, wir haben's nicht gewusst!‹, fürwahr, der die Herzen prüft, merkt es, und der auf deine Seele Acht hat, weiß es und vergilt dem Menschen seinem Tun.« Andere Stellen in der Schrift, die dem Aktivisten direkt in sein Herz sprechen, finden wir in den Psalmen 7, 68 und 140 und in Hesekiel 33,1–20.

Mir fällt jedoch immer wieder auf, wie zwiespältig dieses geistliche Temperament auch ist. Einerseits bedeuten der Aktivismus und auch die Konfrontation für viele Christen geistliche Nahrung, andererseits können sie uns aber auch völlig ausgelaugt und erschöpft zurücklassen. Dafür ist Elia das beste Beispiel. Wenn also Aktivisten bei sich einen Hang zur Isolation und Anklage feststellen, dann sollten sie darüber nachdenken, ob sie vielleicht ihre innere Balance verloren haben. Deshalb ist es so wichtig, dass gerade Christen dieses Typs zusätzliche Wege finden, geistlich aufzutanken.

Nachdem die Jünger Jesu der Macht des Satans entgegengetreten waren, bestand Jesus darauf, dass sie sich ausruhten. Ohne Ruhepausen könnte statt Liebe und Mitgefühl unversehens die selbstzerstörerische Motivation des Ärgers und des Hasses Besitz von einem Aktivisten ergreifen. Christen dieses Typs müssen die richtige Balance finden – so wie Jesus sie gelebt hat, der in seinen anstrengenden Dienst regelmäßig Zeiten einschob, in denen er geistlich auftankte.

Hilfreich fand ich in diesem Zusammenhang den Versuch, meinen Aktivismus in geistliche Nähe zu verwandeln. Wie das geht? Thomas Merton weist uns darauf hin, dass Menschen dieses Typs sozusagen eine »maskierte« Kontemplation erleben und genießen können, wenn ihre Motivation stimmt. Mancher Christ hat versucht, Aktivismus und Kontemplation scharf voneinander zu trennen. Natürlich sind diese beiden Formen des Glaubens sehr unterschiedlich, aber Merton hat herausgefunden, dass es auch Gemeinsamkeiten gibt.

»Es gibt so viele Christen, die Gott in ihrem aktiven Leben mit großer Reinheit der Seele und viel Selbstaufopferung lieben. Ihre Berufung erlaubt es ihnen nicht, die Einsamkeit, Ruhe und Entspannung zu finden, in der ihr Verstand all das loslassen kann, was sie umgibt, damit sie sich ganz in Gott verlieren können. Sie sind zu beschäftigt damit, ihm und seinen Kindern in der Welt zu dienen. Dazu kommt, dass ihr Wesen nicht für ein rein kontemplatives Leben geschaffen ist; sie würden keinen Frieden finden ohne Aktivität. (...) Und trotzdem wissen sie, wie sie Gott finden können: Sie geben sich ihm hin in ihrer aufopfernden Arbeit und können so den ganzen Tag in seiner Gegenwart verbringen. (...) Auch wenn sie aktiv arbeiten, kann man sie fast als kontemplativ bezeichnen, weil sie sich durch ihren Gehorsam, durch brüderliche Nächstenliebe, durch Selbstaufopferung und der völligen Hingabe an den Willen Gottes in allem, was sie tun und leiden, eine große Reinheit des Herzens bewahrt haben. Sie sind Gott viel näher, als sie selbst es wahrnehmen, weil sie in den Genuss dieser ›maskierten‹ Kontemplation kommen.«[78]

Merton betont allerdings, dass es einen großen Unterschied gibt zwischen diesen »Quasi-Kontemplativen« und denen, deren Leben als Christen aus bloßer Frömmigkeit und Routine besteht. Der wahre aktivistische Christ lebt »allein für Gott und für seine Liebe zu ihm«. Wenn der Dreh- und Angelpunkt unseres Aktivismus allein die Liebe Gottes ist, dann ist dies für Gott genauso willkommen wie das Gebet eines kontemplativen Christen. Wenn aber die Konfrontation um ihrer selbst willen im Mittelpunkt steht, dann nähren wir einen sündhaften Geist der Zwietracht, statt dem Heiligen Geist zu dienen, der uns zur Einheit führen will.

Formen des Aktivismus

Aktivismus kann viele Formen haben. Frank Schaeffer (der Sohn von Francis Schaeffer) fordert eine »Literatur des christlichen Widerstands«, in der Christen aus allen Traditionen für ein wahres Christsein und seine Überzeugungen eintreten können.[79] Als Buchautor freut es mich, feststellen zu können, dass es tatsächlich eine starke Tradition christlicher Publikationen gibt, die auf Versagen und Fehler innerhalb und außerhalb der Kirche aufmerksam machen. Der bereits verstorbene Dr. Klaus Bockmühl schrieb ein kleines, aber sehr wirkungsvolles Büchlein zu diesem Thema mit dem Titel »Bücher: Gottes Werkzeuge in der Heilsgeschichte«.[80] Als Abraham Lincoln mit Harriet Beecher Stowe, der Autorin von »Onkel Toms Hütte«, zusammentraf, witzelte er: »Das also ist die Frau, die den (Bürger-)Krieg ausgelöst hat.« Im 19. Jahrhundert kämpfte Charles Dickens für Londoner Waisenkinder, während Tolstoi leidenschaftliche Plädoyers für die Unterdrückten verfasste. Im 20. Jahrhundert öffnete Richard Wright mit seinem Roman »Black Boy« vielen Menschen die Augen für die Problematik, als Teil einer Minderheit im ländlichen Mississippi aufzuwachsen, während C. S. Lewis seine beliebte Narnia-Reihe schrieb, »eine Art

Vor-Taufe der kindlichen Vorstellungskraft«. Diese und viele andere Schriftsteller haben durch ihr geschriebenes Wort das Schicksal vieler Millionen Menschen beeinflusst.

Eine weitere Form des Aktivismus besteht darin, für soziale Reformen einzutreten. John Wesley vertrat die These, dass es »keine Heiligung gibt, es sei denn, sie ist sozialer Art (...), und der Versuch, das Christentum zu einer einsamen Religion zu machen, würde ihren Untergang zur Folge haben«[81]. Charles Finney weigerte sich, Christen zu taufen, die die Sklaverei noch für richtig hielten, während William Wilberforce die Sklaverei in seinem Heimatland England aktiv bekämpfte. Im Laufe der Geschichte war es oft die christliche Kirche, die den Weg für soziale Reformen bereitete. Und heute ist sie es, die unter anderem gegen die Abtreibung und gegen Kinderpornographie kämpft.

Ich habe einige Jahre für eine Organisation gearbeitet, die für das ungeborene Leben eintrat. Mit der schwierigste Teil meiner Arbeit war, in anderen Christen ein Bewusstsein für ihre soziale Verantwortung zu wecken. Viel zu oft meinen

Wenn der Dreh- und Angelpunkt unseres Aktivismus allein die Liebe Gottes ist, dann ist dies für Gott genauso willkommen wie das Gebet eines kontemplativen Christen. Wenn aber die Konfrontation um ihrer selbst willen im Mittelpunkt steht, dann nähren wir einen sündhaften Geist der Zwietracht, statt dem Heiligen Geist zu dienen, der uns zur Einheit führen will.

wir, wenn wir nur regelmäßig zum Gottesdienst gehen, unseren Zehnten treu bezahlen und nicht bewusst in Sünde leben, dann haben wir unsere christlichen Pflichten erfüllt. Doch in der Bibel fordert Gott sein Volk immer wieder auf hinauszugehen und sich um die zu kümmern, denen es weniger gut geht (Jakobus 1,27; Matthäus 25,35 u.a.).

Darin liegt allerdings immer auch eine gewisse Spannung. Auch unter Christen ist man sich nicht in allen Themen einig – das morgendliche Schulgebet, die Sozialarbeit des Staates, die Todesstrafe sind nur einige Beispiele. Aber auch wenn wir Schwestern und Brüdern begegnen, die eine andere Position vertreten, stehen wir als Christen und als Bürger in der Verantwortung, gut informiert zu sein, uns im Gebet Gewissheit zu holen und dann engagiert für eine Sache einzutreten.

Unsere Aufgabe als Aktivisten besteht allerdings nicht nur im Einsatz für soziale Reformen; wir sollen auch Fehler und Böses beim Namen nennen. Der bereits verstorbene Francis Schaeffer schrieb, dass »Wahrheit und Konfrontation oft nicht voneinander zu trennen sind«. Sein Sohn Frank Schaeffer weist darauf hin, dass wir deshalb bereit sein müssen, den Gegnern der Wahrheit entgegenzutreten. Und das ist immer mit Konfrontation verbunden.»Wer der Gemeinschaft des rechten Glaubens angehören will, darf keine schweigende Mehrheit wollen. Wir müssen ein aggressiver, lebendiger, starrköpfiger, um sich schlagender Haufen sein; wir müssen doppelt so viel arbeiten, weil wir nur halb so viele sind.«[82]

Aktivisten werden sich nie damit zufrieden geben, auf der sicheren Seite zu stehen. Sie brauchen die belebende Erfahrung, einen geheimnisvollen Gott auf geheimnisvolle Weise in Erscheinung treten zu sehen.

Schriftsteller, Prediger, Politiker, Akademiker, Künstler und Hausfrauen – sie alle können Aktivisten sein und in ihrem Umfeld treu für die Wahrheit kämpfen. Frank Schaeffer ist der Meinung, dass Christen für neue Ideen offen sein und sich dann aktiv einbringen sollten bei Themen wie Familie und Erziehung, Weltanschauungen, politische Programme und Wahlen, Medien oder die Situation der Kirchen. Beginnen sollten wir bei den Themen, die uns selbst betreffen.[83] In diesem Zusammenhang kann ein von Christen ausgehender Aktivismus viel mehr sein als einfach nur Protest; er kann positive Alternativen bieten. Statt einfach nur Briefe an den Bundestag zu richten, könnten Christen für den Bundestag kandidieren. Statt gegen die Verderbtheit der Unterhaltungsindustrie zu protestieren, könnten sie sich in dieser Industrie einbringen.

Ich habe bei vielen Aktivisten beobachten können, dass es sie von Natur aus drängt, »geistliche Risiken« einzugehen. Während wir anderen lieber den sicheren Weg nehmen, haben Aktivisten oft ein schier unersättliches Verlangen danach zu erleben, dass Gott machtvoll eingreift. Es sind die Frauen und Männer, die mit fünfundzwanzig Dollar in der Hand und vielen Gebeten im Herzen gemeinnützige Vereine gründen, die bereitwillig nationale Kampagnen gegen das Böse im System in Gang setzen und erfolgreich das verhindern, worüber andere nur geredet haben.

Aktivisten werden sich nie damit zufrieden geben, auf der sicheren Seite zu stehen. Sie brauchen die belebende Erfahrung, einen geheimnisvollen Gott auf geheimnisvolle Weise in Erscheinung treten zu sehen. An dieser Stelle hat der Aktivist eine gewisse Ähnlichkeit mit dem enthusiastischen Christen.

Beten – ein wichtiges Thema für Aktivisten

Wenn es irgendeinen geistlichen Typ gibt, dem ich es wünschen würde, tief im Gebet verwurzelt zu sein, dann ist es der aktivistische Typ. Glücklicherweise haben viele der mir bekannten Aktivisten ihre Form des Gebets gefunden – und die kann sehr unterschiedlich sein.

Gebetsgänge

»Gebetsgänge« sind für viele Aktivisten eine hilfreiche Möglichkeit zu beten. Man könnte zum Beispiel als Fürbitte für einen bestimmten Wohnblock um diesen Wohnblock herumgehen und dabei leise für ihn beten; oder beim Gebet für Gerechtigkeit das Regierungsgebäude umrunden; oder einen Spaziergang um ein Krankenhaus oder eine Abtreibungsklinik machen. Oder wie wäre es damit, eine Landkarte oder einen Stadtplan vor sich auszubreiten und für Bevölkerungsgruppen zu beten, die man noch nicht mit dem Evangelium erreicht hat?

Prozessionen

»Jesusmärsche«, bei denen sich viele Christen zusammentun, um Jesus mit einem Marsch durch die Stadt zu feiern, gewinnen überraschenderweise wieder an Popularität. Ich sage »wieder«, weil dieser alte Ritus schon in der Barockzeit (ca. 1550-1750) gepflegt wurde. Die Prozessionen heute gestalten sich etwas anders, weil ihr Schwerpunkt darauf liegt, Jesus zu preisen und zu feiern. Früher hatten sie oft die Funktion, um etwas Bestimmtes zu bitten, und waren deshalb sehr feierlich und ernst. Aber sie waren damals so verbreitet, dass man die Barockzeit auch das Zeitalter der Prozessionen genannt hat.[84]

Fürbitte

Karl Barth forderte die Christen dazu auf, mit der Bibel in der einen und der Zeitung in der anderen Hand zu beten. Fürbitte ist definitiv eine Form von christlichem Aktivismus – und das nicht nur, wenn es um politische Ziele geht. Ich weiß noch, dass ich in meiner Collegezeit einmal in der Woche ganz früh aufstand, um an einem Gebetstreffen für die Mission teilzunehmen. Wir hatten damals keine Zeitung dabei, aber wir hatten immer Material über verschiedene missionarische Projekte zur Hand. Solche Treffen finden nach wie vor in vielen Gemeinden statt.

Aktivisten brauchen das Gebet, um sich die richtige Ausrichtung und ihre Reinheit zu bewahren. Der Hass auf die Sünde kann zu einem Hass auf die Menschen werden, wenn Aktivisten müde werden und geistlich ausbrennen.

Beten sollte im Leben eines Aktivisten Raum und Gewicht haben. Arbeit als Gebet ist wichtig und wertvoll, aber auch das Gebet als Gegenpol zur Arbeit braucht seinen Ort. Aktivisten, die von Natur aus dazu neigen, Bosheit und Ungerechtigkeit immer wieder beim Namen zu nennen, brauchen das Gebet, um sich die richtige Ausrichtung und ihre Reinheit zu bewahren. Der Hass auf die Sünde kann zu einem Hass auf die Menschen werden, wenn Aktivisten müde werden und geistlich ausbrennen. Wenn Sie Aktivist sind, dann tun Sie sich und der Kirche einen Gefallen: Entwickeln Sie ein aktives Gebetsleben und pflegen Sie es gut.

Versuchungen

Andere verurteilen

Es würde zu einem Aktivisten passen, Folgendes zu denken: Je heiliger ich werde, desto mehr hasse ich die Sünde. Das ist auch richtig. Aber Aktivisten ziehen dann häufig folgenden falschen Schluss: Je heiliger ich werde, desto weniger kann ich (andere) Sünder tolerieren. Und das ist ganz sicher nicht richtig.

Ich habe die christlichen Klassiker eingehend studiert: Die meisten christlichen Autoren sind sich darin einig, dass Wachstum im Glauben zum einen mit dem Verlangen einhergeht, die Sünde aus unserem Leben zu verbannen, und zum anderen die Barmherzigkeit anderen gegenüber größer werden lässt. Unsere Liebe sollte genauso wachsen wie unser Hass auf die Sünde. Eine Haltung, die von Selbstgerechtigkeit und Kritik geprägt ist, ist kein Spiegel der Barmherzigkeit Christi. Aktivisten sind vielleicht der Ansicht, dass viel zu wenige Christen die Sünde wirklich hassen – und in einer Überreaktion vergessen sie, die Sünder zu lieben.

Wenn man zum Beispiel zu den Waffen greift, um Ärzte zu töten, die Abtreibungen durchführen, dann verrät man damit die Sache, der man eigentlich dienen will. Ich danke Gott dafür, dass niemand auf den Gedanken kam, Bernhard Nathanson (der früher ebenfalls Abtreibungen vornahm) oder Carol Everett (früher Leiterin einer Abtreibungsklinik) umzubringen, denn alle beide treten heute vehement für den Schutz des ungeborenen Lebens ein. Ich bin auch dankbar, dass die ersten Christen Saul nicht umgebracht haben, bevor er zum Apostel Paulus wurde, obwohl er die Christen verfolgte und tötete. Aus der Geschichte und aus der Bibel können wir lernen, dass wir Gottes Werk auf *Gottes Art* tun müssen.

Ehrgeiz und Sex

Ich weiß, mit der folgenden Behauptung begebe ich mich auf unsicheres Terrain. Aber aus persönlichen Beobachtungen heraus und aus vielen Biografien, die ich gelesen habe, meine ich, einen direkten geistlichen Zusammenhang zwischen persönlichem Ehrgeiz und sexuellen Versuchungen ableiten zu können, und zwar besonders bei Männern. Die Geschichten über christliche Männer, die Großes erreicht haben, aber ihren sexuellen Neigungen verfallen sind, sind so zahlreich, dass ich sie gar nicht alle aufzählen kann.

Im tiefsten Sinne ist Ehrgeiz immer Ausdruck eines Kampfes gegen die eigene Ohnmacht und eines Ringens um Kontrolle. Ein ehrgeiziger Mensch ist von Natur aus ichbezogen. Ist der Wunsch nach Kontrolle frei von der Sorge um das Wohlergehen anderer, dann bildet er sicherlich einen guten Nährboden für sexuelle Lust – und deshalb kann sie sich in einer ehrgeizigen Seele häuslich einrichten.

Vor gar nicht langer Zeit hielt ich einen Vortrag vor einer Gruppe christlicher Aktivisten; ich dämpfte ihren Enthusiasmus mit den Worten: »Genau jene Qualitäten, die euch als Aktivisten Erfolg garantieren, können euch als Christen scheitern lassen.«

Ehrgeizige Menschen müssen anderen einen Einblick in ihr Leben erlauben, damit sie berechenbar bleiben. Mit Heimlichkeit gepaarter Ehrgeiz ist ein fruchtbarer Boden für sündhafte Sexualität; wenn dann noch eine gewisse Müdigkeit dazukommt, kommt es fast zwangsläufig dazu, dass man sich selbst und den Dienst, den man im Reich Gottes übernommen hat, in Verruf bringt. An diesem Punkt sind Aktivisten sicherlich wesentlich anfälliger als alle anderen geistlichen Temperamente.

Elitäre Gedanken und Groll

Für Aktivisten ist Konfrontation Nahrung, deshalb könnte es sein, dass sie kein Verständnis dafür haben, wenn andere sich davor fürchten. Schon der Gedanke an eine solch aggressive Art der Evangelisation ist für manche beängstigend – auch wenn er für andere aufregend ist. Das kann zu einer sehr elitären Haltung führen.

In 1. Samuel 30 finden wir eine Geschichte, die uns eine Warnung sein kann. Bei einer von Davids Schlachten kam es zu einer wilden Verfolgungsjagd, und viele seiner Soldaten wurden müde. David ließ sie als Wachen für die Vorräte zurück und nahm die anderen mit, um die Schlacht zu Ende zu führen. Unter den Männern, die David gefolgt waren, machte sich eine elitäre Haltung breit: »Weil sie nicht mit uns gezogen sind, soll man ihnen nichts geben von der Beute, die wir zurückgewonnen haben« (1. Samuel 30,22). Glücklicherweise schritt David ein: »Ihr sollt nicht so tun, meine Brüder, mit dem, was uns der Herr gegeben hat; er hat uns behütet und diese Schar, die über uns gekommen war, in unsere Hände gegeben« (1. Samuel 30,23). Was David da sagt, ist wichtig. Mit anderen Worten: »Ihr vergesst etwas, Männer. Es war Gott, der uns diesen Sieg geschenkt hat, nicht unsere eigene Kraft. Also darf jeder daran teilhaben.«

David macht daraus eine Anordnung und ein Gesetz: Kämpfende und Wachende bekommen denselben Lohn. Genauso sind auch die vielen Textstellen zu verstehen, in denen der Apostel Paulus uns auffordert, die Verschiedenheit der geistlichen Gaben und Berufungen zu respektieren.

Übertriebene Geschäftigkeit

Wenn ein kleines Kind sich darüber ärgert, dass ein Spielzeug irgendwo festklemmt oder ein Knoten sich nicht lösen lässt, dann fängt es an zu ziehen und zu zerren, um das Teil loszubekommen – und macht damit oft alles nur noch schlimmer. Ernsthaftigkeit und harte Arbeit sind zwei feste Standbeine, aber zwei Beine machen noch keinen Stuhl stabil. Zur Ernsthaftigkeit und harten Arbeit muss noch durchdachtes Gebet hinzukommen.

Ein Pastor, der bezüglich der Prohibitionsbewegung große Bedenken hatte, meinte: »Langfristig gesehen kämen die Kirchen weiter, wenn ihre Aktivitäten weniger von Aufsehen und mehr von Einsicht geprägt wären.«[85] Dem zu widersprechen fällt schwer. Wie immer ist Jesus das perfekte Vorbild: Er widmete sich während des Tages intensiv seiner Arbeit und morgens und abends genauso intensiv dem Gebet. Petrus dagegen ist ein

Beispiel für jemanden, der schnell handelt (und zum Beispiel einem Soldaten ein Ohr abschlägt) und dann viel zu bereuen hat.

Mangelnde persönliche Heiligung

Jesus hat sehr deutlich gesagt, dass wir erst einmal den Balken aus unserem eigenen Auge entfernen müssen, bevor wir uns um den Splitter im Auge unseres Nächsten kümmern können (Matthäus 7,1–5). Gesellschaftliche Reformen müssen ganz persönlich bei dem beginnen, der die Gesellschaft reformieren will. Soziale Aktivitäten können kein Ersatz sein für die Heiligung der eigenen Person. Findet das eine ohne das andere statt, dann kann soziales Engagement ebenso viel Unheil anrichten wie Gutes bewirken: Es schadet der Sache, wenn wir als Heuchler entlarvt werden.

Sind Sie ein Aktivist?

Gehören Sie zu den geistlichen Aktivisten? Bewerten Sie die folgenden Aussagen auf einer Punkteskala von fünf (sehr zutreffend) bis eins (gar nicht zutreffend) und schreiben Sie die Ergebnisse in die dafür vorgesehene Zeile.

_____ 1. Ich fühle mich Gott am nächsten, wenn ich aufstehe und für Gerechtigkeit kämpfe, indem ich Briefe an Regierungsvertreter und Zeitungen schreibe, eine Mahnwache an einer Abtreibungsklinik halte, Menschen zur Teilnahme an einer Wahl überrede und mich über wichtige Themen der Zeit auf dem Laufenden halte.

_____ 2. Es frustriert mich, apathische Christen zu erleben, die es nicht schaffen, aktiv zu werden. Am liebsten würde ich alles hinwerfen, was ich gerade tue, und der Kirche aus dieser Apathie heraushelfen.

_____ 3. Die Begriffe *mutige Konfrontation* und *soziales Engagement* sprechen mich sehr an.

_____ 4. Mir ist wichtig, soziale Notstände aufzudecken oder mich ehrenamtlich bei politischen Kampagnen zu engagieren.

_____ 5. Das von Frank Schaeffer verfasste Buch »Zeit für Zorn« wäre ein wichtiges Buch auf meiner Literaturliste.

_____ 6. Ich würde die Kirche gerne aus ihrer Apathie aufwecken.

Gesamtpunktzahl: _____

Jede Punktzahl über 15 deutet darauf hin, dass Sie eine Tendenz zu diesem geistlichen Temperament haben. Tragen Sie Ihre Punktzahl in die Tabelle im letzten Kapitel, auf Seite 246 ein, damit Sie ein vollständiges Bild davon bekommen, auf welche Weise Sie Gott am besten Ihre Liebe zeigen können.

Einladung – Eine große Berufung

Ich selbst würde mich sicher nicht als Aktivisten bezeichnen, habe aber großen Respekt vor der Rolle dieser Menschen in Kirche und Gesellschaft. Sie müssen starke Persönlichkeiten sein, weil sie oft vom Rest der Gemeinschaft verachtet und verlacht werden. Die meisten Christen in meinem Bekanntenkreis würden regelrecht in sich zusammenfallen, wenn sie in einem Zeitungsartikel öffentlich heruntergemacht würden. Der Aktivist lächelt leicht, macht eine Bemerkung über das gute Foto und geht zur Tagesordnung über.

Die Beziehung der Kirche zu Aktivisten und Propheten war immer schon schlecht. Wir erinnern uns mit Wärme an die von ihnen, die bereits tot sind, aber wir verabscheuen all jene, die noch leben.

Sicher, das kann zum Stolz führen, und wenn das so ist, muss man darüber reden. Aber mir wird immer wieder bewusst, dass unser Gott Erfahrung damit hat, unvollkommene Menschen zu gebrauchen und selbst ihre Charakterschwächen in nützliche Werkzeuge und in Stärke zu verwandeln.

Die Beziehung der Kirche zu Aktivisten und Propheten war immer schon schlecht. Wir erinnern uns mit Wärme an die von ihnen, die bereits tot sind, aber wir verabscheuen all jene, die noch leben. Dies sollte den Aktivisten dazu veranlassen, Gott nur noch mehr zu lieben, denn oft bleibt er als einziger Freund übrig. Aktivist zu sein ist eine hohe Berufung, aber man muss sorgfältig darauf achten, dass die Motivation stimmt. Um das immer wieder überprüfen zu können, habe ich den Aktivismus in die neun hier beschriebenen geistlichen Temperamente aufgenommen: Wir sind aktiv, weil dies für uns der beste Weg ist, unsere Liebe zu Gott zum Ausdruck zu bringen. Mit dieser Haltung im Herzen werden wir bald merken, dass wir uns kein persönliches Denkmal setzen, sondern einen wichtigen Dienst tun.

6.
Der fürsorgliche Typ:
Gott lieben durch Nächstenliebe

»Gary, ich brauche Hilfe.«
Ich zuckte zusammen. Ich wusste, was jetzt kommen würde, aber ich wollte es nicht hören.
Gordy rollte mit seinem Rollstuhl auf mich zu und flüsterte: »Mir ist ein kleines Missgeschick passiert.«
»Kein Problem, Gordy«, antwortete ich. »Komm, wir erledigen das eben.«
Gordy ging zur selben Universität wie ich, aber er hatte MS im fortgeschrittenen Stadium. Zwei Jahre später sollte er an einer Lungenentzündung sterben, eine der häufigsten Todesursachen von MS-kranken Menschen. Je schlechter Gordys Zustand wurde, desto mehr war er auf Hilfe angewiesen. Ich hatte eine Woche zuvor einen anderen Christen beobachtet, der Gordy half, als er eine Durchfallattacke hatte, und ich weiß noch, dass ich zu mir selbst sagte: »Das könnte ich nicht.« Heute weiß ich es besser.

Gordy hatte mehr Erfahrung mit diesen Situationen als ich, und es war tatsächlich so, dass wir bei der ganzen Angelegenheit gemeinsam unseren Spaß hatten. Nachdem ich also gebührend »eingeführt« war, gehörte ich zu den Leuten, die Gordy immer mal wieder um Hilfe bitten konnte (und es auch tat), wenn seine bezahlte Pflegekraft gerade nicht zur Stelle war.

Man erinnert sich an die merkwürdigsten Situationen. Einmal hatte ich ihm gerade sein T-Shirt ausgezogen und war dabei, es zusammenzufalten, als ich sein ruhiges, aber ziemlich dringendes »Gary!« vernahm. Ich drehte mich zu ihm um und konnte ihn gerade noch auffangen, bevor er nach hinten umfiel. Gordy konnte gar nicht mehr aufhören zu lachen – und beim nächsten Mal dachte ich daran, ihn mit meinen Knien von hinten zu stützen, während ich ihm sein T-Shirt über den Kopf zog.

Ich habe viel mit ihm erlebt. Aber was mir am deutlichsten in Erinnerung geblieben ist, sind seine Füße. Man sah ihnen an, dass sie nie benutzt worden waren. Als ich Gordy kennen lernte, konnte er schon zehn Jahre nicht mehr laufen. Mir sind in unserer individualistischen Gesellschaft wenige Menschen begegnet, denen die eigenen Füße nicht irgendwie unangenehm sind. Das Ritual der Fußwaschung, dass in manchen Gemeinden an das letzte Abendmahl Jesu erinnern soll, ist für viele Christen Grund genug, um zu Hause zu bleiben. Aber Gordy schwieg. Er wusste, dass mir nichts an ihm verborgen bleiben würde, aber er sagte nichts.

Es geschah, als ich gerade dabei war, ihm die Socken anzuziehen: Plötzlich begriff ich, dass in unserer Beziehung Gordy der Heilige war und nicht ich. Er diente mir und opferte dafür ganz real die Privatsphäre seines Körpers. Ich dagegen litt unter einer inneren Behinderung, weil ich große Angst davor hatte, dass jemand meine Fehler und inneren Kämpfe bemerken könnte. Gordys äußere Behinderung wurde auf eine sehr konkrete Weise zum Heilmittel für meine innere Behinderung. Hinter seiner Bereitschaft, anderen seine Schwächen zu zeigen, steckte eine große innere Stärke, die für mich außerordentlich inspirierend war.

Gordys äußere Behinderung wurde auf eine sehr konkrete Weise zum Heilmittel für meine innere Behinderung. Hinter seiner Bereitschaft, anderen seine Schwächen zu zeigen, steckte eine große innere Stärke, die für mich außerordentlich inspirierend war.

Eines samstags morgens wachte ich früh auf und machte mich auf den Weg zum Waschraum für Männer. Jemand hatte – wie es in einem College-Wohnheim häufig vorkommt – am Abend zuvor zu viel getrunken und es dann nicht mehr bis in die Toilette geschafft. Die Behindertentoilette war voll von Erbrochenem.

Normalerweise hätte ich angeekelt den Kopf geschüttelt und wäre weitergegangen; aber eine innere Stimme hielt mich davon ab. Gordy würde nicht einfach weggehen können. Das Reinigungspersonal würde nicht vor Montag auftauchen, und dies war das einzige Badezimmer, das Gordy benutzen konnte. Ich hatte Gordy nun schon so viele Male geholfen, wenn er dabei war. Jetzt brauchte er mich, ohne es zu wissen – und er würde mir nicht beim Helfen zuschauen.

Ich schlurfte zurück zu den Waschbecken, hielt ein paar Papierhandtücher unter den Wasserhahn und machte mich an die Arbeit. Fünfzehn, vielleicht zwanzig Minuten später war es geschafft. Und Gordy erfuhr nie etwas von dem Vorfall. Das Wochenende verlief normal, sein Rollstuhl klang auf seinem Weg durch die langen Flure wie immer – aber ich war anders geworden.

Für Christen vom fürsorglichen Typ ist die Zuwendung zu anderen keine lästige Pflicht, sondern eine Form der Anbetung.

Wieder hatte ich einfach dadurch, dass es Gordy gab, etwas gelernt. Etwas in mir war in Bewegung geraten, und plötzlich erkannte ich auf ganz unspektakuläre Weise, aber dafür sehr klar und deutlich, warum viele Mönche behinderte Menschen oft als besonders heilig bezeichnen. Sie können tief in uns viel verändern.

Mutter Teresa entdeckte in den Augen der Armen, der Kranken und der Bedürftigen das Bild Gottes. Sie lernte, Gott zu lieben, indem sie andere Menschen liebte. Wenn man einmal von der Möglichkeit absieht, dass manche Menschen hier ein »Helfer-Syndrom« an den Tag legen, dann ist die Nächstenliebe für viele eine der tief gehendsten Arten, Gott zu lieben. Für Christen vom fürsorglichen Typ ist die Zuwendung zu anderen keine lästige Pflicht, sondern eine Form der Anbetung. Ich habe gehört, dass Mutter Teresa alle Bewerberinnen für ihren Orden fragte: »Macht dir diese Arbeit Freude?« War die Antwort: »Nein«, dann wurden sie nicht aufgenommen.

Für Märtyrer hatte sie keine Verwendung, sie brauchten sich gar nicht erst zu bewerben.

Biblische Beispiele für den fürsorglichen Typ

Wenn fürsorgliche Christen ihre Berufung und ihr Temperament verstehen lernen wollen, sollten sie zwei biblische Persönlichkeiten näher in den Blick nehmen: Mordechai und Jesus.

Mordechai

Das im Buch Ester beschriebene Bild von Mordechai zeigt einen Mann, dem andere Menschen zutiefst am Herzen liegen und der all seine Energie darauf verwendet, ihnen zu helfen. In Ester 2,7 wird erzählt, dass er Ester aufzog, nachdem deren Eltern gestorben waren und sie als Waise zurückgelassen hatten. Die Mühe, die sich Mordechai mit Ester gab, war enorm. Selbst nachdem sie im Palast aufgenommen worden war, blieb er um ihr Wohlergehen besorgt und kümmerte sich um sie. »Und Mordechai kam alle Tage am Hof des Frauenhauses vorbei, um zu erfahren, ob's Ester gut gehe und was mit ihr geschehen würde« (Ester 2,11).

Ein weniger fürsorglicher Mann hätte das Thema für erledigt erklärt. Er hatte schließlich seine Pflicht getan, als er sie aufgenommen hatte; jetzt war sie in den Palast gegangen, also hätte er sie doch einfach vergessen und ungestört seinen Geschäften nachgehen können. Das wäre normal gewesen – Mordechai war anders.

Ein zweites Mal wird Mordechai weiter hinten im 2. Kapitel beschrieben. Dieses Mal kümmert er sich um den König. Er hatte zwei Diener des Königs belauscht: Sie planten, den Herrscher umzubringen. Mordechai berichtete, was er gehört hatte, und bewahrte so den König vor einem Mordanschlag. Wir haben erst zwei von den zehn Kapiteln des Buches Ester angeschaut – und schon hat Mordechai sich um eine Waise gekümmert und den König vor dem sicheren Tod gerettet.

Mordechai wollte jedoch keineswegs den Menschen immer nur gefallen – und das entkräftet den Verdacht eines »Helfer-Syndroms«. Im 3. Kapitel erfahren wir, dass er sich Hamans Zorn zuzog, weil er sich weigerte, vor ihm niederzuknien. Mordechai diente anderen, wenn er damit Gott dienen konnte. Wenn beides miteinander in Konflikt geriet, entschied er sich für Gott.

Mordechai kümmerte sich nicht nur um eine Waise und einen König, er kümmerte sich um ein ganzes Volk – um die Juden. Haman wollte sich an ihm rächen, indem er sich die Erlaubnis einholte, das Volk der Juden auszulöschen. Da »zerriss

(Mordechai) seine Kleider und legte den Sack an und tat Asche aufs Haupt und ging hinaus mitten in die Stadt und schrie laut klagend« (Ester 4,1).

Seine Verzweiflung war so groß, dass er sich aufmachte, um Ester die drohende Gefahr, in der das Volk Israel schwebte, mitzuteilen und sie um Hilfe zu bitten. Ester sandte nach anfänglichem Zögern einen Diener zu ihm, um herauszufinden, was vor sich ging. Als sie sich dann weigern wollte, das Ihre zur Rettung des jüdischen Volkes beizutragen, reagierte Mordechai hart: »Denke nicht, dass du dein Leben errettest, weil du im Palast des Königs bist, du allein von allen Juden. (...) Und wer weiß, ob du nicht gerade um dieser Zeit willen zur königlichen Würde gekommen bist?« (Ester 4,13–14)

Es hat mich immer fasziniert, wie Christen, die eindeutig zum fürsorglichen Typ gehören – Hirten eben –, zu Löwen werden können, wenn es die Aufgabe erfordert. Der fürsorgliche Mordechai war offensichtlich kein schwacher Mann. Wenn es die Umstände erforderlich machten, konnte er seine Kraft ausspielen, auch bei denen, die er zutiefst liebte.

Es lohnt sich, darauf hinzuweisen, dass Israel ohne Mordechais Bereitschaft, eine Waise aufzuziehen, wahrscheinlich verloren gewesen wäre – denn Mordechai selbst hatte keine Möglichkeit, beim König vorzusprechen. Sein erster Akt der Fürsorge machte den späteren Akt der Fürsorge erst möglich – und der hatte eine wesentlich größere Tragweite.

So konnte Gott durch die Beharrlichkeit des Mordechai dafür sorgen, dass Israel sich verteidigen durfte. Auch hier war Mordechai ganz der fürsorgliche Typ: Er schrieb Anweisungen, die an die Juden aller Provinzen gesandt wurden, so dass sie wussten, wie sie sich verteidigen konnten (Ester 8,7–8).

Und selbst als Israel dann gesiegt hatte, ließ Mordechais Fürsorglichkeit nicht nach. Er führte ein jährliches Fest ein, um Gottes Schutz und Eingreifen zu feiern. Er hätte auch seiner eigenen Treue ein Denkmal setzen können; stattdessen wies er die Israeliten an, das Fest zu begehen, indem sie sich gegenseitig und die Armen beschenkten. Er dachte nicht an sich selbst, sondern schuf vielmehr neue Wege der Fürsorge für die Bedürftigen (Ester 9,20+22).

Mordechai kümmerte sich an allen Stellen seines Lebens um andere: erst um eine Waise, dann um den König, dann um ein Volk, dann um die Armen. Seine Grabinschrift, der letzte Vers des Buches Ester, passt dazu: »Denn Mordechai, der Jude, war der Erste nach dem König Ahasveros und groß unter den Juden und beliebt unter der Menge seiner Brüder, weil er für sein Volk Gutes suchte und redete, was seinem ganzen Geschlecht zum Besten diente« (Ester 10,3).
Kann man sich eine bessere Grabinschrift vorstellen?

Jesus

Er war der einzige wirklich ganzheitliche Mensch, der je gelebt hat – deshalb ist Jesus ein Beispiel für jedes der geistlichen Temperamente, die in diesem Buch behandelt werden. Besonders hell leuchtet das Leben Jesu jedoch im Zusammenhang mit diesem geistlichen Temperament auf: Er war der fürsorgliche Typ in Vollendung. Er kümmerte sich um die Kranken, die von Dämonen Besessenen und die Verlorenen. Er wies seine Jünger an, die Armen zu versorgen, und hatte großes Mitleid mit dem Volk (Matthäus 4,23–24; 6,2; 9,35–36).

Für viele Menschen ist es selbstverständlich, dass »Religion« und Fürsorge für andere Hand in Hand gehen. Der Grund dafür liegt einzig und allein in Jesus. Kein anderes religiöses Vorbild hat die Liebe Gottes so sehr mit der Nächstenliebe in Verbindung gebracht – vor allem mit der Liebe zu den Unterdrückten. Der Islam entstand durch Kriege, und seine Botschaft hat aggressive Züge (auch wenn eine der »fünf Säulen« fordert, ein Vierzigstel des Einkommens, also 2,5 Prozent, an die Armen zu geben); die Moral des Buddhismus ist allein darauf ausgerichtet, dem Bösen zu widerstehen und nicht darauf, das Leiden anderer zu lindern (da Leiden im buddhistischen Denken ohnehin nur eine Illusion ist); und Hindus konzentrieren sich darauf, nicht mit einem negativen Karma in Berührung zu kommen, weil sie nur so dem Kreislauf von Leben, Tod und Wiedergeburt entkommen können.

Die Liebe zu Gott mit Nächstenliebe zu verknüpfen und dabei die »negative« Moral (»Was du nicht willst, dass man dir tu, das füg auch keinem andern zu!«) durch eine »positive« Moral (»Behandele deinen Nächsten, wie du selbst behandelt werden möchtest!«) zu ersetzen, war zu Jesu Zeiten sehr radikal. Das ging viel weiter als die Forderung nach sozialer Barmherzigkeit, die das Alte Testament an die Juden richtete. Diese Botschaft Christi ist der Hauptgrund dafür, dass die Menschen heute meinen, Religion und Zuwendung zu den Mitmenschen seien untrennbar miteinander verwoben.

Ich habe ein besonderes Bild vor Augen, wenn ich an das fürsorgliche Herz Jesu denke. Als Jesus erfuhr, dass Johannes der Täufer geköpft worden war, wusste er, dass sein irdischer Auftrag sich nun unwiderruflich seinem Ende auf Golgatha näherte – vor ihm lag in nicht allzu ferner Zukunft ein qualvoller, blutiger Tod. Vor dieser Prüfung, das war ihm klar, musste er noch eine Schar unverständiger Jünger darauf vorbereiten, seine Botschaft nach seinem Tod weiterzutragen. Eigentlich hätte kein Mensch so sehr wie er verdient, in Ruhe gelassen zu werden. Er hätte alles Recht der Welt gehabt, Grenzen zu setzen und »Nein« zu sagen – um Zeit zu haben zum Gebet und zu verarbeiten, was vor ihm lag.

Aber die Massen der Bedürftigen folgten ihm. Stellen Sie sich einen Eismann vor, der mitten in einer Schar hungriger Kinder steht, die alle an seinen Kleidern ziehen und nach ihm greifen. So muss sich Jesus gefühlt haben, als er sich umsah und feststellte, dass das Volk immer noch mehr wollte. Und doch, als Jesus sie ansah, »jammerten sie ihn, und er heilte ihre Kranken« (Matthäus 14,14).

Es ist kaum zu glauben, aber er arbeitete noch mehrere Stunden immer weiter. Er war immer noch müde und aufgrund der einschneidenden Ereignisse jenes Tages eigentlich mit den Gedanken woanders, aber er hörte nicht auf zu geben, zu heilen, zu lehren. Die Volksmenge blieb so lange, dass sie Hunger bekam – und das, so meinten die Jünger, war eine guter Grund dafür, sie loszuwerden. Wahrscheinlich waren die Jünger ebenso

Für viele Menschen ist es selbstverständlich, dass »Religion« und Fürsorge für andere Hand in Hand gehen. Der Grund dafür liegt einzig und allein in Jesus.

müde wie Jesus – und deshalb werden sie mit einer guten Portion Eigeninteresse gesagt haben: »Die Leute sind hungrig, Jesus. Ist jetzt nicht Zeit, sie nach Hause zu schicken?« Scheinheiliges Mitleid. Die Jünger gaben vor, sich Sorgen um das Volk zu machen, dabei wollten sie selber Ruhe haben und allein sein. Jesus sah die vielen Menschen mit einem von Fürsorge erfüllten Herzen an und sagte: »Sie brauchen nicht zu gehen. Ihr werdet ihnen zu essen geben.«

Ich kann förmlich sehen, wie die Jünger die Stirn runzelten und anfingen zu rechnen: »Wenn wir denen allen zu essen geben sollen, dann sind wir erst einmal tagelang mit den Vorbereitungen beschäftigt. Und wir? Wann können wir uns ausruhen, wann können wir in Ruhe essen? Das kann ja wohl nicht sein Ernst sein!« Also ziehen sie ihren letzten Trumpf aus dem Ärmel.

»Wir haben nur fünf Brote und zwei Fische.« Das reicht für die Jünger, aber niemals für Tausende von Menschen.

Ganz bestimmt war auch Jesus müde und hungrig, denn er war Mensch geworden. Aber selbst am Rande der Erschöpfung tat Jesus ein weiteres Wunder und gab den Menschen zu essen – sein eigenes Bedürfnis nach Ruhe und Erfrischung stellte er hinten an, denn er wollte die Menschen nicht einfach so nach Hause schicken.

Die Beschäftigung mit »geistlichen Themen« ist keine Entschuldigung dafür, sich nicht die Hände schmutzig machen zu wollen.

Aber Jesus brauchte Zeit für sich allein. Matthäus schreibt: »Jesus trieb die Jünger in ein Boot, damit sie vor ihm auf die andere Seite fahren sollten, während er das Volk wegschickte. Nachdem er das Volk weggeschickt hatte, ging er auf einen Berg, um dort alleine zu beten.«

Jesus setzte die Bedürfnisse anderer über seine eigenen. Er hatte einen Auftrag zu erfüllen, der wichtiger war als alles, was je getan wurde, und doch fand er Zeit, sich um die grundlegenden Bedürfnisse eines kranken, hungrigen und unverständigen Volkes zu kümmern. Dieses Beispiel ist auch für mich heute noch eine Herausforderung. Es ist so leicht, die Bedürfnisse derer zu ignorieren, die um uns herum leben, nur weil wir »Wichtigeres« zu tun haben. Aber Jesus hat uns gesagt, dass diese Bedürfnisse ein zentraler Teil unseres Auftrags sind. Ich muss hier wohl kaum das ganze Gleichnis vom barmherzigen Samariter erzählen, um uns daran zu erinnern, dass die Beschäftigung mit »geistlichen Themen« keine Entschuldigung dafür ist, sich nicht die Hände schmutzig machen zu wollen.

Biblische Ermahnungen

Die Bibel fordert uns an unzähligen Stellen dazu auf, Gott zu lieben, indem wir uns anderen zuwenden. Die Geschichte vom barmherzigen Samariter ist vermutlich eines der beliebtesten Gleichnisse des gesamten Neuen Testaments. Seine Bedeutung ist klar, ich habe sie bereits erwähnt. Keiner ist so wichtig oder so weise, dass er es nicht nötig hätte, anderen praktische Hilfe zu leisten. Jesus hat immer wieder betont, wie wichtig Barmherzigkeit und Nächstenliebe sind, und es ist daher kein Wunder, dass die Evangelisten und die anderen Verfasser des Neuen Testamentes auch uns dazu auffordern, unsere Liebe zu Gott auf diese Weise zum Ausdruck zu bringen.

Johannes sagt: »Wir wissen, dass wir aus dem Tod in das Leben gekommen sind; denn wir lieben die Brüder« (1. Johannes 3,14). Und es stimmt: Wenn wir unseren Nächsten nicht lieben, dann müssen wir auch unsere Liebe zu Gott infrage stellen. »Wenn aber jemand dieser Welt Güter hat und sieht seinen Bruder darben und schließt sein Herz vor ihm zu, wie bleibt dann die Liebe Gottes in ihm?« (1. Johannes 3,17).

Paulus schließt sich Johannes an, wenn er die Christen auffordert, sich umeinander zu kümmern: »Und jeder sehe nicht auf das Seine, sondern auch auf das, was dem andern dient« (Philipper 2,4). Der Schreiber des Hebräerbriefes setzt die Nächstenliebe mit der Liebe zu Gott gleich: »Denn Gott ist nicht ungerecht, dass er vergäße euer Werk und die Liebe, die ihr seinem Namen erwiesen habt, indem ihr den Heiligen dientet und noch dient« (Hebräer 6,10). Später erinnert der gleiche Briefschreiber die Gläubigen daran, dass sie nicht vergessen sollen, gastfrei zu sein, denn »dadurch haben einige ohne ihr Wissen Engel beherbergt« (Hebräer 13,2).

Jakobus sagt, dass ein »reiner und unbefleckter« Gottesdienst darin besteht, sich »um Waisen und Witwen in ihrer Trübsal« zu kümmern (Jakobus 1,27). Petrus drängt uns, gastfreundlich zu sein und einander mit den Gaben, die Gott uns geschenkt hat, zu dienen (1. Petrus 4,9–10).

Diese Lehre wird im Neuen Testament so oft wiederholt, dass kein Zweifel mehr bestehen kann: Wir sollen Gott lieben, indem wir die lieben, die er geschaffen hat. Natürlich zeichnen sich manche Christen auf diesem Gebiet besonders aus, aber die Aufforderung, Gott auf diese Art zu lieben, gilt für jeden Christen.

Es gibt einen Vers, der für mich eine besondere Herausforderung darstellt. Ich werde den Nachmittag, an dem ich seine Bedeutung plötzlich verstand, nicht so schnell vergessen. Die Stadt Sodom gilt in christlichen Kreisen meist als Inbegriff einer gottlosen Stadt. Was aber war denn Sodoms schlimmste Sünde? Hesekiel sagt dazu: »Sie sahen hochmütig auf andere herab, sie lebten im Überfluss und in sorgloser Ruhe, ohne den Armen und Hilflosen zu helfen« (Hesekiel 16,49; *Hoffnung für alle*).

In meinem Leben gibt es viel Hochmut. Und im weltweiten Vergleich lebe ich sicherlich »im Überfluss«. Ich muss auch zugeben, dass in meiner Haltung eine gewisse »sorglose Ruhe« liegt. Wenn all das auf mich zutrifft, dann gibt es nur noch eines, was mich von der Sünde Sodoms, vom biblischen Bild für das Böse in seiner grundlegendsten Form, trennen kann: den »Armen und Hilflosen« zu helfen.

Wir definieren »heilig« gerne mit »Verstöße vermeiden«. Aber im Buch Gottes rangiert die Sünde der Unterlassung (nicht tun, was wir tun sollten) auf der gleichen Stufe wie die Sünde der falschen Tat (etwas tun, was wir nicht tun sollten).

Formen der Fürsorge

Ich habe große Hochachtung vor Menschen, die es sich zur Aufgabe gemacht haben, für andere da zu sein. Ich erinnere mich an einen Collegeassistenten, der in dem Apartmenthaus wohnte, für das ich während meiner Zeit auf dem Seminar zuständig war. In das Apartment neben ihm zogen zwei Männer ein, die große Schwierigkeiten hatten.

Entweder standen sie unter Drogen, oder sie hatten zu viel getrunken. Sie standen im Flur und lallten unverständliche Worte oder kippten um. Dieser Assistent packte sie jedes Mal in sein Auto und fuhr sie in ein Entgiftungszentrum. (Wenn Sie noch nie einen Menschen mit Alkoholvergiftung transportiert haben, dann wissen Sie vermutlich nicht, was das für Ihr Auto bedeutet.)

Als der Assistent schließlich eine Berufung ins Ausland bekam, erzählte er die frohe Neuigkeit seinen Nachbarn. Ihre Reaktion: »Mensch, wer soll uns denn jetzt zur Entgiftung fahren, wenn es uns dreckig geht?«

Vor kurzem habe ich in einer Gemeinde das Zeugnis eines bemerkenswerten Ehepaares gehört, das ein Kind mit einer schweren geistigen Behinderung als Pflegekind zu sich genommen hat. Gail Kelley und ihr Mann erzählten die Geschichte von Manuel – eigentlich »Emanuel«. Seine schwere geistige Behinderung war Folge eines falschen Medikamentes während der Schwangerschaft. Eines Tages war Gail noch spät in der Nacht mit Manuel beschäftigt, weil er wiederholt Anfälle hatte. Gail wusste, dass durch jeden Anfall weitere Gehirnzellen abgetötet werden, und sie weinte in das schwarze Haar Manuels, weil ihr klar war, wie wenige davon er noch zu verlieren hatte.

Die schreckliche Tortur begann mit einem dreiminütigen Anfall um 3.30 Uhr. Ein zweieinhalbminütiger Anfall folgte um 3.40 Uhr. Dann, um 3.44 Uhr, folgte ein qualvoll langer Anfall, der volle fünf Minuten dauerte, und ein paar Minuten später, um 3.56 Uhr, ein weiterer von drei Minuten Länge.

Jedes Mal wurden Manuels Arme von starken spastischen Zuckungen hin und her geschleudert, die Beine versteiften sich, bis auch sie schließlich zuckten und zitterten. Manuel schüttelte seinen Kopf, schlug völlig unkontrolliert hin und her. Sein linkes Auge war abwechselnd geschlossen und dann weit aufgerissen, und der Augapfel drehte sich in alle Richtungen. Das rechte Auge zitterte rhythmisch. Manchmal musste Manuel würgen, manchmal tropfte Schaum aus seinem linken Mundwinkel. Und wenn der Anfall sich dann dem Ende zuneigte, begann

Manuels Zunge leicht zu zittern und sich nach hinten zu rollen, und man hatte den Eindruck, dass der Anfall ihn wie zwei riesige Arme sanft zur Ruhe bettete.

Zwei weitere Anfälle folgten um 4.00 Uhr morgens und um 4.20 Uhr. Völlig erschöpft und tief erschüttert und erschrocken, begann Gail unkontrolliert zu weinen. Sie hatte Angst, dass Manuel bald in ihren Armen sterben würde, und sie flehte Gott an: »Ich hatte noch nicht genug Zeit mit ihm. Bitte, Herr, nimm ihn mir jetzt nicht weg.«

Gail »hörte«, was sie als Antwort Gottes verstand. »Was du dem geringsten meiner Brüder tust, das tust du für mich. Gott ist mit dir. Emmanuel.«

Der Begriff Fürsorge ist jedoch keineswegs beschränkt auf die Pflege kranker Menschen. Seine Liebe zu Gott durch Nächstenliebe zu zeigen kann auf viele verschiedene Arten geschehen.

»Aber wie können wir solch eine Aufgabe erfüllen?«, fragte Gail, der plötzlich klar war, welch schwierige Zeiten auf sie zukamen. »Siehst du nicht, Herr? Ich wusste nicht, worauf ich mich da eingelassen habe.«

»Ich werde dir so viel Gnade schenken, dass es für jeden einzelnen Tag reicht.«

Gail fühlte sich schwach, aber sie spürte, wie der Geist Gottes nach und nach den ganzen Raum ausfüllte. Immer noch hielt sie die Augen geschlossen, und plötzlich fühlte sie die Gegenwart Gottes in einer Weise, wie sie sie noch nie vorher wahrgenommen hatte. Sie hatte Angst davor, ihre Augen zu öffnen, weil Gottes Gegenwart so intensiv zu spüren war, dass sie sich fragte, ob Jesus wohl im Raum sei. Wäre sie bereit für seinen Anblick?

Mit einem Gefühl im Körper, als flösse ein elektrischer Strom mitten hindurch, hob sie langsam den Kopf und öffnete die Augen. »Ich war fest davon überzeugt, das Kind Jesus in meinem Arm zu sehen statt Manuel«, sagte sie. Gottes Gegenwart war so überwältigend, dass sie begann, sich im Zimmer umzuschauen, um ihn zu finden. »Nachdem mein Blick einmal die Runde gemacht hatte, blieb er an Manuel hängen«, so erzählte sie. »Ich sah ihn an, und da wusste ich Bescheid.«

Gail entspannte sich, murmelte ein kurzes Lob- und Dankgebet, und innerhalb von Minuten waren Manuels Anfälle vorüber, und beide, Manuel und Gail, schliefen tief und fest.

Gail und ihr Mann kümmern sich um ein Kind, von dem viele Menschen sagen würden, dass es kein Recht auf Leben hat. Manuel wird nie reden und laufen können. Und obwohl Gail Fotos zeigen kann, die beweisen, dass der dreieinhalbjährige Junge die Menschen, die ihn umgeben, erkennen kann, haben einige Ärzte Zweifel, ob er überhaupt weiß, was los ist. Aber Gott weiß es, und Gail und ihr Mann wissen es auch. Manuel ist die Leitung, durch die ein tiefes Verständnis von der Gegenwart Gottes in Gails Leben fließt.

Der Begriff Fürsorge ist jedoch keineswegs beschränkt auf die Pflege kranker Menschen. Seine Liebe zu Gott durch Nächstenliebe zu zeigen kann auf viele verschiedene Arten geschehen. Manche verbinden mit Fürsorge vielleicht, dass man still am Bett eines alten Menschen sitzt. Für andere ist es die Arbeit bei der freiwilligen Feuerwehr oder die Hilfe beim Hausbau. Ich habe einmal aufgelistet, was mir zu diesem Thema an Möglichkeiten eingefallen ist:
- einen Gefangenen »adoptieren«;
- einem Freund durch eine persönliche Krise helfen;
- Geld verleihen;
- jemandem helfen, der mit seinem Geld nicht umgehen kann;
- ehrenamtliche Arbeit bei der Feuerwehr oder einem Rettungsdienst;
- einem Analphabeten Lesen und Schreiben beibringen;
- Mithilfe in einem Frauenhaus;
- Mitarbeit in einer Schwangeren-Beratungsstelle;
- ehrenamtliche Arbeit in einer Suppenküche für Obdachlose;
- jemandem das Auto reparieren;
- jemandem bei Reparaturarbeiten am oder im Haus helfen;
- sich um Hörkassetten für Blinde kümmern;
- jemandem bei seinem Computerproblem helfen;
- auf die Kinder müder Eltern aufpassen.

In seinem Buch »Conspiracy of Kindness« betrachtet Steve Sjogren Evangelisation und Dienst am anderen als Einheit.[86] Stellen Sie sich die Überraschung Ihrer Nachbarn vor, wenn Sie anfangen, im Berufsverkehr umsonst kalte Getränke auszuschenken; wenn Sie heiße Schokolade, Kaffee und Kekse an der Universität verteilen; wenn Sie Eis am Stiel und Powerdrinks an Jogger, Fahrradfahrer oder Familien im Park verschenken; wenn Sie in einer Siedlung mit älteren Menschen Laub zusammenfegen und den Rasen mähen; wenn Sie Armen und Bedürftigen Feuerholz zur Verfügung stellen; oder wenn Sie auf Nebenwegen und Zufahrten Schnee schippen.

Wo uns der Geist Gottes leitet, sind die Möglichkeiten, für andere zu sorgen, grenzenlos. Ob wir es mit einem evangelistischen Ziel tun oder als Dienst, der Christi Liebe für die Menschen widerspiegelt – es ist auf jeden Fall ein eindrucksvolles Bild für gelebtes Evangelium.

Fürsorgliche Christen als Propheten

Für andere sorgen heißt prophetisch handeln. Wir sind von Natur aus selbstbezogene Geschöpfe, deshalb ist es zunächst einmal unnatürlich, wenn wir uns um andere kümmern – der Grund dafür kann nur sein, dass wir von Gott berührt worden sind. So wird durch den fürsorglichen Christen die Existenz Gottes greifbar, seine Liebe zu uns spiegelt sich wider in der Zuwendung zu anderen Menschen.

Auch die Bibel sagt, dass der Mensch von Natur aus selbstsüchtig ist. Die Beispiele dafür sind zahlreich: Jakobus und Johannes, die im Himmel einen Platz direkt neben Jesus haben möchten, und die anderen Jünger, die darauf mit Unmut reagieren; Jakob, der plant, Esau das Recht des Erstgeborenen wegzunehmen; Lot, der sich das Beste von Abrahams Besitz aussucht; der Priester und der Levit, die auf ihrem Weg nach Jericho an dem verletzten Mann vorbeigehen.

Wir könnten Geschichten aus unserem eigenen Leben hinzufügen. Ich weiß noch, dass ich in der Highschool einmal an einem Treffen des so genannten »Key Club« teilgenommen habe. Im »Key Club« ging es um Dienste an der Allgemeinheit, und einer meiner Freunde kommentierte die Arbeit folgendermaßen: »Der ›Key Club‹ ist für Leute, die absolut nicht wissen, was sie mit ihrer Zeit anfangen sollen.«

Die Ichbezogenheit kann auch bis in Ehe und Karriere hinein fortgesetzt werden, denn dann sind wir einfach zu beschäftigt, um uns um andere zu kümmern. Ich war einmal eingeladen, um bei der Evangelisationswoche eines Colleges einen Vortrag zu halten. Als ich um fünf Uhr nachmittags ankam, trafen sich gerade einige Studenten zu einer Gebetszeit. »Trefft ihr euch einmal in der Woche?«, fragte ich beeindruckt.
»Nein«, antworteten sie. »Jeden Tag.«
Das College hatte keinen eigenen Pastor, der für die Studenten zuständig war. Es war zu klein, meinten die zuständigen Stellen. Studenten leiteten die Gruppe und baten örtliche Pastoren und andere christliche Mitarbeiter darum, bei ihren wöchentlichen Treffen zu sprechen.

Eine junge Frau teilte im Gebet mit den anderen ihre Erlebnisse mit dem Bibelkreis, den sie am Abend zuvor geleitet hatte. Zwei andere Studenten beteten mit uns für eine zweistündige Evangelisation und einen Büchertisch, den sie am nächsten Tag auf dem Campus aufbauen wollten.

Als ich innerlich begann, die Stunden zusammenzurechnen, die diese Studenten ohne Leitung in die Arbeit Gottes investierten, war ich beschämt. Man hat so viel freie Zeit am College, und man ist körperlich auf der Höhe seiner Kraft. Man könnte einen ganzen Tag lang Fußball spielen, ohne Muskelkater zu bekommen. Man kann lange Wanderungen unternehmen

Wenn wir uns um andere kümmern – der Grund dafür kann nur sein, dass wir von Gott berührt worden sind.

und sich den Spätfilm ansehen, ohne einen Babysitter zu brauchen. Eigentlich ist alles möglich – und diese Studenten verbrachten ihre Zeit damit hinauszugehen, um Verlorene zu retten.

Einer der jungen Männer wollte in diesem Sommer heiraten. »Einhundertsechzehn Tage noch«, wurde uns erzählt.

»Herr«, betete eine Studentin, »bitte lass ihn einhundertundsechzehn Arten finden, um dir zu dienen, statt einfach nur auf die Hochzeit zu warten.«

»Amen«, sagte der verlobte Student von ganzem Herzen.

Diese Collegestudenten waren ganz offensichtlich von Gott

berührt worden, der sie aus ihrer natürlichen und sündigen Selbstsucht befreit hatte.

Leider gibt es auch christliche Organisationen, die diese Selbstsucht in uns nicht bekämpfen, sondern sich zunutze machen. Statt dazu aufzufordern, aus Liebe zu Christus Opfer zu bringen, brachte eine nationale Hilfsorganisation einen Werbespot heraus, der Christen zur Mithilfe bei der Bekämpfung von Hunger aufrief – mit der Begründung: »Es gibt dir ein gutes Gefühl.« Diese Botschaft, dieses »du wirst dich gut fühlen«, wurde in dem Spot mehrmals wiederholt. Jemand hat dazu ganz richtig bemerkt, dass Jesus wohl kaum gesagt haben würde: »Nimm dein Kreuz und folge mir nach; du wirst sehen, danach fühlst du dich gut.«[87]

Christen, die Barmherzigkeit und Mitgefühl zeigen, weil sie Gott leidenschaftlich lieben, sind eine prophetische Botschaft für eine ichbezogene Gesellschaft und eine manchmal ebenso selbstbezogene Kirche.

Christen, die Barmherzigkeit und Mitgefühl zeigen, weil sie Gott leidenschaftlich lieben, sind eine prophetische Botschaft für eine ichbezogene Gesellschaft und eine manchmal ebenso selbstbezogene Kirche. Das Herz wahrer Fürsorge ist das echte Opfer. Mutter Teresa von Kalkutta hat gesagt. »Wahre Liebe ist immer schmerzhaft, und sie tut weh; erst dann ist sie wahr und rein.«[88] Wir müssen den mit dem Opfer verbundenen Schmerz durchleben, bevor wir die Freude des Gehorsams erleben können.

Voraussetzung für »prophetische« Fürsorge ist also, dass sie aus Liebe zu Gott geschieht. Wir sollen für andere sorgen, weil wir wissen, dass Gott uns unendlich liebt. Robert Wuthnow, Professor für Soziologie an der Universität Princetown, bezieht sich auf wissenschaftliche Studien, wenn er sagt, dass »ein persönlicher Gott, dem man sich nahe fühlen kann, und ein Glaubenssystem, in dem wir uns als Mensch wertvoll fühlen dürfen«, die Menschen am ehesten zu Fürsorge und Mitgefühl veranlassen. Weiter sagt er: »So weit es überhaupt möglich ist, dies in empirischen Studien zu messen, scheint die Tatsache, dass man sich von Gott geliebt weiß, wirklich in engem Zusammenhang zu stehen mit der Bereitschaft, sich um andere zu kümmern.«[89]

Versuchungen

Andere verurteilen

Wenn unsere geistliche Nahrung darin besteht, sich um andere zu kümmern, dann müssen wir uns immer wieder die Lektion vor Augen halten, die Martha lernen musste. Wir mögen vielleicht denken, dass kontemplative Christen »zu sehr dem Himmel zugewandt sind, um der Erde Gutes tun zu können«, und dass Gebetstreffen Zeitverschwendung sind, wenn wir uns nicht erst darum kümmern, dass die Schmidts von nebenan mit ihrer kranken Mutter regelmäßig eine warme Mahlzeit bekommen. Aber Jesus hat Martha ganz unumwunden gesagt, dass es auch seine Zeit hat, in stiller Anbetung zu seinen Füßen zu sitzen (Lukas 10,38–42).

Wenn man selbst zu den fürsorglichen Christen gehört, ist das kein Freibrief, andere zu verurteilen, die Gott nicht auf die gleiche Weise dienen. Es stimmt, dass alle Christen dazu aufgerufen sind, für andere zu sorgen; aber es gibt verschiedene Wege, um dieses Gebot zu erfüllen, und es steht uns nicht zu, über den Wert des Dienstes anderer zu urteilen.

Anderen dienen als Dienst an sich selbst

Menschen mit geringem Selbstwertgefühl haben manchmal das Bedürfnis, anderen zu dienen, um ihrer eigenen Existenz einen Wert zu verleihen. Fürsorge als geistliches Temperament heißt, dass wir unsere Liebe zu Gott ausdrücken, indem wir uns anderen zuwenden; unser Herz quillt über vor Liebe, und diese Liebe ergießt sich über unsere Nächsten. Krankhafte Fürsorge heißt nehmen, nicht geben; es ist Betrug, wenn wir andere nur lieben, damit sie uns ihrerseits auch Liebe entgegenbringen.

Ein Therapeut hat einmal gesagt: »Ich hasse es regelrecht, wenn Frauen sich ehrenamtlich in Organisationen engagieren, die sich um alle Ungewaschenen dieser Welt kümmern – und das nur deshalb, weil sie es nicht schaffen, ihr eigenes Leben in

Ordnung zu bringen. Wir tun Menschen, die sowieso schon genug Probleme haben, Schreckliches an, wenn sie auch noch unsere Bedürfnisse befriedigen sollen.«[90]

Ein Priester in Los Angeles wurde berühmt für seinen »Dollar-Händedruck«. Er meinte, den Armen zu helfen, indem er jeden Sonntag von Pennertreff zu Pennertreff ging und Dollarnoten unter den Obdachlosen verteilte. Ein Sozialarbeiter meinte trocken, dass dieser Spaziergang »Pater Chase sehr gut tut, den Obdachlosen dagegen gar nicht«[91].

Eingeschränkter Blickwinkel

Aktivistische und fürsorgliche Christen haben mehr gemeinsam, als man denkt. Viele fürsorgliche Christen können unversehens zu Aktivisten werden. Jemand, der sich um Obdachlose in der Innenstadt kümmert, kann gut auch für eine Veränderung der Strukturen kämpfen, die seiner Arbeit im Wege stehen.

Ein fürsorglicher Christ könnte aber leicht der Versuchung erliegen, die Motive des aktivistischen Christen zu verurteilen; dabei können beide gut zusammenarbeiten – der eine sucht nach einer Lösung für die zugrunde liegenden Probleme, der andere tröstet, solange die Probleme bestehen. Man muss sehr genau Acht geben, dass man Fürsorge nicht zu eng definiert und deshalb den Unterschied zwischen langfristiger Fürsorge, die Probleme lösen will, und kurzfristiger Fürsorge, die den Umgang mit den Problemen erleichtert, nicht mehr sehen kann. Beides nämlich hat seinen Platz in der Arbeit am Reich Gottes.

Menschen vernachlässigen, die uns am nächsten stehen

Bei all unserem Eifer, Gott durch Nächstenliebe zu lieben, dürfen wir nicht vergessen, dass Gott der eigenen Familie immer Priorität einräumt. Paulus schreibt an Timotheus: »Wenn aber jemand die Seinen, besonders seine Hausgenossen, nicht versorgt, hat er den Glauben verleugnet und ist schlimmer als ein Heide« (1. Timotheus 5,8). Wenn wir Gott wahrhaftig lieben und nicht nur unsere eigenen Bedürfnisse stillen wollen, dann wird es uns zunächst genügen, für die zu sorgen, die uns am nächsten sind, also für unsere Familie. Es kann die Einstellung einer jungen Hausfrau und Mutter völlig verändern, wenn sie die Fürsorge für ihre Kinder als einen Hauptbestandteil ihrer Anbetung Gottes betrachtet. Ein junger Vater muss begreifen lernen, dass die Veränderung der Welt in seiner eigenen Familie ihren Anfang nimmt.

Sind Sie ein fürsorglicher Christ?

Dominiert bei Ihnen das geistliche Temperament des fürsorglichen Typs? Bewerten Sie die folgenden Aussagen auf einer Punkteskala von fünf (sehr zutreffend) bis eins (gar nicht zutreffend). Schreiben Sie die Ergebnisse auf die dafür vorgesehene Linie.

_____ 1. Ich fühle mich Gott am nächsten, wenn ich ihn in den Armen, den Kranken und den Gefangenen entdecken kann. Ich spüre seine Gegenwart am intensivsten, wenn ich still am Bett eines einsamen oder kranken Menschen sitze oder wenn ich einen Bedürftigen mit Essen versorge. Wenn jemand mitgenommen werden muss oder sonst irgendwo Hilfe benötigt wird, bin ich zur Stelle.

_____ 2. Ich bin es Leid, immer wieder auf Christen zu stoßen, die ihre Zeit mit Singen verbringen, während ein kranker Nachbar dringend eine warme Mahlzeit benötigt oder eine bedürftige Familie keinen hat, der ihr bei der Reparatur ihres Autos behilflich ist.

_____ 3. Die Worte *Dienst* und *Mitgefühl* sprechen mich an.

_____ 4. Ich spüre die Kraft Gottes, wenn ich einen Freund berate, der seinen Arbeitsplatz verloren hat; wenn ich für eine bedürftige Familie Mahlzeiten vorbereite oder ihnen bei der Reparatur ihres Autos helfe; wenn ich in einem 14-tägigen Bau-Camp zerstörte Häuser im Kosovo wieder herrichten kann.

_____ 5. Ein Buch mit dem Titel »99 Wege zur Nachbarschaftshilfe« wäre für mich reizvoll.
_____ 6. Ich würde lieber jemanden gesund pflegen oder einer Familie beim Hausbau helfen, als in der Sonntagsschule mitzuarbeiten, Einkehrtage mit Gebet und Fasten zu verbringen oder einen einsamen Spaziergang durch die Wälder zu machen.

Gesamtpunktzahl: _____

Jede Punktzahl über 15 deutet darauf hin, dass Sie eine Tendenz zu diesem geistlichen Temperament haben. Tragen Sie Ihre Punktzahl in die Tabelle im letzten Kapitel, auf Seite 246 ein, damit Sie ein vollständiges Bild davon bekommen, auf welche Weise Sie Gott am besten Ihre Liebe zeigen können.

Einladung – Eine heilige Berufung

Es ist eine Sache zu sagen, dass wir glauben; eine andere Sache ist es, Mitgefühl mit anderen zu zeigen und Unannehmlichkeiten in Kauf zu nehmen, weil wir glauben. Es ist zwar die Pflicht eines jeden Christen, sich um andere zu kümmern, manche von uns aber haben eine besondere Gabe und Berufung für solche Aufgaben. Akte der Gnade sind für sie eine wunderbar praktische Art, ihre Liebe zu Gott zu zeigen und sie gleichzeitig zu vertiefen. Fürsorgliche Christen hören Gottes Stimme klarer und deutlicher, wenn sie einem Erwachsenen die Windeln wechseln, als wenn sie still sitzen und beten.

Es ist eine Sache zu sagen, dass wir glauben; eine andere Sache ist es, Mitgefühl mit anderen zu zeigen und Unannehmlichkeiten in Kauf zu nehmen, weil wir glauben.

Eine hohe und heilige Berufung. Sie ist nicht so spektakulär wie die, vor vielen Menschen predigen zu können, aber ich bin überzeugt, dass sie für unseren Vater im Himmel unendlich kostbar ist.

7.
Der enthusiastische Typ:
Gott lieben durch Mysterien und Feiern

»Es gibt schlechtere Orte, um zu sterben«, dachte ich und sah hoch zu der sonnenbeschienenen Spitze des Crystal Mountain, einem Berg im Bundesstaat Washington. Ein paar »Freunde« wollten mir etwas Gutes tun und hatten mich mitgenommen zu meinem ersten (und sicher auch letzten) alpinen Skierlebnis. Ich war damals alt genug, um zu wissen, dass ein Körper, dessen Kontakt zum Boden lediglich aus zwei dünnen Brettern ohne Bremsen besteht und der – vorbei an Bäumen und Felsbrocken – in halsbrecherischem Tempo den Berg hinunterrast, gewissen Gefahren ausgesetzt ist. Leider lag auch ein früher Tod im Bereich des Möglichen – und das bereitete mir doch erhebliche Magenschmerzen.

Nachdem ich eine Weile herumprobiert und dabei versucht hatte, die Fünfjährigen zu ignorieren, die mit – so schien es mir – völlig geraden Skiern an mir vorbeisausten, entschieden meine Freunde, dass es wohl das Beste für mich und meine Lernerfolge sei, wenn ich mit ihnen bis ganz nach oben auf den Berg fahre. Wer hoch kommt, der kommt auch wieder runter, so dachten sie.

Ich sah also hinauf zum Crystal Mountain und versuchte zu entscheiden, was mir lieber wäre: mich vor meinen Freunden zu verweigern und als feige zu gelten, woran sie mich wahrscheinlich immer wieder erinnern würden, oder ein schöner, schneller Tod durch Zerlegung in meine Einzelteile. Ich entschied mich für Letzteres.

Der Bergrücken sah aus wie ein schneebedeckter Abgrund, der direkt in eine eisige Hölle führte. Ich verdrängte meine Angst und dehnte eine Abfahrt von normalerweise fünf Minuten auf anderthalb Stunden aus. Meinen Freunden sagte ich, dass ich sichergehen wolle, keinen anderen umzufahren; sie

dagegen machten sich mehr Sorgen um das, was hinter mir geschah, als um das, was vor mir lag. »Fahr bloß nicht in der Mitte der Piste«, warnte mich einer von ihnen.
»Da fahren sie ein bisschen schneller, oder?«, fragte ich.
»Man könnte sagen, sie bewegen sich jedenfalls vorwärts.«
Ich sah wohl, dass Ski fahren potenziell eine sehr attraktive Sportart sein konnte, aber damals fehlten mir einfach Wille und der Mut dazu, die Skier »laufen zu lassen« und den Berg auf diese Weise hinunterzukommen. Man kann nicht gut Ski fahren, wenn man alle fünf Meter die eigene Geschwindigkeit kontrollieren muss. Um noch bis zum Abendessen unten anzukommen, hätte man die Skistöcke unter die Arme klemmen, die Skier talwärts richten und losfahren müssen – so wurde mir jedenfalls gesagt.

Enthusiasten mögen es, aus sich herauszugehen und Gott als aufregendes Abenteuer zu erleben, das sie zutiefst ergreift.

Alpine Skifahrer erinnern mich an enthusiastische Christen. Ich fühlte mich fast versucht, dieses Kapitel anders zu nennen: »Gott lieben mit Genuss«. Enthusiasten zelebrieren ihren Gottesdienst und ihre Anbetung gern. Menschen mit diesem geistlichen Temperament mögen es, aus sich herauszugehen und Gott als aufregendes Abenteuer zu erleben, das sie zutiefst ergreift.

Das macht den Enthusiasten sicher zu einem der umstritteneren geistlichen Temperamente. Wenn wir aber einen ehrlichen und offenen Blick in die Bibel werfen, dann stellen wir fest, dass es auch damals gläubige Menschen gab, die Gott vor allem im Feiern, durch übernatürliche Ereignisse und durch geheimnisvolle Offenbarungen erlebten.

Ich kann die Furcht verstehen, die viele Christen dabei empfinden: Übernatürliche Erfahrungen können sehr schnell auf Abwege führen. Gerade deshalb brauchen wir auf diesem Gebiet fundierte biblische Lehre. Denn wenn die christliche Kirche diese von Jesus und den Aposteln angewandten und gelehrten Praktiken nicht bejaht und erklärt, wie wir damit umgehen sollen, dann treibt sie die Menschen dazu, Erfahrungen dieser Art außerhalb der Kirche zu suchen. Der beste Schutz gegen New-

Age-Meditationen ist zum Beispiel die biblisch fundierte christliche Meditation. Manche Christen versuchen vielleicht, ihr seelisches Verlangen nach Transzendenz zu verleugnen, aber es gelingt ihnen nicht. Entweder wir lehren die Menschen, Gottes Gegenwart so zu erfahren, wie Gott es für sie vorgesehen hat, oder wir lassen sie allein in solche Erfahrungen hineinstolpern. Wenn es nur diese beiden Möglichkeiten gibt – und davon bin ich überzeugt –, dann weiß ich, was ich will: Ich will das tun, was die ersten Apostel taten, und das mit der gleichen Besonnenheit.

Im Mittelpunkt meiner Beschreibung des enthusiastischen Temperamentes stehen zwei Begriffe: *Mysterium* und das *Feiern*. Sie helfen uns zu verstehen, was für diesen Typ Christ so wichtig ist. Ich werde jeden der Begriffe getrennt bearbeiten.

Das Mysterium des Glaubens

»Gary, woher weiß ich, was Gottes Wille ist?«

»Es gibt vier Wege, um das herauszufinden«, begann ich zu erklären – und dachte innerlich: »Das war mir ja selbst nicht klar – woher kam das gerade?« Die vier Schritte kamen mir nacheinander in den Sinn, sobald ich sie brauchte. Ich habe mit unzähligen Lehrern und Seelsorgern gesprochen, die solche Erfahrungen gut kannten.

»Gott«, so betete ich bei anderer Gelegenheit, »ich weiß eigentlich, dass dies keine gute Art ist, um zu erkennen, was du willst; aber wenn ich dieses medizinische Praktikum tatsächlich machen soll, dann muss ich die Rechnungen dafür bezahlen. Ich brauche also bis Ende der Woche dreihundert Dollar.«

Am nächsten Tag bekam ich einen Anruf von einem guten Freund. »Gary«, sagte er. »Jill und ich haben beim Beten das Gefühl gehabt, dass Gott will, dass wir dir etwas schenken.« Das Geschenk bestand aus einem Scheck über dreihundert Dollar.

Wahrscheinlich hat jeder von uns schon einmal etwas Ähnliches erlebt – entweder als gebender oder als nehmender Part. Vielleicht haben wir irgendwann einmal ganz automatisch solch eine Gabe Gottes angewandt und etwas gesagt, das in unseren eigenen Ohren fremd, aber sehr richtig klang – und dann haben wir gedacht: »Wo um alles in der Welt kam das her?« Oder eines unserer Gebete ist auf wunderbare Weise beantwortet worden, auf eine Weise, die einen Zufall unmöglich macht.

Man kommt nicht um die Tatsache herum, dass das Christsein seine »mystischen« Seiten hat. Der Gott, dem wir dienen und den wir anbeten, ist ein übernatürlicher Gott, der sich uns auch auf übernatürliche Weise zeigt. So gesehen trägt jeder Christ etwas von einem Enthusiasten in sich. Wer aber zum geistlichen Temperament des Enthusiasten gehört, der wird solche Erlebnisse und Erfahrungen auf besondere Weise als seelische Nahrung empfinden. Enthusiasten möchten das Mysterium des Glaubens bewahren. Sie wissen, dass es bei Gott und im Christentum Dinge gibt, die man nicht vollständig ergründen und verstehen kann. Gefährlich wird eine solche Auffassung, wenn sie nicht mehr intellektuell hinterfragt und geerdet wird. Wenn sie aber eingebettet ist in Demut, in das tiefe Verständnis, dass Gott Geist ist und wir Fleisch, und in das Wissen, dass Gott die Kontrolle hat und nicht wir –, dann ist sie die gesunde Antwort auf eine fantastische Beziehung zwischen zwei ungleichen Partnern.

Man kommt nicht um die Tatsache herum, dass das Christsein seine »mystischen« Seiten hat. Der Gott, dem wir dienen und den wir anbeten, ist ein übernatürlicher Gott, der sich uns auch auf übernatürliche Weise zeigt.

Das Mysterium des Glauben als gegeben anzunehmen kann also gleichzeitig eine Stärke und eine Gefahr sein: In der Bibel wird einerseits viel von solchen Mysterien und von übersinnlichen Ereignissen berichtet, andererseits finden wir dort aber auch viele ernst zu nehmende Warnungen vor falschen »spirituellen« Praktiken.

Gefahren

Viele spirituelle Praktiken sind dem Christen ausdrücklich verboten. In 5. Mose 18,10–12 zum Beispiel finden wir eine Liste solch verbotener Praktiken: Kinder durch das Feuer gehen lassen, Hexerei, Hellseherei, Zauberei, Zeichendeuterei, Anwendung von Zaubersprüchen, Geisterbeschwörung und Kontaktaufnahme mit Toten. Die Bibel ist hier ganz eindeutig: »Denn wer dies tut, der ist dem Herrn ein Gräuel.« Die heidnischen Völker verließen sich auf solcherlei Praktiken, aber das Volk Gottes sollte dem folgen, was der Prophet (5. Mose 18,14–16) und später Jesus Christus (Apostelgeschichte 3,19–26) gesagt hatten.

Als Nächstes gilt: Gott hat uns unseren Verstand und seine unverrückbaren biblischen Offenbarungen gegeben. Ihre Bedeutung kann in keinem Fall geringer sein, als »die Stimme Gottes zu hören«. Wahrscheinlich kennen wir alle Christen, die bei allem, was sie tun, »Gott fragen«.

»Kommst zu mit zu McDonald's?«, fragen wir zum Beispiel.

»Einen Augenblick«, kommt die Antwort. Dann wird kurz der Kopf gesenkt, und kurze Zeit später heißt es: »Nein, geht nicht.«

»Warum nicht?«

»Gott hat gesagt, ich soll nicht gehen.«

Noch wahrscheinlicher ist, dass wir schon einmal Christen begegnet sind (vielleicht gehören wir ja selbst dazu), die wie Gideon jedes Mal ein Vlies aus Wolle auslegen, bevor sie einen Job annehmen oder sonst irgendetwas in Bewegung setzen. Was Gott mit Gideons Wollvlies macht, wird in der Bibel ganz eindeutig als Zugeständnis Gottes dargestellt und nicht als nachahmenswertes Modell. Und doch scheint es in uns ein tiefes Bedürfnis danach zu geben, für eine Entscheidung mehr zu haben als einen guten Grund.

> *Gott hat uns den Verstand geschenkt und er verachtet uns nicht, wenn wir ihn auch einsetzen; er wird sogar eher ärgerlich, wenn wir ihn vernachlässigen.*

Wie aber können wir Mysterium und Verstand in ein ausgewogenes Verhältnis bringen? Das Scheitern von König Saul ist hier sehr lehrreich.

Saul missachtete die klaren Offenbarungen Gottes und brachte aus eigenem Antrieb ein Opfer dar, weil er einer plötzlichen Eingebung folgte. Das brachte ihn in große Schwierigkeiten (1. Samuel 13,12). Gott hat uns den Verstand geschenkt und er verachtet uns nicht, wenn wir ihn auch einsetzen; er wird sogar eher ärgerlich, wenn wir ihn vernachlässigen. Ganz sicher erwartet er nicht von uns, kritiklos jeder Eingebung zu folgen, vor allem dann nicht, wenn uns das Gegenteil offenbart und schriftlich festgehalten wurde.

Segnungen

Neben den Warnungen gibt es in der Bibel aber auch viele Beispiele dafür, dass das »Mysterium« Teil des Glaubens geworden ist. Auf drei Bereiche will ich hier näher eingehen: auf *Träume*, *Erwartungen* und *Gebet*.

Träume

Einer der Wege, die Gott auf geheimnisvolle Weise genutzt hat und heute noch nutzt, um mit uns in Kontakt zu treten, sind Träume. Tatsächlich können die meisten Christen in meinem Bekanntenkreis aus ihrem eigenen Leben von ein oder zwei sehr bedeutsamen Träumen erzählen.

Vor einigen Jahren wachte ich am Ende eines Urlaubs mitten in der Nacht wegen eines sehr lebendigen Traums auf. Ich hatte geträumt, mein damaliger Chef habe gekündigt, und ich hatte seinen Nachfolger gesehen, einen dünnen Mann mit schütterem Haar. Nach dem Aufwachen verbrachte ich eine Zeit in intensivem Gebet und drehte und wendete den Traum in meinen Gedanken hin und her, bis ich ihn am nächsten Morgen meiner Frau erzählen konnte.

Zurück am Arbeitsplatz erfuhr ich, dass man meinem Chef in eben jener Nacht, in der ich geträumt hatte, eine andere Stelle innerhalb der Organisation angeboten hatte. Er sollte durch einen neuen Präsidenten ersetzt werden. Diese Situation war für ihn inakzeptabel, und deshalb hatte er nach langen und zähen Verhandlungen gekündigt. Ein paar Wochen später wurde sein Nachfolger ernannt: ein dünner Mann mit schütterem Haar.

Warum hatte ich diesen Traum? Mindestens zwei Antworten fallen mir dazu ein: Erstens ging es einem Menschen, der mir nahe stand, schlecht, und ich konnte in dieser Situation für ihn beten; zweitens diente mir dieser Traum als Vorbereitung für größere Veränderungen in meinem eigenen Leben. So hatte ich mehr Zeit, mich auf die Probleme vorzubereiten, die vor mir lagen, obwohl ich nach »weltlichem« Ermessen noch gar nicht wissen konnte, worum es ging.

Ich habe mit vielen Christen gesprochen, denen das Gleiche passiert ist: Sie haben Gott im Schlaf gehört. Manchmal war der Traum eine klare Richtungsweisung, manchmal eine neue Einsicht in einer schon lange währenden Auseinandersetzung, manchmal eine Ermutigung und manchmal ein Tadel. Die meisten jedenfalls sind durch diese Erfahrung in ihrem Glauben gestärkt worden.

Gott spricht durch Träume. Dafür finden wir auch in der Bibel unzählige Beispiele. Er hat auf diese Weise zu Jakob, Josef, Salomo und Daniel gesprochen (1. Mose 28,10–15; 37,1–11; 1. Könige 3,5–10; Daniel 7,1). Joel prophezeite, dass der Geist Gottes über die Glaubenden ausgegossen werden wird und dann »die alten Männer (...) bedeutungsvolle Träume und die jungen Männer Visionen« haben werden (Joel 2,28; *Hoffnung für alle)*.

Auch im Neuen Testament finden wir Berichte darüber, wie Gott in Träumen zu Menschen gesprochen hat. Beispiele sind Josef und die drei Weisen aus dem Morgenland (Matthäus 1,20; 2,12). Darüber hinaus wird an verschiedenen Stellen von Visionen berichtet, die sich von Träumen insofern unterscheiden, als der Mensch, der die Vision hat, wach ist. Paulus, Ananias, Cornelius und Petrus – sie alle empfingen solche Visionen von Gott (Apostelgeschichte 9,3–9+10–16; 10,3–6+9–18; 16,9).

Der Gedanke, dass Gott durch Träume zu uns spricht, deckt sich mit dem, was wir über das Wesen Gottes wissen. Er ist Tag und Nacht um uns, spricht zu uns, wenn wir schlafen, und beweist so einmal mehr, dass sein Wesen im Gegensatz zu uns unendlich und grenzenlos ist. Gott hat uns viel zu sagen, aber wir sind oft zu beschäftigt, um zuzuhören. Wir haben zu viel Anderes im Sinn, und manchmal ist es so viel, dass wir selbst im

Gebet nur noch unsere eigenen Anliegen vorbringen und völlig vergessen zu hören. Träume sind für Gott eine Möglichkeit »durchzudringen« und uns etwas zu vermitteln, was wir während des Tages nicht hören würden.

All das muss man jedoch sehr vorsichtig im Kontext betrachten. Ich würde niemals von einem Traum sagen, er komme von Gott, wenn er im Widerspruch zu den Offenbarungen der Schrift steht. Und ich würde nie eine wichtige Entscheidung allein von einem Traum abhängig machen. Aber ich habe festgestellt, dass Gott mir eine Einsicht oder eine Warnung zukommen lassen kann, wenn ich offen dafür bin, solche Botschaften im Traum zu empfangen.

Ebenso wie in der Bibel wird auch aus der Kirchengeschichte immer wieder berichtet, dass Gott durch Träume gesprochen hat. Die Mutter von Augustinus träumte, dass ihr Sohn sich zum Glauben bekehren würde. Deshalb fand sie die Kraft, immer weiter für ihn zu beten – bis Augustinus sich tatsächlich zu Jesus Christus bekehrte. Auch Christen wie Justin der Märtyrer, Irenäus, Clemens von Alexandrien, Tertullian, Athanasius, Basilius der Große, Gregor von Nazianz, Gregor von Nyssa, Johannes Chrysostomus, Ambrosius, Hieronymus und viele andere haben berichtet, dass Gott durch Träume zu ihnen sprach.[92]

John Wesley schrieb in sein Tagebuch:

> Was ich in Bezug auf Visionen und Träume zu sagen habe, ist dies: Ich kenne mehrere Menschen, die erleben durften, dass entweder der gekreuzigte Christus oder der glorreiche Christus ihnen im Traum oder als starker Eindruck vor dem inneren Auge erschien. Dies ist eine Tatsache; jeder möge darüber urteilen, wie er mag.[93]

Zwanzig Jahre später äußerte Wesley Verständnis für die Angst, die man vor Träumen haben kann, und bestätigte, dass der Satan gute Träume »nachahmen« könne. Trotzdem war er immer noch der Meinung, dass Träume ihre Berechtigung haben:

> Früher lag die Gefahr darin, außerordentlichen Umständen zu viel Bedeutung beizumessen. (...) Heute liegt die Gefahr

darin, dies zu wenig zu tun. Man neigt dazu, Träume vollständig zu verurteilen und davon auszugehen, dass sie nichts mit Gott zu tun haben und sein Werk nur behindern. Die Wahrheit jedoch liegt anders. (...) Um die Gläubigen zu stärken und zu ermutigen und um sein Werk sichtbarer zu machen, hat (Gott) einige von ihnen mit der Gabe ausgestattet, göttliche Träume zu empfangen, andere mit der Gabe, Trancen und Visionen zu erleben.[94]

Sobald wir allerdings anfangen, auf Träume um ihrer selbst willen zu warten, geht es nicht mehr um geistliches Wachstum, sondern um eine spirituelle Spielwiese. Auf der anderen Seite macht es wenig Sinn, die Brauchbarkeit von etwas infrage zu stellen, nur weil die Möglichkeit des Missbrauchs besteht.

Es gibt aber durchaus Hilfen und Absicherungen zum Thema Träume.

Die Bedeutung des Hörens.

Trotzdem liegt der Nutzen biblisch und historisch gesehen so sehr auf der Hand, dass wir zumindest die Möglichkeit in Betracht ziehen sollten, dass Gott auf diesem Wege zu uns spricht.

Viele Christen schenken ihren Träumen keinerlei Aufmerksamkeit. Sie haben die Möglichkeit, dass Gott durch Träume zu ihnen sprechen könnte, völlig ausgeschlossen. In der Tat sind ja auch die meisten unserer Träume keine Botschaften Gottes – wir werden das gleich noch genauer betrachten. Trotzdem liegt der Nutzen biblisch und historisch gesehen so sehr auf der Hand, dass wir zumindest die Möglichkeit in Betracht ziehen sollten, dass Gott auf diesem Wege zu uns spricht. Wenn wir nicht hören, dann verpassen wir vielleicht eine wichtige Warnung oder Korrektur.

Die Bedeutung eines Gebetstagebuchs. Die meisten Träume hat man nach ein paar Minuten schon vergessen, wenn man sie nicht aufschreibt. Wenn wir ein Gebetstagebuch führen und unsere Träume darin festhalten, dann nehmen wir ernst, dass wir Anweisungen von Gott erhalten. Es bietet uns die Möglichkeit, zu reflektieren und zu beurteilen, was wir gehört haben. Es hilft uns auch dabei, unseren Traum anderen erzählen zu können und zu überprüfen, ob wir uns nicht vielleicht selbst betrogen haben.

Die Bedeutung des Sinns. Die Träume, die eindeutig von Gott kamen, konnte ich sehr klar und eindeutig »interpretieren«. Wenn Gott spricht, muss ich nicht mühsam nach einer Erklärung suchen. Ich wache auf und habe verstanden. Dies ist auch bei unseren biblischen Vorgängern ein wichtiger Punkt. In der Bibel konnten Menschen, die nicht zum Volk Gottes gehörten – so zum Beispiel der Pharao und Nebukadnezar – ihren Traum nicht verstehen. Sie mussten Josef bzw. Daniel nach dessen Bedeutung fragen (1. Mose 41,15; Daniel 2,17–19). Menschen, die zu Gott gehörten, wie zum Beispiel Josef und Paulus, wussten dagegen sofort nach dem Erwachen, was ihre Träume zu bedeuten hatten (1. Mose 37,5; Apostelgeschichte 16,9–10).

Deshalb sollten wir sorgfältig unterscheiden zwischen den Denkansätzen, die Träume durch Psychoanalyse und Symbole zu erklären versuchen, und dem biblischen Verständnis, nach dem sowohl der Traum als auch seine Bedeutung nach dem Aufwachen klar sind. Wenn das nicht der Fall ist, dann sollte man mit Schlussfolgerungen vorsichtig umgehen und auf zusätzliche Bestätigung warten.

Die Bedeutung der Gemeinschaft. Jeder Versuch, dieses Gebiet christlicher Spiritualität ohne Anbindung an die christliche Gemeinschaft zu entdecken, ist absolut gefährlich. Ohne die feste Grundlage biblischer Wahrheit als Maßstab, ohne die Weisheit christlicher Tradition und ohne die Begleitung durch Mitchristen als Korrekturmöglichkeit können wir leicht vom richtigen Weg abkommen. Wenn Sie keine Verbindung zu einer Gemeinde haben, dann sollte Ihr nächster Schritt zum geistlichen Wachstum darin bestehen, eine zu finden.

Die Bedeutung des Blickwinkels. Wenn Sie anfangen, die Möglichkeit zu akzeptieren, dass Gott durch Träume zu Ihnen spricht, dann könnte es passieren, dass Sie sich plötzlich wesentlich öfter an Ihre Träume erinnern. Schon die Tatsache, dass Sie morgens beim Aufwachen versuchen, sich auf Ihre Träume zu besinnen, wird schon nach wenigen Tagen dazu führen, dass Ihnen das immer besser gelingt. Weil wir aber jede Nacht träumen, kann es auch gefährlich werden, immer auf die eigenen Träume zu hören. Warum? Das hat uns bereits Tertullian beantwortet.

Er war überzeugt davon, dass Träume drei Quellen haben konnten: die ganz natürliche Arbeit unserer Seele, Dämonen oder Gott.[95] Unsere Seele verarbeitet nachts die Erlebnisse des Tages, aber auch unsere unbewussten Ängste und Sehnsüchte. Daraus resultieren vermutlich mindestens achtundneunzig Prozent unserer Träume. Die verbleibenden zwei Prozent kommen aus den beiden anderen Quellen. Wenn wir Tertullians Einteilung in drei verschiedene Quellen übernehmen, dann können uns also zwei von drei Quellen in die Irre führen. Wenn wir die Sorgen und Ängste, die in unseren Träumen zum Vorschein kommen, als »Seelenarbeit« identifizieren, dann wollen wir unser Leben sicher nicht davon bestimmen lassen. Selbst unsere verborgenen Sehnsüchte, die sich im Traum offenbaren, können uns auf einen falschen Weg führen, wenn sie im Gegensatz zu Gottes Willen für uns stehen.

Und weil der Satan, so sagt es jedenfalls Tertullian, unsere Träume nutzen kann, um sich als Engel des Lichtes zu maskieren, müssen wir sehr vorsichtig abwägen, welche Träume wir annehmen. Ich habe einmal den Bericht einer Frau gelesen, die einen ihrer Träume von einem christlichen Seelsorger deuten ließ. Er fand heraus, dass sie dazu aufgefordert worden war, sich von ihrem Mann scheiden zu lassen. An solche Schlussfolgerungen denke ich, wenn von »interpretieren« die Rede ist – und das bereitet mir Unbehagen. Nicht nur der Ursprung der Träume muss sorgfältig unter die Lupe genommen werden, sondern auch ihre Interpretation. Die Bibel nennt sehr eindeutig die Gründe, die eine Scheidung rechtfertigen – es sind nur sehr wenige. Und ein Traum sollte niemals dazu benutzt werden, etwas zu tun, was der biblischen Lehre widerspricht.

Gott benutzt in der Bibel Träume, und ich habe in meinem eigenen Leben und auch durch Erfahrungen anderer entdeckt, dass er dies in begrenztem Maße auch heute noch tut. Wir müssen aber unbedingt vermeiden, unseren Glauben darauf zu reduzieren, jeden Morgen nach dem Aufwachen zu fragen: »Und, was hat Gott mir in dieser Nacht gesagt?« Denn das wäre ganz eindeutig Missbrauch eines Werkzeugs, das Gott ab und zu einsetzt, um sein Volk zu leiten. Um Gottes Stimme zu hören, ist das beste und erste Mittel immer noch der Griff zur Bibel.

Erwartung

Als junger Collegestudent traf ich mich jeden Freitagnachmittag mit ein paar anderen Studenten im oberen Stockwerk eines Wohnheims zum gemeinsamen Gebet. Diese »Dachstuben-Treffen«, wie wir es nannten, waren eine wichtige Vorbereitung auf die wöchentlichen College-Versammlungen am Freitagabend. Was war die Antriebsfeder zu diesen Gebetstreffen? – Die Erwartung. Wir erwarteten, dass Gott handeln würde – und er hat dieser Erwartung oft entsprochen.

Enthusiasten »brauchen« diese Erwartung als Aspekt ihres Glaubens. Ein durchgeplantes Programm, bei dem nicht fest damit gerechnet wird, dass Gott handelt – selbst wenn er sich dagegen entscheidet –, wäre für Menschen mit diesem geistlichen Temperament geradezu unerträglich.

Das Problem ist, dass die Gemeinde als Institution Grenzen setzen muss. Wenn jeder, der gerade das Gefühl hat, Gottes Gegenwart zu spüren, im Gottesdienst anfangen würde zu verkündigen oder zu belehren, dann würde der Sonntagmorgen zu einer Karnevalsfeier verkommen. Paulus hat dieses Thema ausführlich in seinem Briefwechsel mit den Korinthern behandelt. Deshalb mache ich enthusiastischen Christen immer Mut, ihre innere Erwartung in ihrem Alltagsleben mit Gott auszuleben, das – von Montag bis Samstag gerechnet – immerhin sechs Tage umfasst.

Enthusiasten »brauchen« diese Erwartung als Aspekt ihres Glaubens. Ein durchgeplantes Programm, bei dem nicht fest damit gerechnet wird, dass Gott handelt – selbst wenn er sich dagegen entscheidet –, wäre für Menschen mit diesem geistlichen Temperament geradezu unerträglich.

Der Enthusiast könnte Gott zum Beispiel jeden Morgen nach dem Aufwachen bitten, ihm einen Menschen über den Weg zu schicken, dem er dienen kann. Dann könnte er den ganzen Tag in gespannter Erwartung verbringen: Er muss ständig mit wachen Sinnen Ausschau halten, ob sich ihm eine Möglichkeit bietet, um zum Beispiel von seinem Glauben zu erzählen oder einen niedergeschlagenen Mitchristen aufzurichten – eine Energiequelle für den enthusiastischen Christen, denn auf diese Weise wird Gottes Handeln für ihn sichtbar.

Die Bedürftigkeit in dieser Welt ist groß, und Gott weiß darum. Wenn wir mit ihm zusammenarbeiten, dann können wir uns sozusagen in übernatürlichen Sphären bewegen, und zwar ganz real. Dass das stimmt, habe ich bei einem Bummel durch ein Einkaufszentrum gespürt. Ich wollte damals einem Freund helfen, einen kleinen Teddybären für den Sarg seines tot geborenen Sohnes zu suchen. Wir versuchten, eine normale Unterhaltung mit verschiedenen Verkäufern zu führen, während wir uns innerlich wund und zerschlagen fühlten und uns eigentlich nach Weinen zumute war. Es war eine echte Zerreißprobe.

Es hat mich tief betroffen gemacht, dass ich seitdem jedes Mal, wenn ich ein Einkaufszentrum betrete, sofort das Gefühl habe, dass dort jemand ist, der genauso empfindet wie mein Freund und ich damals an jenem Tag. Vielleicht hat sie oder er gerade erfahren, dass sie oder er selbst oder ein geliebter Mensch Krebs hat; vielleicht durchlebt sie oder er gerade eine Scheidung oder die Eltern lassen sich scheiden; vielleicht ist der Ehepartner gerade entlassen worden; ein anderer vermutet vielleicht, dass der Ehepartner eine Affäre hat. Viele Menschen müssen durch tiefe Lebenskrisen gehen, aber weil wir so beschäftigt sind oder weil uns die Erwartung fehlt, verpassen wir die Möglichkeit, ihnen auf übernatürliche Weise zu dienen.

Auch geistliche Risikobereitschaft kann der Erwartung eines Enthusiasten Nahrung geben. Man beginnt zum Beispiel eine Unterhaltung mit einem Fremden in der Hoffnung, mit ihm schließlich über den Glauben zu reden, oder man begibt sich, vom Glauben getragen, in eine völlig fremde Situation. Das alles ist für den enthusiastischen Christen eine willkommene Herausforderung des Glaubens. Sicher müssen wir Acht geben, nicht vermessen zu werden, denn Gott ist nicht dazu verpflichtet, uns jeden Tag oder auch nur jeden Monat solche aufregende Erlebnisse zu bieten. Auf der anderen Seite sind Selbstzufriedenheit und lauwarme Gleichgültigkeit nicht weniger sündhaft wie Vermessenheit.

Seien Sie bereit, sich auszustrecken. Laufen Sie nicht vor Situationen davon, deren natürliche Hindernisse unüberwindbar scheinen. Schaffen Sie in Ihrem Leben Raum für das Handeln Gottes. Wenn das Geld knapp ist und Sie eine größere Anschaffung tätigen müssen, dann geben Sie Gott eine Chance, für Sie zu sorgen. Wenn genug Geld vorhanden ist, dann seien Sie offen für Hinweise darauf, wie Sie anderen damit helfen können.

Gebet

Gibt es irgendetwas Geheimnisvolleres als Gebet? Im Gebet rufen wir ein Wesen an, das wir nicht sehen können, und wir bitten es, das zu ändern, was wir sehen können. Enthusiasten müssen sich in ihrem Leben Gebetsnischen schaffen, und sie müssen es lernen, darauf zu vertrauen, dass Gott plötzlich auf unerwartete Weise handelt.

Dabei gibt es aber einen Aspekt, mit dem Enthusiasten nur schwer umgehen können und gegen den sie oft rebellieren: wenn ihr Gebet unbeantwortet bleibt oder, genauer gesagt, die Antwort »Nein« lautet. Manchmal beantwortet Gott unsere Gebete mit »Ja«, und das ist – besonders für Enthusiasten – berauschend; so berauschend, dass daraus unversehens eine Abhängigkeit entstehen kann. Dann fordern wir von Gott, jedes Gebet mit »Ja« zu beantworten. Wenn die Antwort auf ein Gebet nicht so erfolgt, wie wir es erwartet haben, dann kann auch Folgendes passieren: Wir sind überzeugt, dass es in unserem Leben eine versteckte Sünde gibt, oder wir nicht genug glauben,

Wenn wir erwarten, dass Gott alle unsere Gebete mit »Ja« beantwortet, dann wollen wir zwar von seiner Allmacht profitieren, aber nicht von seiner Allwissenheit.

und dann unterziehen wir uns vielleicht einer quälenden, aber fruchtlosen inneren Prüfung, um irgendeine Kleinigkeit zu finden, die falsch gelaufen ist.

Gesagt worden ist es schon oft, aber es ist so wichtig, dass ich es hier wiederholen möchte: Wenn wir erwarten, dass Gott alle unsere Gebete mit »Ja« beantwortet, dann wollen wir zwar von seiner Allmacht profitieren, aber nicht von seiner Allwissenheit. Im Nachhinein bin ich froh, dass Gott manche meiner Gebete mit »Nein« beantwortet hat. Das Geheimnis des Glaubens schließt mit ein, an einen Gott zu glauben, den wir nicht immer verstehen können. Solange das Ergebnis in seinem Sinne ist und Gott auf eine Art und Weise antwortet, dass uns die Knie weich werden, findet der Enthusiast das wunderbar. Viel weniger aufregend ist es jedoch, wenn er den Eindruck gewinnt, Gott würde schweigen, verhalte sich gleichgültig oder sogar grausam. Ein Geheimnis ist und bleibt ein Geheimnis. Es kann aufregend sein, aber eben auch frustrierend. Wir können das Eine nicht ohne das Andere haben.

Wir alle müssen reifen – und deswegen wird jeder Enthusiast dieses Tal der unbeantworteten Gebete durchqueren müssen, in dem die Erwartung austrocknet und das einzig Geheimnisvolle darin zu bestehen scheint, dass man nicht weiß, wo Gott sich versteckt hat. Wenn wir die Heiligung als Ziel vor Augen haben, dann gehört dieser Streckenabschnitt zum Weg dazu. Wenn wir das verstanden haben, dann wissen wir auch, dass dieser Abschnitt ein Ende hat – das Timing allerdings liegt bei Gott und nicht bei uns.

Formen des Feierns

Die eine Art geistlicher Nahrung für den Enthusiasten ist das Mysterium. Es gibt noch eine andere: das Feiern. Werfen wir also einen Blick darauf, wie das Feiern in Glauben und Anbetung eingebettet und gepflegt werden kann.

Ich werde nie den Morgen vergessen, an dem ich mein erstes vollständiges Buch an den Verleger abschickte. Gut neun Jahre schrieb ich damals schon und hatte die ganze Zeit auf diesen Tag hingelebt. Ich hatte über hundertfünfzig Mal erlebt, dass Artikel und Buchkonzepte glattweg abgelehnt worden waren. Ich hatte einige Manuskripte fertig gestellt, die nie aus meiner Schreibtischschublade herausfanden – aber für das hier hatte ich einen Vertrag bekommen.

Es war noch früh am Morgen, und ich war allein im Büro. Ich staunte über das, was Gott mir geschenkt hatte: die Kraft durchzuhalten, Einsichten, die weit über meine eigenen Fähigkeiten hinausgingen, offene Türen bei meinem Verleger. Bevor ich das fertig verschnürte Paket zur Post brachte, nahm ich mir Zeit, um vor Gott zu feiern, wie ich es schon seit Jahren nicht mehr getan hatte. Ich erinnerte mich an den Morgen vor ein paar Jahren, als ich aufwachte und das Drängen Gottes spürte: »Schreib! Schreib endlich los!« Ich hatte mich beklagt: »Wofür? Niemand will es lesen!«

Aber jetzt hatte Gott gehandelt. Mir waren all die Freizeit, die ich geopfert hatte, meine Zweifel, ob sich die ganze Arbeit überhaupt lohne, und mein Schlafbedürfnis, wenn ich nachts an meinen Sätzen feilte, in guter Erinnerung – aber jetzt kam der angenehme Teil.

Jetzt war Zeit zu feiern.

Wer mich kennt, weiß, dass es mir wesentlich schwerer fällt, gehorsam zu sein, wenn ich feiern soll, als Opfer zu bringen. Feiern liegt mir einfach nicht. Ich lege wahrscheinlich mehr Gewicht auf das, was das Evangelium von uns fordert, als auf das, was uns gut tun soll. So bin ich eben. Aber ich will von den Enthusiasten lernen. Ich versuche immer mehr zu verstehen, dass wir einem absolut wunderbaren Gott dienen und viel Grund zum Feiern haben.

Gefeierte Freude kann viele verschiedene Formen haben, man könnte ein ganzes Buch zu diesem Thema schreiben. Ich will mich hier deshalb auf ein paar ausgewählte Beispiele beschränken: den Gottesdienst, Zeit mit Kindern verbringen und schöpferisches Gestalten.

Im Gottesdienst feiern

Feiern ist tief verwurzelt in der Heiligen Schrift. Im Alten Testament waren mindestens drei große Feste vorgeschrieben – das Passahfest, Pfingsten und Jom Kippur (der Versöhnungstag) – sowie eine Reihe kleinerer religiöser Festtage. Der Rahmen, in dem gefeiert wurde, war manchmal ziemlich groß. Das Laubhüttenfest zum Beispiel dauerte sieben Tage, in denen die Israeliten ununterbrochen feiern sollten (5. Mose 16,13–15).

Diese festgelegten Feiern waren auch die Basis für individuelles, spontanes Feiern. David, der Mann nach Gottes Herzen, tanzte voller Hingabe vor der Bundeslade her. Als seine Frau ihn dafür verachtete, antwortete er, dass er vom Herrn erwählt sei und er deshalb feiern wolle. Er sei sogar bereit, sich »noch tiefer zu erniedrigen als heute« (2. Samuel 6,22; *Hoffnung für alle*).

David ernannte auch Sänger und Musiker, damit sie »laut sängen und mit Freuden« (1. Chronik 15,16). Ein von Musik und vom Feiern geprägter Gottesdienst war eines der Kennzeichen der Zeit Davids: »David aber und ganz Israel tanzten mit aller Macht vor Gott her, mit Liedern, mit Harfen, mit Psaltern, mit Pauken, mit Zimbeln und mit Trompeten« (1. Chronik 13,8). Noch Jahre später benutzte Israel die von David eingeführten Instrumente (2. Chronik 29,26).

Auch Jesus ermutigte zum Feiern als Form der Anbetung. Er sang mit seinen Jüngern den Lobgesang (Matthäus 26,30), und als die Pharisäer sich über das laute Jubeln der Menschen bei Jesu Einzug in Jerusalem beschwerten, sagte er: »Ich sage euch: Wenn diese schweigen werden, so werden die Steine schreien« (Lukas 19,37–40).

Auch in den Gottesdiensten der ersten Christen finden wir Elemente des Feierns. In Apostelgeschichte 2 ist vom Zungenreden, von gottgesandten Träumen, von himmlischen Zeichen und von Wundern die Rede. Paulus und Silas singen im Gefängnis Lieder, und Paulus fordert die Epheser dazu auf, in ihren Gottesdiensten Psalmen, Lieder und geistliche Gesänge zu singen (Apostelgeschichte 16,25; Epheser 5,19).

In der Offenbarung heißt es, dass bei der Anbetung Gottes im Himmel »mit lauter Stimme« gerufen wird und eine große Schar mit einer Stimme wie Donner »Halleluja« singt (Offenbarung 7,10; 19,1+6).

Das alles zeigt mir, dass meine Abneigung gegen enthusiastisches Feiern eher eine persönliche Eigenheit ist als ein Zeichen für besondere Reife. Ich muss sie überwinden, statt stolz darauf zu sein. Wenn Jesus sagt: »Ich sage euch: Wenn diese schweigen werden, so werden die Steine schreien«, dann überzeugt mich das. Wir, die wir den auferstandenen Christus kennen, haben noch viel mehr Grund zum Feiern als die Menschen beim

Einzug Jesu in Jerusalem – denn damals stand die Kreuzigung noch aus.

Einige Warnungen jedoch müssen in diesem Zusammenhang beachtet werden. Die Apostel haben zwar sehr wohl Anteil gehabt und genommen an übersinnlichen Ereignissen, aber sie fanden es genauso notwendig, den formalen religiösen Pflichten nachzukommen (Apostelgeschichte 3,1). Paulus betonte, wie wichtig Ordnung ist (1. Korinther 14,40), und in Offenbarung 19,20 wird uns gesagt, dass Wunder und Zeichen inspirierend, aber auch trügerisch sein können.

Es ist also wichtig, immer wieder darauf hinzuweisen, dass beim Feiern im Gottesdienst auf keinen Fall die Ehrfurcht fehlen darf. Bei der Rückkehr der Bundeslade nach Israel muss denen, die die Lade trugen, trotz ihrer schweren Last ganz leicht ums Herz gewesen sein. Festliche Musik – mit Tamburinen, Harfen, Zimbeln und Trompeten – erfüllte die Luft. David und die Israeliten feierten »mit aller Macht«. Mitten in all dem fröhlichen Feiern glitten die Rinder aus, die Bundeslade drohte zu verrutschen, und Usa streckte die Hand aus, um sie zu halten. Er starb auf der Stelle (1. Chronik 13,9–10).

Wenn man so richtig feiert, dann vergisst man leicht, wie heilig und Ehrfurcht gebietend Gott auch ist. Ohne Ehrfurcht verkommt Feiern zu seichter Belanglosigkeit.

Wenn man so richtig feiert, dann vergisst man leicht, wie heilig und Ehrfurcht gebietend Gott auch ist. Ohne Ehrfurcht verkommt Feiern zu seichter Belanglosigkeit. In einem später geschriebenen Psalm, der in 1. Chronik 16 nach Usas Tod zitiert wird, nennt David interessanterweise Feiern und Ehrfurcht in einem Zusammenhang: »Singt und musiziert zu seiner Ehre, macht alle seine Wunder bekannt! (...) Die ganze Welt soll vor ihm erzittern!« (1. Chronik 16,9+30; *Hoffnung für alle*). David hatte seine Lektion gelernt: Feiern durfte niemals losgelöst sein von dem, was Isaak die »Furcht« Israels nannte.

Feiern erinnert uns daran, dass wir für so vieles dankbar sein können. Wer sonst sollte Gott den Lobpreis singen, wenn nicht seine Kinder? Im fünften Jahrhundert nach Christus gab es eine Gruppe griechischer Mönche, die als »Nicht-Schläfer« bekannt waren, weil sie immer wieder einen ganzen Tag und eine ganze Nacht in ununterbrochenem Lobpreis Gottes verbrachten. Die meisten von uns werden nicht die Kraft haben, es ihnen nachzutun, aber wir sollten nicht vergessen, dass Gott dies und noch viel mehr wert ist. Selbst wenn wir unser Bestes tun, wird es (auch wenn er es annimmt) immer noch so viel weniger sein, als er verdient hätte. Aber Feiern ist viel mehr als eine religiöse Pflicht: Es ist ein Privileg. Im Gottesdienst zu feiern führt zur Freude; und über diese Freude werden wir geistlich gestärkt (Nehemia 8,10).

Zeit mit Kindern verbringen

Es gibt Christen, denen die Neigung zum Feiern fehlt oder die vergessen haben, wie man richtig feiert. Für sie wäre es gut, viel Zeit mit Kindern zu verbringen, um die Freude und das Wunder unseres Glaubens (wieder) zu entdecken.

Ich fuhr über eine langweilige Autobahn, im Radio lief irgendein belangloses Gerede. Plötzlich brach Gott durch die Stimme meiner damals fünfjährigen Tochter mitten hinein in meine Gedanken. Es war kurz vor Weihnachten, und Allison sagte: »Ist es nicht komisch, Papa, dass Gott ein ganz kleines Baby geworden ist?«

Allisons Verwunderung und Freude entstaubte eine viel zu vertraute Wahrheit und brachte sie wieder zum Glänzen. Sie erfüllte mein Weihnachten mit ihrem Staunen; ein besseres Weihnachtsgeschenk hatte ich noch nie bekommen.

Jesus hat gesagt: »Wenn ihr nicht umkehrt und werdet wie die Kinder, so werdet ihr nicht ins Himmelreich kommen.« Er hat auch gesagt: »Lasset die Kinder und wehret ihnen nicht, zu mir zu kommen; denn solchen gehört das Himmelreich« (Matthäus 18,3; 19,14). Enthusiasten können diese Zeilen wörtlich nehmen und alles über die Liebe zu Gott lernen, indem sie Kinder beobachten. Ehrenamtliche Mitarbeit im Kindergottesdienst oder bei der Kinderbetreuung ist also viel mehr als Dienst im Reich Gottes; es bedeutet, im eigentlichen Sinne Gottesdienst zu erleben.

Die Lasten, Anforderungen und Verpflichtungen des Lebens können Erwachsene mitunter ziemlich deprimieren. Zeit mit Kindern zu verbringen ist deshalb eine gute Möglichkeit, die Dinge aus einem anderen Blickwinkel zu sehen und sich an eine Zeit zu erinnern, als das Leben noch voller Hoffnung, Verheißung und Freude war.

Wenn Ihre Kinder schon groß sind, dann schauen Sie sich alte Fotoalben an und freuen Sie sich daran, was Gott über all die Jahre an Ihnen und Ihrer Familie getan hat. Aus einem kleinen Baby ist eine erwachsene Frau oder ein erwachsener Mann geworden – das allein kann Ihnen schon dabei helfen, sich auf das Wesentliche zu besinnen, auf das, was ewig bleibt.

Schöpferisches Gestalten

Ich bin einmal gebeten worden, die Beerdigung eines jungen Mannes zu halten, der an Aids gestorben war. Eine schwere Aufgabe für mich. Der junge Mann hatte nie geheiratet, hatte keine Kinder, und weil sein Strafregister lang genug war, um einen ganzen Computerbildschirm zu füllen, starb er schließlich im Gefängnis. Die letzten paar Jahre seines Lebens waren eine Tortur, denn er schaffte es nicht mehr, vom Heroin loszukommen (auch den Virus hatte er sich auf diese Weise eingefangen).

Wir Christen glauben zu Recht, dass uns das Leben von Gott geschenkt ist – und deshalb sollten wir es nicht wegwerfen oder verschwenden. Wir feiern Gott, indem wir unser Leben nutzen, um etwas zu schaffen. Ganz gleich ob wir ein Unternehmen aufbauen, ein Gedicht schreiben, ein Bild malen oder einen Garten bepflanzen – kreatives Schaffen kann eine zutiefst heilige Erfahrung sein. Weit über ein Hobby hinaus können schöpferische Aktivitäten ein Ausdruck der Anbetung Gottes sein. Wenn Drogenabhängige dazu gebracht werden können, auf positive Weise schöpferisch tätig zu werden und so über sich selbst hinauszuwachsen, dann ist dies eines der wirkungsvollsten Gegenmittel gegen die Sucht.

Gesunde Christen haben kreative Kraft. Kreative Kraft macht das Wesen unseres Gottes aus. In 1. Mose 1 wird er als

Schöpfer aller Dinge gezeigt; und eines der letzten Bilder der Offenbarung beschreibt uns Gott, der einen neuen Himmel und eine neue Erde schafft. Die Schöpfungstaten Gottes bilden also sozusagen den Rahmen für alles, was uns die Bibel sonst noch berichtet.

Wenn der Geist Gottes in uns lebendig ist, dann müssen auch wir uns schöpferisch betätigen. Sicher, ich werde nicht das Gleiche schaffen wie meine Frau und meine Kinder, aber wir alle, jeder Einzelne von uns, sollte sich irgendwie am Akt der Schöpfung beteiligen. Wir sind dazu geschaffen.

Ganz gleich ob wir ein Unternehmen aufbauen, ein Gedicht schreiben, ein Bild malen oder einen Garten bepflanzen – kreatives Schaffen kann eine zutiefst heilige Erfahrung sein.

Wenn schöpferisches Gestalten für Sie eine Form der Anbetung ist, dann sollten Sie sich etwas aussuchen, was Sie gut können oder wozu Sie zumindest eine Neigung haben, denn Frustration blockiert. Geben Sie Ihr Bestes, um etwas von der Herrlichkeit Gottes aufleuchten zu lassen – aber verfallen Sie nicht dem Perfektionismus. Gott hat Ihnen Ihren Verstand, Ihre Hände, Ihre Vorstellungskraft und Ihre Geschicklichkeit gegeben – Sie können etwas schaffen, um diesen Verstand, diese Hände, diese Vorstellungskraft und diese Geschicklichkeit wieder an Gott zurückzugeben.

Denken Sie sorgfältig darüber nach, wie Sie in Zusammenarbeit mit Gott etwas Neues hervorbringen können – wie diese oder jene Landschaft ein neues Gesicht bekommen kann; wie ein neues Bildungsprogramm jungen Menschen Hoffnung schenken kann; wie eine Skulptur die Schönheit des Himmels widerspiegeln kann; oder sogar wie eine Schönheitsoperation das Leben eines verunstalteten Kindes völlig verändern kann.

Wenn Enthusiasten die Bibel lesen

Mysterium und Feiern, die beiden für einen enthusiastischen Christen charakteristischen Elemente, haben auch Einfluss auf die Art und Weise, wie er die Bibel liest. Ein fundiertes Studium der Bibel ist ein Muss für jeden Christen. Enthusiasten können diesem Studium »zusätzliche Würze« geben, indem sie beide genannten Elemente einbeziehen. Wie könnte das aussehen?

Zunächst einmal müssen Enthusiasten sorgfältig darauf achten, dass sie nie den soliden Boden eines fundierten Bibelstudiums unter den Füßen verlieren. Nach Evelyn Underhill kann sich ein anbetender Geist durch Gefühl, Vorstellungskraft und logisches Denken ausdrücken. Gefühl und Vorstellungskraft entsprechen dem Enthusiasten zutiefst, und mit ihrer Hilfe kann er sich auch die dritte Ausdrucksmöglichkeit erschließen.[96]

In der von Evelyn Underhill vorgeschlagenen Form des Bibelstudiums setzt der Christ Gefühl und Verstand ein, um über eine biblische Geschichte oder eine biblische Wahrheit nachzudenken. Mithilfe der Vorstellungskraft kann man sich in die Geschichte hineinversetzen; man kann zum Beispiel Jesus dabei beobachten, wie er die Kinder um sich versammelt, und sich vorstellen, wie es wäre, eines der Kinder oder ein Elternteil zu sein.

Wenn wir wunderhafte Erfahrungen nur suchen, um Wunder zu erleben, dann werden wir zu geistlichen Suchtkranken, denen es nur darum geht, »high« zu sein.

Vorstellungskraft ist auch hilfreich, um herauszufinden, was die Lehren der Bibel uns für unser Leben heute sagen wollen. Wenn es heißt, wir sollen sanftmütig und freundlich sein, dann können wir uns vorstellen, genauso mit unseren Kindern, mit unserem Ehepartner und mit unseren Mitarbeitern umzugehen. Wenn die Bibel etwas Schwieriges von uns verlangt – die Bitte um Vergebung oder das Bekenntnis einer Schuld zum Beispiel –, dann können wir uns im Gebet vorstellen, wie Jesus uns bei dieser Aufgabe beisteht und tröstet und uns den Mut gibt, der Situation in unserem realen Leben ins Auge zu sehen.

Vorstellungskraft und Gefühl können der biblischen Lehre »Beine machen« und uns dabei helfen, länger an ihr festzuhalten. Dem Enthusiasten ermöglichen sie eine Art Bibelstudium, das genau seinem Temperament entspricht.

Der heilige Johannes Eudes lehrte seine Schüler folgende Schritte beim Lesen der Evangelien: das Ereignis rekonstruieren (Vorstellungskraft); die Bedeutung wahrnehmen (Verstand); mit angemessenen Gefühlen – Verehrung, Reue oder Ähnlichem – reagieren (Herz) und schließlich die eigene Hingabe festmachen (Wille).[97] Das ist ein Zugang zur Bibel, der auf umfassende Weise all unsere Fähigkeiten zum Einsatz bringt.

Versuchungen

Das geistliche Temperament des Enthusiasten hat viele aufregende Stärken. Es birgt aber auch einige Schwächen, vor denen der Enthusiast sich hüten muss.

Erfahrungen um ihrer selbst willen suchen

Wenn wir wunderhafte Erfahrungen nur suchen, um Wunder zu erleben, dann werden wir zu geistlichen Suchtkranken, denen es nur darum geht, »high« zu sein. Dieses Buch soll uns lehren, Gott zu lieben, es soll uns nicht beibringen, wie man Teil einer geistlichen Show wird.

Enthusiasten müssen besonders gut darauf achten, dass sie neue Erfahrungen nicht zum Selbstzweck werden lassen, sondern in ihrer Suche nach Gott und ihrer Liebe zu ihm wahrhaftig bleiben. Wenn wir »geistliche Erfahrungen« um ihrer selbst willen suchen, dann kann Teuflisches aus ihnen werden – oder der Teufel kann sich ihrer bedienen.

Unabhängig sein

Enthusiasten müssen – vielleicht mehr als jedes andere Temperament – in einer starken Gemeinde verwurzelt sein, die einzelne Gläubige im Blick halten und Rechenschaft von ihnen fordern kann. Fernab von einer Gemeinde führen übersinnliche Erfahrungen ganz sicher ins Unglück. Kelsey schreibt: »Der Gedanke, dass jede religiöse Meinung jedes einzelnen Christen gleich viel gilt, ist Unsinn, denn es gibt ein Wissen, das über die Zeiten hinweg Bestand hatte und das nur die Kirche den Gläubigen vermitteln kann.«[98]

Die Heilige Schrift hat ganz sicher höchste Autorität, aber es wäre dumm, die Weisheit zu ignorieren, die gläubige Christen der Vergangenheit sich angeeignet und Christen unserer Zeit bereits mit Gewinn genutzt haben. Paulus, der spirituelle Erfahrungen gemacht hat, von denen die meisten von uns nur träumen können, hat sich immer wieder den Rat der Apostel in Jerusalem geholt und mit ihnen Rücksprache gehalten.

»Gute Gefühle« und »gute Anbetung« sind nicht das Gleiche

Wahre Anbetung ist ein Akt unseres Willens, bei dem wir unsere Treue, unser Lob und unseren Dank zu Gott bringen. Wenn wir uns beim Beten gut fühlen, heißt das noch lange nicht, dass wir unseren Willen losgelassen und in angemessener Weise dargebracht haben. Anders herum gesagt: Wenn wir deprimiert sind und uns »matt« fühlen, heißt das nicht, dass unser Gebet uneffektiv und nutzlos ist.

Gefühle kommen und gehen. Enthusiasten sollten sich nicht dafür entschuldigen, dass sie sie genießen, aber sie sollten sorgfältig vermeiden, von ihnen abhängig zu werden.

Sind Sie ein Enthusiast?

Gehören Sie zum geistlichen Temperament der Enthusiasten? Bewerten Sie die folgenden Aussagen auf einer Punkteskala von fünf (sehr zutreffend) bis eins (gar nicht zutreffend) und tragen Sie die Ergebnisse ein.

_____ 1. Ich fühle mich Gott am nächsten, wenn mein Herz zum Himmel aufsteigt und ich das Gefühl habe zu platzen, so dass ich Gott am liebsten den ganzen Tag lang loben und preisen und seinen Namen laut in die

Welt rufen möchte. Gott und seine Liebe zu mir zu feiern ist mir die liebste Form der Anbetung.

_____ 2. Gott ist ein aufregender Gott, und wir sollten ihn mit Begeisterung anbeten. Ich kann nicht verstehen, dass manche Menschen behaupten, Gott zu lieben, aber jedes Mal, wenn sie eine Kirche betreten, aussehen, als gingen sie zu einer Beerdigung.

_____ 3. Die Worte *Feiern* und *Freude* lösen bei mir positive Gefühle aus.

_____ 4. Ich würde gerne an einem Workshop mit dem Titel »Tanz und Anbetung« teilnehmen oder mich öfter mit anderen treffen, um mit Musik und Liedern meine Liebe zu Gott zum Ausdruck zu bringen. Ich rechne damit, dass Gott auf unerwartete Weise handelt.

_____ 5. Ich würde gerne ein Buch mit dem Titel »Das aufregende Geheimnis, mit Gott zu leben« lesen.

_____ 6. Ich gebe mehr Geld für Musik-CDs und Aufnahmen von Gottesdiensten aus als für Bücher.

Gesamtpunktzahl: _____

Jede Punktzahl über 15 deutet darauf hin, dass Sie eine Tendenz zu diesem geistlichen Temperament haben. Tragen Sie Ihre Punktzahl in die Tabelle im letzten Kapitel, auf Seite 246 ein, damit Sie ein vollständiges Bild davon bekommen, auf welche Weise Sie Gott am besten Ihre Liebe zeigen können.

Einladung – Gott feiern auch in dunkler Nacht

Manchmal kann das Leben uns die Freude schnell nehmen; so schnell, dass wir sie gar nicht schnell genug wieder auffüllen können. Vor einiger Zeit sprach ich mit einem Freund, der in großen finanziellen Schwierigkeiten steckte. Nach langem Kampf ging es endlich wieder bergauf. Er begann gerade wieder Hoffnung zu schöpfen, da bekam die Firma, für die er arbeitete, den Bericht eines Unternehmensberaters. Sie strich seine Stelle und bot ihm eine andere mit wesentlich geringerem Gehalt an.

Es ist schwierig – und manchmal sogar unangemessen –, wenn man angesichts solch umwälzender Ereignisse positiv und enthusiastisch reagiert. Deshalb werden Christen vom enthusiastischen Typ oft als abstoßend, naiv oder unreif bezeichnet. »Warte nur, bis ihnen die Augen geöffnet werden«, mögen Zyniker sagen. »Dann werden sie nicht mehr so optimistisch sein!«

Am Anfang meiner Karriere als Buchautor sprach ich mit einem anderen Schriftsteller, der bereits Bücher veröffentlicht hatte, über die Idee für ein Buchprojekt. Er machte mir alles madig, was mit der Veröffentlichung von Büchern zu tun hatte, und kam zu dem Schluss, dass all das reine Zeitverschwendung sei. Ein Pfarrer wurde zufällig Zeuge dieser Unterhaltung. Ich kannte ihn nicht, aber ich werde nie vergessen, was er sagte: »Geben Sie nicht auf. Wenn Gott Sie dazu beruft, dann wird es auch Wege geben.«

In unserer von Zynismus und Entmutigung geprägten Welt sind es die Enthusiasten, die uns den Weg zu Glaube, Mysterium und Erwartung weisen.

Für mich sprach aus diesem Pfarrer der Enthusiast. In unserer von Zynismus und Entmutigung geprägten Welt sind es die Enthusiasten, die uns den Weg zu Glaube, Mysterium und Erwartung weisen. »Jetzt wird Gott *wirklich* handeln.« Gott handelt nicht immer so, wie wir es erwarten oder erhoffen, aber Verzweiflung und Zynismus versperren die Sicht auf den wahren Glauben ebenso, wie notorischer Optimismus die Sicht auf das wahre Leben versperrt.

Manchmal handelt Gott auf seltsame und mächtige Weise. Menschen werden auf wunderbare Weise geheilt; ein Leben wird von Grund auf verändert; das Herz eines Menschen wird durch ein übersinnliches Erlebnis herausgefordert, überzeugt und ermutigt.

Im Gottesdienst auf einer Tagung vergoss eine Freundin von mir viele Tränen, weil sie tief in sich die Aufforderung Gottes spürte, die Ängste um ihre Kinder loszulassen und ihre Kinder in seine Hände zu legen. Sie saß da, völlig vertieft in ihr Gebet, als ein mitfühlender Pfarrer, der absolut nichts von ihren Nöten wissen konnte, aufstand und sagte: »Es fällt mir schwer, das hier zu sagen, aber ich glaube, dass Gott diese Bibelstelle für dich hat.«

Und dann las er die Verse vor, in denen Hannah ihren Sohn Samuel abgibt. Meine Freundin war überwältigt. Sie wusste, dass Gott ihr tief ins Herz sah und ihr zeigte, was sie tun sollte.

Ich weiß, ja ich weiß *wirklich*, dass es für jede eindrucksvolle Geschichte dieser Art mindestens ein Dutzend andere gibt, bei denen irgendjemand alles falsch macht und etwas Dummes sagt. Aber keines dieser schief gelaufenen Beispiele kann die Tatsache leugnen, dass die Schrift und die Kirchengeschichte voll sind von Berichten, in denen Gott auf geheimnisvolle und mächtige Weise gehandelt hat; manchmal an ganzen Völkern und manchmal an einzelnen Menschen. Meine Freundin wurde durch diese Bibelstelle zutiefst ermutigt.

Meine eigene Punktzahl ist bei diesem geistlichen Temperament nicht sehr hoch. Ich mache lieber meditative Spaziergänge als an lauten Feiern teilzunehmen. Ich ringe lieber mit der Wahrheit biblischer Texte, als auf einen Traum zu hören. Aber ich muss zugeben, dass ich Gott nicht im Entferntesten so feiere, wie er es verdient hätte. Und ich habe die sündige Tendenz, sozusagen in den »Atheismus« zu verfallen, weil ich zwar an Gott glaube, aber nicht erwarte, dass er auf übernatürliche Weise handelt.

Ich bin überzeugt, dass Enthusiasten eine kostbare Gabe haben und eine besondere Berufung. Und ich hoffe, dass sie – selbst in den dunkelsten Nächten – niemals aufhören zu feiern und niemals aufhören zu glauben.

8.
Der kontemplative Typ:
Gott lieben durch grenzenlose Hingabe

Larry Crabb, Bestseller-Autor und christlicher Berater, war in seinem Leben zu unzähligen gesellschaftlichen Anlässen eingeladen. Ein Essen dieser Art wird er jedoch nie wieder vergessen. Während einer Konferenz zum Thema »Spirituelle Reisen« an der Biola Universität in Kalifornien, zu der er als Referent eingeladen gewesen war, aß Larry einmal mit James Houston zu Mittag, einem Professor des Regent Colleges in Vancouver. Larry erzählt von dieser Begegnung: »Bei unserem Beisammensein (...) ging von ihm etwas aus, was mich tief in meiner Seele anrührte – an einem Punkt, der sonst ganz und gar verborgen ist. (...) Ich ging zurück auf mein Zimmer und weinte. Ja, ich habe tatsächlich geweint. Ich fiel auf die Knie und betete: ›Herr, ich bezahle jeden Preis, wenn ich dich nur kennen lernen darf!‹«

Als ich diese Geschichte in der Zeitung des Regent College las, musste ich lächeln. Ich wusste genau, wie er sich gefühlt hatte. Mir war es in einem von James Houstons Seminaren, die ich während meiner Collegezeit besucht hatte, ähnlich ergangen. Frauen und Männer, die sich selbst ganz und gar an Gott hingeben, haben etwas an sich, das uns im tiefsten Innern unserer Seele anrührt.

James Houston weist alle Merkmale eines englischen Gentleman auf: Er sieht aus wie ein Gentleman, er spricht wie ein Gentleman, und er hat den Charakter eines Gentlemans. Damals, als das Regent College gegründet wurde und dafür zwei alte Gebäude einer Studentenverbindung renoviert werden mussten, riss James Houston in Hemd und Krawatte alte Tapeten von den Wänden. Er hat nichts Mystisches oder Feminines an sich, und trotzdem kann ich mich noch gut erinnern, wie er offen und ehrlich davon sprach, »zärtlich Gottes Hand zu halten«.

»Händchen halten mit Gott?«

»So wie zwei Liebende nichts anderes tun, als sich gegenseitig in die Augen zu sehen, so sehen wir unseren himmlischen Vater sehnsüchtig an, und tiefe Freude schenkt unserem Herz Frieden.«

Mit diesen Worten führte James Houston im Unterricht Teresa von Avila ein. Mein Gebetsleben bestand damals aus dem Durcharbeiten einer immer länger werdenden Fürbittenliste. Ich hatte die Fürbitten auf verschiedene Tage aufgeteilt, damit mir genug Zeit blieb, im Gebet mit Gott zu »ringen«. Das Gebet, von dem James Houston erzählte, hatte ganz und gar nichts mit Ringen zu tun. Er sprach von »Händchen halten« und darüber, wie eine »tiefe Freundschaft« entsteht. Das war eine meiner ersten Begegnungen mit einem kontemplativen Christen.

Der kontemplative Christ sieht seine Aufgabe zuallererst darin, sich Gott hinzugeben und ihn anzubeten. In der Bibel wird Gott als himmlischer Bräutigam bezeichnet – ein Bild, das bei kontemplativen Christen tiefe Freude auslöst. Es gibt Christen, die wollen Gott dienen; andere wollen ihn feiern; wieder andere wollen ihn erklären können. Kontemplative Christen wollen voller Liebe in das Antlitz Gottes schauen und mit ihm eine Liebesbeziehung eingehen, die sie in Verzückung versetzt.

Kontemplative Christen erinnern uns daran, dass Gott nicht gehorsame und unpersönliche Diener will, sondern ganz persönliche Liebe, die so stark ist, dass sie alle anderen Bande zerreißt.

Biblische Beispiele für den kontemplativen Typ

In 5. Mose 33 segnet Mose die Stämme Israels. Was er über den Stamm Benjamin sagt, ist eine hervorragende Beschreibung der Rolle kontemplativer Menschen: »Der Geliebte des Herrn wird sicher wohnen; allezeit wird Er die Hand über ihm halten und wird zwischen seinen Höhen wohnen« (5. Mose 33,12). »Zwischen seinen Höhen wohnen« ist die liebste Beschäftigung kon-

templativer Christen. Sie wollen sich an Gott freuen und ihre Liebe zu ihm immer mehr vertiefen. Kontemplative Christen erinnern uns daran, dass Gott nicht gehorsame und unpersönliche Diener will, sondern ganz persönliche Liebe, die so stark ist, dass sie alle anderen Bande zerreißt. Schon das Alte Testament beschreibt bereits diese Liebesbeziehung zwischen Gott und dem von ihm auserwählten Volk:
Nicht hat euch der Herr angenommen und euch erwählt, weil ihr größer wäret als alle Völker – denn du bist das kleinste unter allen Völkern –, sondern weil er euch geliebt hat und damit er seinen Eid hielte, den er euren Vätern geschworen hat. Darum hat er euch herausgeführt mit mächtiger Hand und hat dich erlöst von der Knechtschaft, aus der Hand des Pharao, des Königs von Ägypten. (5. Mose 7,7–8)
Und in Psalm 63 heißt es:
Gott, du bist mein Gott, den ich suche;
es dürstet meine Seele nach dir,
mein ganzer Mensch verlangt nach dir
aus trockenem, dürrem Land,
wo kein Wasser ist. (...)
Denn deine Güte ist besser als Leben;
meine Lippen preisen dich.
So will ich dich loben mein Leben lang
und meine Hände in deinem Namen aufheben.
Das ist meines Herzens Freude und Wonne,
wenn ich dich mit fröhlichem Munde loben kann;
wenn ich mich zu Bette lege,
so denke ich an dich. (...)
Meine Seele hängt an dir.
(Psalm 63,2+4-7+9)
Das Hohelied Salomos ist sicherlich eine Legitimation der tiefen und leidenschaftlichen Liebe zwischen Mann und Frau in der Ehe; es wird aber traditionell auch als Bild für die Liebesbeziehung zwischen Gott und seinem Volk interpretiert. Textstellen wie die folgende erzählen von dieser ausdauernden, Händchen haltenden Liebe.

Sulamith singt: »Ins Weinhaus hat er mich geführt, dort zeigt er mir, dass er mich liebt. Stärkt mich mit Rosinenkuchen, erfrischt mich mit Äpfeln, denn ich bin krank vor Liebe!« (Hohelied 2,4–5; *Hoffnung für alle*)

Diese leidenschaftliche Sehnsucht führt zu einer heftigen Suche: »Nachts auf meinem Bett sehnte ich mich nach meinem Liebsten. So gern wollte ich bei ihm sein, doch er war nicht da! ›Ich will aufstehen, die Stadt durchstreifen, durch die Gassen und über die Plätze laufen. Meinen Liebsten muss ich finden!‹« Als der Liebste gefunden ist, singt Sulamith: »Da fand ich ihn, dem mein Herz gehört. Ich hielt ihn fest und ließ ihn nicht mehr los.« (Hohelied 3,1–4; *Hoffnung für alle*)

Diese offenen, freien Worte sind nicht mehr so überraschend, wenn man sie im Zusammenhang mit der Aufforderung liest, die Gott in 5. Mose 6,5 an das Volk Israel richtet: »Und du sollst den Herrn, deinen Gott, lieb haben von ganzem Herzen, von ganzer Seele und mit all deiner Kraft.« Ein wohlkalkuliertes Lippenbekenntnis, an dem das Herz nicht beteiligt ist, reicht unserem Gott nicht. »Und der Herr sprach: Weil dies Volk mir nah ist mit seinem Munde und mit seinen Lippen mich ehrt, aber ihr Herz fern von mir ist« (Jesaja 29,13).

Gottes Liebe für sein Volk ist so intensiv, dass es oft mit einem Ehebruch verglichen wurde, wenn Israel sich von Gott abwandte. In Jeremia erinnert Gott freundlich an die Liebesbeziehung zu seinem Volk Israel. »Ich gedenke der Treue deiner Jugend und der Liebe deiner Brautzeit, wie du mir folgtest in der Wüste« (Jeremia 2,2). Unsere Ablehnung trifft Gott so tief, dass sein Schmerz über unsere Abtrünnigkeit nicht geringer ist als die eines betrogenen Ehemannes. Wir mögen vielleicht denken: »Gott braucht mich nicht.« Gott ist nicht auf uns angewiesen; er selbst aber hat den Entschluss gefasst, uns so zu »brauchen«, dass er einen tiefen Schmerz empfindet, wenn wir ihn ablehnen oder seine Liebe zurückweisen.

Es gab eine Zeit in meinem Leben, in der ich dachte, Christsein sei gleichzusetzen mit Gehorsam, und letztlich liefe alles auf die Frage hinaus, ob ich am Ende in den Himmel oder in die Hölle komme. Als ich älter und reifer wurde, fand ich heraus, dass Christsein Intimität mit dem Vater bedeutet und dass Gehorsam nur ein notwendiger Teil des Weges ist, den ich in meiner Liebesbeziehung mit Gott gehe. Ich begann, Himmel und Hölle nicht mehr als Orte zu sehen, sondern als Zustandsbeschreibung meiner Gottesbeziehung: War ich mit ihm verbunden oder von ihm getrennt? (Ich meine das hier im übertragenen Sinne. Sowohl der Himmel als auch die Hölle existieren außerhalb der hier beschriebenen Beziehung.) Unglücklicherweise gab es im Laufe der Geschichte wohlmeinende Frauen und Männer, die die Tiefe und die Berufung, die in dieser Liebesbeziehung stecken, nicht erkannten. Stattdessen haben sie den Glauben auf eine Liste von ethischen Geboten und Verboten reduziert. Dieser nackte, von Hingabe völlig abgelöste Gehorsam entspricht nicht dem Glauben, den Jesus gelehrt hat. Als eine Frau ihm ein teures Parfüm über den Kopf gießt, protestieren einige der Jünger heftig. Jesus aber verteidigt das, was die Frau getan hat, und sieht darin eine Liebeserklärung, die er annimmt – und die ihm sogar wichtiger ist als Hilfe für die Armen. In Jesu Augen ist das, was die Frau getan hat, so sehr geprägt von Hingabe und Liebe und ihm so willkommen, dass er verspricht: »Wahrlich ich sage euch: Wo dies Evangelium gepredigt wird in der ganzen Welt, da wird man auch sagen zu ihrem Gedächtnis, was sie getan hat« (Matthäus 26,6–13).

Es ist nicht ungewöhnlich, dass kontemplative Christen von anderen missverstanden und verurteilt werden.

Es ist nicht ungewöhnlich, dass kontemplative Christen von anderen missverstanden und verurteilt werden. Martha, die eifrig für Jesus arbeitete und ihm auf diese Weise diente, wurde getadelt – nicht für ihren Dienst, sondern dafür, dass sie die kontemplative Maria verurteilte (Lukas 10,38–42). Jesus wollte Maria nicht ablenken von ihrem Drang, voller Liebe in das Antlitz ihres Herrn und Meisters zu schauen.

Für einen Aktivisten mag es hart sein, einen kontemplativen Christen anzunehmen. Der Traditionalist mag denken, der kontemplative Christ sei oberflächlich. Der Intellektuelle findet vielleicht, dass die Hingabe des kontemplativen Christen nicht mehr ist als ein Mysterium. Für den Enthusiasten mag die Anbetung des kontemplativen Christen langweilig sein. Aber bei Gott ist sie willkommen, wertvoll und lohnenswert.

Geliebte Gottes

Ein kurzer Blick auf die Rolle kontemplativer Christen in der Geschichte wird uns dabei helfen, dieses geistliche Temperament besser zu verstehen. Historisch gesehen wurde unterschieden zwischen der eher aktiven »meditatio« und der eher geschenkten »kontemplatio«. Bei der »meditatio« bemüht sich der Christ, Gott zu finden; die »kontemplatio« ist mehr etwas, was *an* jemandem geschieht; eine passive Erfahrung also, die an vielen Stellen als dunkle Nacht des Glaubens oder als »Wolke des Unbekannten« beschrieben wird. Uns fehlt hier der Raum, um die Unterscheidungen im Detail zu betrachten, aber es ist wichtig, sich immer vor Augen zu halten, dass *jede* wirkliche Erfahrung als Christ auch »geschenkt« ist. Wir sind aufgerufen, mit Gott zusammenzuarbeiten, aber selbst unsere Bereitschaft zu dieser Zusammenarbeit und ganz gewiss die Kraft dazu sind Gaben Gottes. Reife Kontemplation ist deshalb ein Werk des Heiligen Geistes. Gott muss Liebe in uns hineingeben, damit wir lieben können.

Unser Anteil kann darin bestehen, dass wir unser Leben von all dem befreien, was unsere Sehnsucht nach Gott erstickt. In meinem Buch »Seeking the Face of God«[99] habe ich ausführlich über »das Erlernen der Stille« und über die Unterwerfung als christliche Disziplin gesprochen. Deshalb möchte ich an dieser Stelle einen anderen Autor zitieren. Thomas Merton schrieb zu diesem Thema: »Es ist und bleibt eine Tatsache, dass die Gabe der Kontemplation jenen vorenthalten bleibt, die aus dem eigenen Willen heraus Distanz wahren zu Gott, die ihr inneres Gebetsleben auf einige wenige fromme Routineübungen beschränken und sich nach außen hin damit begnügen, aus reinem Pflichtgefühl ein paar Gottesdienste zu besuchen und etwas ehrenamtlich mitzuarbeiten. (...) Den Seelen dieser Menschen wird Gott sich nicht offenbaren, denn sie suchen ihn nicht mit wahrem Verlangen.«[100]

An früherer Stelle in diesem Buch habe ich erzählt, dass ich aufgrund meiner Lebenssituation gezwungen war, die tägliche Gewohnheit einer einstündigen Stillen Zeit zu verändern. Trotzdem habe ich festgestellt, dass ich nach wie vor eine gewisse

Zeit der Stille brauche, und wenn sie nur dazu dient, meinen Wunsch, Gott zu dienen und zu gefallen, während des restlichen Tages umsetzen zu können. Dafür ist der Morgen die beste Zeit, denn dann erlebe ich den Rest meines Tages durch den Filter dessen, was Merton »wahres Verlangen« nennt.

Thomas von Aquin hat erklärt, dass dem Menschen die Fähigkeit zur Kontemplation in dem Maße genommen wird, wie er sich der Welt zuwendet. Wir können uns nicht selbst dazu bringen, Gott zu lieben, aber wir können den Weg dafür frei machen. Verlangen, so meint Thomas von Aquin, ist das allerwichtigste Element eines kontemplativen Lebens.[101]

Beschäftigt man sich mit christlicher Spiritualität, entdeckt man, dass wahre Kontemplation eine Erfahrung mit Anfang und Ende ist, eine in sich abgeschlossene Erfahrung also und keine Lebensform. Wenn ich mit diesem Begriff ein geistliches Temperament benenne, gebrauche ich ihn also in einer etwas abgewandelten Bedeutung.

Auch Augustinus hat Kontemplation erlebt. Dom Cuthbert Butler kommentiert dieses Erlebnis folgendermaßen:
Der Akt der Kontemplation wird (von Augustinus charakterisiert) als »die Wahrnehmung von etwas Unveränderlichem«, die begleitet ist von einer wunderbaren inneren Freude. Die Seele erlebt bei dieser Erfahrung, dass alles Äußerliche verachtenswert erscheint und innere Dinge allein wichtig sind. Nach diesem kurzen Augenblick der abgehobenen Erkenntnis fällt die Seele zurück in die alten Bahnen. Die Rückkehr aus einer anderen Welt löst Trauer und Sehnsucht nach einer Wiederholung dieser Erfahrung aus. Diese Beschreibung unterstreicht noch einmal das Zeugnis aller Mystiker, die den Akt der Kontemplation immer wieder als vergänglich beschrieben haben.[102]

Ich war versucht, dieses geistliche Temperament »Geliebte Gottes« zu nennen, denn Kontemplation ist bei Christen nicht so sehr eine mystische Erfahrung, sondern hat vielmehr mit Hingabe und Bewunderung zu tun. Jesus hat immer wieder betont, dass geistliches Leben seinen Grund in der Liebe hat und nicht im Gesetz. Für ihn war das höchste Gebot das Erste: Du sollst deinen Gott lieben mit deinem ganzen Herzen, mit deiner ganzen Seele und all deiner Kraft. Jesus sagte seinen Jüngern: »Ich nenne euch nicht mehr Knechte (...). Ihr aber seid meine Freunde.« (Johannes 14,15; *Hoffnung für alle*) Knechte »tun« etwas; Freunde »sind« etwas. Was tun Knechte? Sie kochen, putzen, waschen und so weiter. Ein Freund aber ist man, man tut es nicht. Martha war Magd, Maria Freundin.

In unserem Zusammenhang möchte ich Kontemplation als »das Gebet Liebender« bezeichnen, bei dem der Christ in Gottes Gegenwart ruht. Thomas Merton schreibt, dass »es so viele Christen gibt, die fast keine Ahnung davon haben, wie sehr Gott sie liebt und dass er ihnen aus dieser Liebe heraus so viel Gutes tun und sie glücklich machen will.«[103] Kontemplative Christen leben für diese Liebe. Sie wollen nichts lieber als in Ruhe gelassen zu werden, damit sie in das Antlitz Gottes, ihres himmlischen Geliebten schauen und sich ihm ganz hingeben können.

> *Tatsächlich aber wollen kontemplative Christen einfach im Meer der Liebe Gottes baden, während alle anderen Christen sich leider damit zufrieden geben, diese Liebe tröpfchenweise zu genießen.*

Es ist unmöglich, kontemplative Christen losgelöst von dieser Motivation der Liebe zu verstehen. Viele Menschen denken bei dem Begriff »Mystiker« an ein Einzelgängerdasein oder – wenn noch asketische Elemente dazukommen – sogar an einen gewissen Masochismus. Tatsächlich aber wollen kontemplative Christen einfach im Meer der Liebe Gottes baden, während alle anderen Christen sich leider damit zufrieden geben, diese Liebe tröpfchenweise zu genießen.

Haben Sie eine Vorstellung von der Liebesbeziehung bekommen, die den kontemplativen Christen nährt? Ohne zu zögern und ohne sich in irgendeiner Weise dazu verpflichtet zu fühlen, bringen sie Christus eine tiefe, unverfälschte Hingabe entgegen. Eines der schönsten Geschenke, die wir Gott machen können, ist Zeit – und die wollen Kontemplative ihm im Überfluss schenken.

Noch eine Unterscheidung ist mir wichtig bei diesem Thema: Kontemplative Christen wollen Gott oder seine Gegenwart wahrnehmen und fühlen, aber das ist nicht gleichbedeutend damit, eine Vorstellung von Gottes Wesen zu haben. Sowohl

Paulus als auch Mose haben besondere Gotteserfahrungen gemacht, aber bei ihnen handelte es sich um außergewöhnliche, wundersame Geschehnisse, die ohne Zweifel selten vorkamen. Wenn wir hier über die Suche nach dem Antlitz Gottes reden, dann meine ich nicht, dass man dieses Antlitz tatsächlich sieht; ich spreche hier vom Bewusstsein seiner Gegenwart.

Kontemplatives Christsein gestalten

Neben dem kontemplativen Gebet gibt es noch viele andere Gebetsformen und -möglichkeiten für diesen Typ. Einige von ihnen will ich hier vorstellen.

Das Jesusgebet (Herzensgebet)

Das Jesusgebet ist eine Gebetsform, von der kontemplative Christen in der Kirchengeschichte schon immer viel Gebrauch gemacht haben. Es ist kurz und einfach: »Herr Jesus Christus, Sohn Gottes, erbarme dich meiner.« Manchmal wurde eine noch kürzere Form verwendet. Johannes Cassianus, ein berühmter Mönch des fünften Jahrhunderts, betete: »Oh, Gott, komm mir zu Hilfe, eile mir zu helfen.«[104]

Sinn des Jesusgebetes ist es, die Gegenwart Gottes einzuüben – und im jahrhundertelangen Gebrauch hat sich gezeigt, wie hilfreich es tatsächlich ist. Aber natürlich gab es auch hier das Phänomen, dass das Gebet um seiner selbst willen gebetet wurde. Ein Mönch zum Beispiel begann damit, es 10.000-mal am Tag zu beten, um sich dann langsam auf 100.000-mal hochzuarbeiten. Dies ist nur ein weiterer Beweis dafür, dass jedes gute Ritual zu einer absurden Handlung verkommen kann. Wenn wir so damit beschäftigt sind zu zählen, wie oft wir etwas sagen, dann können wir uns kaum noch darauf konzentrieren, warum wir es sagen. (Ich möchte gerne wissen, wer damals gezählt hat.)

Wenn ich aufgeregt bin (z. B. vor einem Gespräch oder einer Predigt), wenn ich ängstlich, verkrampft, geistlich ausgetrocknet oder in Versuchung bin, dann – so habe ich herausgefunden – führt mich das Jesusgebet in ein demütiges Vertrauen zu Gott. Ich habe festgestellt, dass es mir tatsächlich hilft, »Gottes Gegenwart einzuüben«. Es hat alle Elemente eines vollständigen Gebetes: die Bestätigung, dass Jesus Herr ist, die demütige Bitte um Beistand und Gnade und das Bekenntnis, ein Sünder zu sein. Die reinste Form des Gebetes wendet sich in Jesu Namen an den Vater. Das Jesusgebet aber erinnert mich daran, dass Jesus der Herr ist, dass ich ein Sünder bin und dass ich seine Gnade brauche.

Verborgene Taten der Hingabe

Es war Dezember, und es war kalt und dunkel. Der nächste Tag war Heiligabend. Ich zog meinen Mantel an, griff meine Tasche und schlich mich aus dem Haus. Ich war noch jung, und normalerweise verheißt es nichts Gutes, wenn ein Jugendlicher im Dunkeln draußen unterwegs ist – abgerollte Toilettenpapierrollen in den Bäumen ist das Mindeste, was dann passiert. Meine Vergangenheit war, was solchen Unfug anging, auch kein unbeschriebenes Blatt – aber dieses Mal hatte ich etwas anderes vor. Ich wollte Jesus ein Geschenk machen.

Nachmittags hatte ich in einem Supermarkt einen großen Schinken gekauft. Ich schrieb »Frohe Weihnachten« auf die Tasche und legte sie vor die Tür einer Familie, von der ich wusste, dass sie nicht viel Geld hatte. Der Vater hatte ein Verhältnis mit einer anderen Frau und seine Familie deswegen vor ein paar Monaten verlassen. Ich habe bis heute keinem von dem erzählt, was ich damals getan habe. Meine erste verborgene Tat der Hingabe. (Verborgen ist sie jetzt wohl nicht mehr ...)

Ich möchte alle Christen – besonders aber diejenigen, bei denen das kontemplative Temperament dominiert – zu solchen »verborgenen Taten der Hingabe« ermutigen. Das kann ein anonymes Geschenk sein, man kann sich hinter den Kulissen für jemanden einsetzen oder eine anonyme Karte schreiben – auf jeden Fall aber darf keiner erfahren – auch nicht der Empfänger der Hilfe –, dass Sie etwas damit zu tun haben.

Die Tat soll deshalb im Verborgenen bleiben, weil nur so deutlich wird, dass die treibende Kraft allein die Liebe zu Gott war. Jede intime Beziehung hat ihre Geheimnisse; Ehefrau und Ehemann teilen Dinge miteinander, die sie niemals jemand anderem sagen werden. Auch unsere Liebesbeziehung zu Gott kann dadurch geprägt sein, dass wir Geheimnisse miteinander teilen. Von Gottes Seite her ist das vielleicht etwas, was er uns mitgeteilt oder was er für uns getan hat und was wir niemandem erzählen sollen. (Jesus hat einmal einen Mann geheilt und ihm dann geboten, niemandem davon zu erzählen; Markus 8,26+30.) Von unserer Seite her kann das ein Dienst an einem anderen sein, von dem nie jemand erfährt. Verborgene Taten der Hingabe können sehr verschieden aussehen:
- ein anonymes Geschenk oder ein Geldbetrag für jemand, der in Not ist;
- ein Gedicht oder ein Brief an Gott, den man anschließend verbrennt;
- ein allein in der Gegenwart Gottes gesungenes Lied;
- ein »heimlicher« Spaziergang oder eine Nachtwache in der Gegenwart Gottes;
- ein heimlicher Ort der Anbetung, an den Sie sich regelmäßig zurückziehen, um Gott zu begegnen;
- intensives Fürbittengebet und Fasten;
- ein Gelübde, mit dem Sie sich verpflichten, etwas für eine gewisse Zeit oder für immer zu unterlassen, um deutlich zu machen, dass Ihre wichtigsten Bedürfnisse durch Gott gestillt werden;
- ein Symbol Ihrer Liebe zu Gott, das Sie in Ihrer Hosentasche oder um den Hals mit sich tragen;
- ein Eintreten hinter den Kulissen, um zu bewirken, dass ein Arbeitsloser wieder Arbeit bekommt;
- ein anonymer Brief der Ermutigung an einen Pastor oder Freund;
- ein gepflanzter Baum oder gesäte Wildblumen auf einem Feld, um Gott den Schöpfer zu feiern.

Mit ein wenig Übung fallen Ihnen sicher selbst noch viel mehr Beispiele für solche verborgenen Akte der Hingabe ein.

Gebet als Tanz

Mit »Tanzen« meine ich nicht die Bewegung des Körpers beim Tanz – auch wenn dies für manchen kontemplativen Christen eine gute Form sein mag; ich meine vielmehr, dass wir Gott erlauben sollten, uns im Gebet zu führen, so wie die Frau es dem Mann erlaubt, sie beim Tanz zu führen.

Intensive Fürbitten, das Ringen mit Gott im Gebet und auch unsere vor Gott gebrachten Anliegen – das alles hat seinen Ort und seine Berechtigung. Aber genauso muss es möglich sein, dass Gott spricht und uns seine Anliegen nennt. Wenn wir Gebet als Tanz verstehen, dann erlauben wir Gott, uns zu führen; es ist schon anmaßend, wenn wir nur glauben zu wissen, wer oder was unser Gebet am nötigsten hat; und deshalb ist es so wichtig, Gott die Führung zu überlassen.

Das kann unser Gebet in viele verschiedene Richtungen lenken: Reue, Feiern, Fürbitte, Selbstbetrachtung und vieles mehr. Wichtig ist, dass wir innerlich so ruhig sind, dass Gott uns wie ein guter Tänzer durch unser Gebet führen kann.

> *Intensive Fürbitten, das Ringen mit Gott im Gebet und auch unsere vor Gott gebrachten Anliegen – das alles hat seinen Ort und seine Berechtigung. Aber genauso muss es möglich sein, dass Gott spricht und uns seine Anliegen nennt.*

Um meiner Beziehung zu Gott Nahrung zu geben, muss ich lernen, seine Stimme zu hören, seine Anliegen zu meinen eigenen zu machen und versuchen, seine Sicht der Dinge zu begreifen. Es gibt Zeiten, in denen ich ihm mein Herz ausschütten muss, aber es sollte nie dazu kommen, dass aus meinen Gebeten Monologe werden.

Versuchen Sie, mit diesem Bild im Kopf zu beten: Ich tanze mit Gott – und dann lassen Sie sich vom Heiligen Geist durch Ihre Gebete führen.

Zentriertes Gebet

Diese Art des Gebetes schriftlich zu erklären ist sehr schwer, denn am besten lässt man es sich zeigen. Ich werde trotzdem versuchen, es zu beschreiben. Suchen Sie sich ein Wort aus (zum Beispiel *Jesus* oder *Vater*), und konzentrieren Sie Ihr Gebet auf dieses eine Wort. Setzen Sie sich einen festen Zeitrahmen (vielleicht zwanzig Minuten), und wiederholen Sie das Wort so lange still für sich, bis Ihr Herz das Wort von selbst zu wiederholen scheint, in einem Rhythmus, der so selbstverständlich ist wie das Atmen. Wenn Sie ganz erfüllt sind von Jesus, dem Vater oder einem anderen Gedanken (Liebe, Freude oder Frieden), dann können auch Ablenkungen von außen Sie nicht mehr erreichen.

Es ist schwer, das Menschen aus unserer westlichen Gesellschaft zu vermitteln. Wir denken immer: »So, was muss ich als Nächstes tun?« Zentriertes Gebet ist ein kontemplativer Akt, bei dem Sie gar nichts tun müssen; sie müssen einfach nur ruhig sein in der Gegenwart Gottes. Wenn Sie sich auf Gott den Vater, auf den Sohn oder auf den Heiligen Geist konzentrieren oder auf das Wunder der Trinität, dann haben Sie einen Fixpunkt, an dem Sie sich in Ihrer Kontemplation orientieren können, und Ihre Gedanken wandern nicht mehr ruhelos umher. Und wenn sie dann doch einmal abschweifen, dann müssen Sie nur noch das Wort in Ihrem Herzen wiederholen, um wieder zur Mitte des Gebetes zurückzukommen.

Die Liebe zwischen zwei Menschen ist oft dann am tiefsten, wenn man die Gegenwart des anderen genießen kann, ohne etwas sagen oder tun zu müssen; wenn man sich einfach freut, zusammen zu sein.

Es gibt durchaus christliche Traditionen, die unsere drängenden und wortreichen Gebete eher ablenkend als hilfreich finden. Johannes Klimakus (Ende 6., Anfang 7. Jahrhundert), der eines der frühen Werke zum Thema christliches Leben schrieb, drückt das so aus: »Eure Gebete sollen nicht von studierter Eleganz sein. (...) Ihr sollt nicht in lange Reden verfallen und eure Gedanken auf schöne Formulierungen verschwenden. Der Zöllner sprach nur ein Wort und erfuhr die Gnade Gottes; ein einziges Wort, im Glauben gesprochen, rettete den Verbrecher am Kreuz. Ein Gebet aus vielen Worten füllt uns mit Bildern, die uns nur ablenken, ein einziges Wort dagegen sammelt die Gedanken.«[105]

Zentriertes Gebet zielt nicht darauf ab, Gefühle auszulösen oder ein »geistliches Erlebnis« zu produzieren; es soll einzig und allein dazu dienen, sich mit Freude im Herzen in der gesegneten Gegenwart Gottes auszuruhen. Wer das bezweifelt, braucht nur auf uns Menschen zu schauen, um zu begreifen, was gemeint ist: Die Liebe zwischen zwei Menschen ist oft dann am tiefsten, wenn man die Gegenwart des anderen genießen kann, ohne etwas sagen oder tun zu müssen; wenn man sich einfach freut, zusammen zu sein. Wenn ein Mann das mit seiner Ehefrau erleben kann, wenn es unter Geschwistern möglich ist und zwischen Mutter und Kind – warum sollen Christen es dann nicht auch mit ihrem Gott erleben können?

Kontemplatives Gebet

Unsere Gebete sind normalerweise zu neunzig bis hundert Prozent intellektuelle Übungen, die wir mit unserem Verstand lenken. Kontemplative Christen fordern uns dazu heraus, weiter zu gehen. Wir Christen der westlichen Welt assoziieren mit »Gebet« meistens unser Reden mit Gott. Aber andere Christen haben herausgefunden, dass es ein Gebet des Herzens gibt: Es ersetzt zwar nicht das mit dem Verstand gelenkte Gebet, ergänzt es aber und vervollständigt dadurch das Gebetsleben erst.

Wir bestehen nicht nur aus Gehirnfunktionen und Intellekt, so hat Gott uns nicht geschaffen. Aber wir tun wenig, um die emotionale Seite unseres Wesens weiterzuentwickeln. Jemand hat das einmal so beschrieben: »Wir würden niemals Frieden und Ruhe finden, wenn unsere Gespräche mit Gott allein vom Verstand geleitet würden. Und trotzdem ist es eine Tatsache, dass unsere rationalen und kognitiven Fähigkeiten über Gebühr geschult werden, während wir unserem emotionalen Wachstum wenig Beachtung schenken. Oft ist die affektive Seite von Erwachsenen entweder kindisch geblieben oder aber so unbeholfen, dass es schon fast ans Barbarische grenzt.«[106]

Mit dem Herzen zu beten verlangt nicht von uns, den Verstand völlig abzuschalten; das wäre genauso dumm wie die umgekehrte Variante. Aber wir sind aufgefordert, unseren Verstand dazu einzusetzen, die Aufmerksamkeit auf unsere Herzen zu lenken. Was fühlen wir, wenn wir in die Gegenwart Gottes treten? Sind wir damit zufrieden, die Gegenwart Gottes zu genießen, oder sind wir zu rastlos, um zur Ruhe kommen zu können – wenn auch nur für ein paar Minuten?

Beziehungen – auch unsere Beziehung zu Gott – sind dynamisch. Die Übungen, die ich hier vorgestellt habe, haben sich im Leben anderer Christen als hilfreich erwiesen. Die Wahrheit jedoch ist, dass jeder Christ auf seiner Reise zu dem Ziel, Gott zu lieben, seine eigene Geschichte schreiben kann. Eine aufregende Wahrheit.

Sicher, wir dürfen uns in unserem Glauben nicht von Gefühlen leiten lassen; aber das heißt nicht, dass Gefühle belanglos und unwichtig sind. Gott hat sich etwas dabei gedacht, als er sie schuf. Wir können nicht ausschließlich auf sie vertrauen, aber wenn wir sie völlig ignorieren, dann verleugnen wir einen wichtigen Teil von uns.

Herzensgebet ist also, genau wie das zentrierte Gebet, mehr ein »Sein« als ein »Tun«. Man will keine Antwort von Gott hören, will ihm keine Anliegen vortragen, keine neuen Einsichten bekommen, ja, man will nicht einmal die eigene Hingabe zum Ausdruck bringen. Das Herzensgebet konzentriert sich auf die emotionale Zuneigung und Liebe zu Gott. Es fördert die emotionalen Fähigkeiten unserer Seele, die in unserer Gesellschaft so oft verkümmern, und lässt sie reifen. Ziel des Herzensgebetes ist die Liebe zu Gott; es soll unser Herz weit machen, so dass Gott mehr und mehr von uns Besitz ergreifen kann. Das zentrierte Gebet dagegen zielt darauf ab, bei Gott zu sein und seine Gegenwart bewusst wahrzunehmen.

Den Kreuzweg beten

Sich die Stationen des Kreuzweges Jesu in Erinnerung zu rufen, war schon immer eine weit verbreitete Methode des kontemplativen Gebets. Christen durchbeten die verschiedenen Stationen des Weges Christi zum Kreuz. Die erste Station ist der Garten Gethsemane und dann geht es weiter: die Urteilsverkündung durch Pilatus; Jesus nimmt sein Kreuz auf sich; er fällt das erste Mal unter dem Kreuz; Simon hilft ihm, das Kreuz zu tragen; Jesus fällt das zweite Mal unter dem Kreuz; Frauen stehen weinend am Wegesrand; Jesus fällt noch einmal unter dem Kreuz; ihm werden die Kleider vom Leib gerissen; Jesus wird ans Kreuz genagelt; er wendet sich Johannes und seiner Mutter Maria zu; Jesus stirbt am Kreuz; er wird vom Kreuz abgenommen und ins Grab gelegt.

Machen Sie an jeder Station eine Pause und vergegenwärtigen Sie sich die Wahrheit dessen, was geschrieben steht. Was ist passiert? Was können Sie von Jesu Opfer und seinem Gehorsam lernen? Es gibt keine festen Gebete für die einzelnen Stationen, also lassen Sie sich bei Ihren Gebeten vom Heiligen Geist leiten (und vergessen Sie nicht, die Herrlichkeit der Auferstehung zu genießen und zu feiern).

Das Beten des Kreuzweges wird Ihrem meditativen Gebet eine konkrete Struktur geben – und trotzdem bietet es Raum für spontane Einsichten und Bitten.

Meditation nach Ignatius von Loyola

Ignatius von Loyola hat mit seiner Schrift »Geistliche Exerzitien« viel zur Verbreitung des meditativen Gebetes beigetragen. Er bietet verschiedene Beispiele des meditativen oder kontemplativen Gebetes an, und wer sich für diese Art des Betens interessiert, tut gut daran, sich ein Exemplar dieses Buches zuzulegen.

Ignatius spricht von »betrachtendem Gebet« und meint damit die Reflexion eines biblischen Textes, eines bestimmten Themas oder eines Gegenstandes (den man sehen, schmecken, berühren, hören oder riechen kann). Ziel der Übung ist, darüber nachzudenken, was wir aus dem Text, dem Thema oder dem Gegenstand lernen können. Jede Gebetszeit sollte mit der demütigen Unterwerfung unter dem Willen Gottes beginnen und mit der persönlichen Begegnung mit Gott enden.

Manchem werden diese Arten des Betens neu und unbequem sein. Sie zu beschreiben ist ähnlich schwierig wie eine Beschreibung zu dem Thema »Wie verliebe ich mich«. Beziehungen – auch unsere Beziehung zu Gott – sind dynamisch. Die Übungen, die ich hier vorgestellt habe, haben sich im Leben anderer Christen als hilfreich erwiesen. Die Wahrheit jedoch ist, dass jeder Christ auf seiner Reise zu dem Ziel, Gott zu lieben, seine eigene Geschichte schreiben kann. Eine aufregende Wahrheit.

Versuchungen

Einseitige Anbetung

Es kann passieren, dass wir in unserem gesunden Bestreben, Freude und Liebe bei Gott zu finden, unversehens selbst bestimmen wollen, wie Gott uns seine Liebe offenbart – eine Einschränkung der Möglichkeiten Gottes. Ja, Gott möchte, dass wir uns an ihm freuen; er will aber auch, dass wir uns an den Menschen und an der Welt freuen, die er gemacht hat. Kontemplative Christen machen manchmal den Fehler, Weltliches und Sakrales zu trennen, so dass sich ihre Freude an Gott und die Freude an anderen Menschen und an den Dingen, die Gott gemacht hat, gegenseitig ausschließen.

Innerlich reife kontemplative Christen wissen, dass gute menschliche Beziehungen genauso ein Weg sind, sich an Gott zu freuen, wie das intime Beisammensein mit Gott allein. Gute Musik, die Schönheit der Natur, Kunst und Entspannung – mit all dem kann man Gott den Schöpfer feiern. Wir können Gott lieben, wenn wir die Wunder seiner Schöpfung betrachten.

Sie sollten sich also in Ihrem Eifer, Gott immer leidenschaftlicher zu lieben, davor hüten, nur noch auf Gott zu schauen und alles andere außer Acht zu lassen. Gott kann sich uns genauso gut in einem Gespräch mit einem Mitchristen offenbaren wie beim stillen Gebet auf den Knien.

Gott gleich werden wollen

Kontemplative Christen müssen sich bewusst machen, dass manche Formen der Kontemplation sich vom recht verstandenen Christentum entfernen. Besondere Vorsicht ist bei Meditationsformen geboten, bei denen nicht eine Beziehung zu Gott aufgebaut, sondern unser Ich von ihm absorbiert werden soll. Gott bleibt Gott, und wir bleiben Menschen, und daraus wird niemals Eins werden. Wir können eine Beziehung zu Gott aufbauen, aber wir können nicht Gott werden. Das ist kein christliches Denken, sondern blanker Unsinn.

Seien Sie auch auf der Hut vor Praktiken, die davon sprechen, Sie »leer zu machen« und ein Vakuum in Ihnen zu schaffen. Ein Christ will nicht geleert, sondern gefüllt werden vom Heiligen Geist. Jesus erzählt von einem Mann, der von einem Dämonen befreit worden war. Weil er aber leer blieb, kam der Dämon wieder und brachte noch viele weitere Dämonen mit sich (Matthäus 12,43–45).

> *Gott bleibt Gott, und wir bleiben Menschen, und daraus wird niemals Eins werden. Wir können eine Beziehung zu Gott aufbauen, aber wir können nicht Gott werden.*

Meditation ohne Opferbereitschaft

Geschichtlich gesehen steht die Rolle kontemplativer Christen deshalb im Zusammenhang mit der Askese, weil große Mystiker immer betont haben, dass man nicht im Glauben wachsen kann, wenn man nicht gegen seine Laster ankämpft. Wir können nicht in das herrliche Angesicht Gottes schauen, wenn unsere Herzen sich gleichzeitig nach den sündigen Vergnügungen der Welt sehnen. Kontemplative Christen müssen über die erwachsene Leidenschaft hinaus Selbstdisziplin und Selbstkontrolle an den Tag legen. Eine Heirat muss bei zwei Menschen dazu führen, dass sie das Stadium der bloßen Schwärmerei überwinden und auch bereit sind, für ihre Beziehung Opfer zu bringen. Genauso muss der kontemplative Christ über das Stadium der bloßen Meditation hinauskommen (und da liegt die Schwäche einiger östlicher Religionen) und dahin gelangen, dass sein Willen mit dem Willen Christi übereinstimmt.

Abhängigkeit von spirituellen Erlebnissen

Spirituelle Erfahrungen können so intensiv sein – Augustinus hat sie einmal als »heiligen Rausch« bezeichnet –, dass wir sie am liebsten für immer festhalten würden. Kontemplative Christen müssen akzeptieren, dass unsere irdischen Seelen und Gefühle genau wie unsere irdischen Körper Grenzen haben. Wir sollten dankbar sein für die spirituellen Erfahrungen, die uns geschenkt werden, aber wir sollten auch damit leben, dass sie vorüber gehen. Wir müssen uns hüten vor »spiritueller Völlerei«, davor, dass wir nicht mehr nach Gott, sondern nach Gefühlen suchen.[107]

Sind Sie ein kontemplativer Christ?

Gehören Sie zum geistlichen Temperament des kontemplativen Christen? Bewerten Sie die folgenden Aussagen auf einer Punkteskala von fünf (sehr zutreffend) bis eins (gar nicht zutreffend) und tragen Sie die Ergebnisse in der dafür vorgesehenen Zeile ein.

_____ 1. Ich fühle mich Gott am nächsten, wenn meine Gefühle geweckt sind, wenn Gott mein Herz anrührt und mir sagt, dass er mich liebt, wenn er mir das Gefühl vermittelt, ich sei sein bester Freund oder seine beste Freundin. Ich bin lieber allein mit Gott, versunken in die Betrachtung seiner Liebe, als an einem Gottesdienst mit traditioneller Liturgie teilzunehmen oder mich bei einem Spaziergang ablenken zu lassen von der Natur, die mich umgibt.

_____ 2. Die schwierigsten Zeiten für meinen Glauben sind die, in denen ich die Gegenwart Gottes nicht in mir spüren kann.

_____ 3. Die Worte *Geliebter*, *Intimität* und *Herz* lösen bei mir positive Gefühle aus.
_____ 4. Ich genieße es sehr, wenn ich jeden Tag eine halbe Stunde Zeit habe, in der ich einfach nur still ins Gebet versunken dasitze, »Gottes Hand halte«, ihm Liebesbriefe schreibe und seine Gegenwart erlebe.
_____ 5. Ich hätte Freude an einem Buch mit dem Titel »Freundschaft, die mich verwandelt«.
_____ 6. Wenn ich an Gott denke, dann verbinde ich damit hauptsächlich Liebe, Freundschaft und Anbetung.

Gesamtpunktzahl: _____

Jede Punktzahl über 15 deutet darauf hin, dass Sie eine Tendenz zu diesem geistlichen Temperament haben. Tragen Sie Ihre Punktzahl in die Tabelle im letzten Kapitel, auf Seite 246 ein, damit Sie ein vollständiges Bild davon bekommen, auf welche Weise Sie Gott am besten Ihre Liebe zeigen können.

Die Botschaft kontemplativer Christen

Als Teenager war ich davon überzeugt, dass die »Größen« des christlichen Glaubens unter den Frauen und Männern zu finden waren, die große Dinge für Gott getan hatten: all die großen Führungspersönlichkeiten, die Buchautoren, Prediger und Diener Gottes. Die Liste ihrer Erfolge und Leistungen in ihren Lebensläufen war lang und gewichtig. Sie hatten ganze Bewegungen ins Leben gerufen, hatten Menschen zu Tausenden zum Glauben geführt. Das Ausmaß ihrer Heiligkeit konnte man daran »ablesen«, wie lang die Einführung zu einer ihrer Reden war.

Kontemplative Christen weisen uns in eine völlig andere Richtung. All das, was wir tun, mag uns absolut notwendig und wesentlich erscheinen. Aber manchmal frage ich mich, ob das nicht nur daran liegt, dass wir eine verzerrte Sicht von unserer eigenen Wichtigkeit haben; oder dass unsere Arbeit nur ein Versuch ist, unsere eigene Existenz wertvoll zu machen und gar nicht zum Ziel hat, Gott zu lieben.

Kontemplative Christen bringen uns eine erstaunliche Tatsache wieder in Erinnerung: Es gibt etwas, was jeder einzelne Christ tun und was kein anderer ihm abnehmen kann: nämlich Gott die eigene, ganz persönliche Liebe und Zuneigung entgegenbringen. Gott kann unzählige Evangelisten, Lehrer, Autoren und Zeugen in seinen Dienst berufen, aber nur ich allein kann ihm meine persönliche Liebe darbringen. Weder mein Ehepartner, noch mein Pastor oder meine Kollegen können mir das abnehmen – nur ich allein kann Gott diese Liebe geben, eine Liebe, die er sich so sehr wünscht.

Stellen Sie sich vor, Sie haben sechs Kinder. Fünf von ihnen lieben Sie innig, schreiben Ihnen regelmäßig Karten und Briefe und lassen Sie immer wieder wissen, wie lieb sie Sie haben. Das sechste Kind aber hat Sie vor ein paar Jahren verlassen mit den Worten: »Ich hasse dich und will dich nie wieder sehen. Ich habe keine Eltern mehr.« Kann die Liebe der anderen fünf Kinder jemals den Schmerz über die Entfremdung des einen rebellischen Kindes auslöschen? Ganz bestimmt nicht. Erstaunlicherweise ist es bei Gott genauso. Die Tatsache, dass meine Frau und Billy Graham Gott ihre Liebe und Hingabe schenken und zeigen, bedeutet nicht, dass ihm meine Liebe und Hingabe nicht fehlt. Und ich bin der einzige Mensch, der ihm diese *meine* Liebe und Hingabe geben kann.

Es gibt etwas, was jeder einzelne Christ tun und was kein anderer ihm abnehmen kann: nämlich Gott die eigene, ganz persönliche Liebe und Zuneigung entgegenbringen.

Kontemplative Christen und Mystiker werden wahrscheinlich immer wieder erleben, dass man die Nase über sie rümpft, weil ihr Dienst an Gott so persönlich ist; aber diese persönliche Liebe ist Gott unendlich lieb und teuer. M. Basil Pennington beschreibt dies so:

Ich habe schon oft unglückliche Ehepaare beraten. Die Frau ist unzufrieden, und der Mann versteht nicht, warum. Er zählt auf, was er alles für sie tut: Er verdient genug Geld, hat ein Haus gebaut, kauft ihr alles, was sie will. Auf all das antwortet die Frau nur still: Wenn er doch nur einmal ein paar Minuten Pause machen und mir sich selbst geben würde!

Manchmal denke ich, dass Gott genauso empfindet. Er beobachtet uns dabei, wie wir ständig mit all dem Guten beschäftigt sind, das wir für ihn tun wollen, und er denkt bei sich: Wenn sie doch nur einmal ein paar Minuten Pause machen und mir sich selbst geben würden![108]

Ob wir Gott mit solcher Leidenschaft lieben, entscheidet jeder von uns selbst.

9.
Der intellektuelle Typ:
Gott lieben mit dem Verstand

»Nein, ganz bestimmt nicht!«, sagte der Pastor und schüttelte den Kopf. »Ich bin ganz sicher, dass es irgendwo im Nordwesten liegt.«

»Tut mir Leid«, erwiderte der Fahrer, ebenfalls ein Pastor, »aber ich bin immer davon ausgegangen, dass es sich im Südosten befindet.«

Der erste Pastor studierte erneut seinen Atlas. »Das kann nicht sein«, meinte er. Er zeigte unten rechts auf die Karte und fuhr mit dem Finger nach oben. »Es muss irgendwo da sein.«

Ich musste mir ein Lächeln verkneifen. Wir saßen zu dritt im Auto und fuhren in Richtung Norden. Es war Sommer und heiß, und wir waren auf dem Weg zu einer Tagung, bei der wir gemeinsam ein Projekt vorstellen sollten. Andere Autos überholten uns, und ich versuchte mir vorzustellen, welche Gesprächsthemen ihre Insassen wohl hatten: die neusten Baseball-Ergebnisse, irgendeine kürzlich vollzogene Fusion zweier Unternehmen oder vielleicht den aktuellen Klatsch aus Hollywood. Ich war mir jedoch ziemlich sicher, dass nicht einer der Insassen all dieser Autos würde erraten können, worüber bei uns gesprochen wurde: Wir führten eine hitzige Debatte darüber, an welchem Ort im alten Jerusalem wohl das Schaftor gestanden hatte.

Solche Diskussionen sind Haarspalterei und erklären vielleicht, warum intellektuellen Bemühungen in manchen christlichen Kreisen so oft Verachtung entgegengebracht wird. Wahrscheinlich haben wir alle schon einmal jemanden herablassend sagen hören. »Bei X oder Y spielt sich der Glaube ja ausschließlich im Kopf ab.« Tatsache ist, dass Jesus Christus selbst dem Verstand eine wichtige Rolle zugedacht hat, als er sagte, wir sollen Gott von ganzem Herzen, von ganzer Seele, mit all unserem Verstand und allen unseren Kräften lieben.

Für enthusiastische oder kontemplative Christen ist es sicherlich schwer zu verstehen, wie ein lebhafter Verstand die Beziehung zu Gott verbessern kann. Wenn der Verstand eines intellektuellen Christen erwacht, wenn er etwas Neues über Gott oder seine Wege mit seinen Kindern lernen kann, dann löst das große Bewunderung und Hingabe bei ihm aus.

So wie sich ein kontemplativer Christ stundenlang in der Gegenwart Gottes einfach wohl fühlen kann, so kann sich ein intellektueller Christ lange mit einem herausfordernden Vers oder Begriff auseinandersetzen. Bei der Beschäftigung mit dem Buch Hiob stieß ich in Kapitel 35 auf die Verse 6–8: »Sündigst du, was kannst du ihm schaden? Und wenn deine Missetaten viel sind, was kannst du ihm tun? Und wenn du gerecht wärst, was kannst du ihm geben, oder was wird er von deinen Händen nehmen? Nur einem Menschen wie dir kann deine Bosheit etwas tun und einem Menschenkind deine Gerechtigkeit.«

> *In unserer Gesellschaft bringt man den Verstand nicht automatisch in Verbindung mit Liebe und Hingabe. Es ist immer das Herz, das in diesem Zusammenhang genannt wird – Schokoladengehirne zum Valentinstag wären etwas völlig Neues, aber biblisch gesehen durchaus akzeptabel.*

Ich wusste, dass sich hinter diesen Worten etwas sehr Kostbares verbarg. Zuerst war ich mir nicht sicher, was diese Verse bedeuten sollten, aber ich mir war klar, dass sie mir in den nächsten Tagen viele angenehme Stunden der Reflexion bereiten würden.

Ich habe herausgefunden, dass mein Glaube die Stimulation durch solche Bibelstellen braucht, um wachsen und reifen zu können. Ich brauche die Auseinandersetzung mit »in Liebe gestellten, schwierigen Fragen«, wie mein Freund John Rankins sie nennt. Wenn ich nicht immer wieder etwas Neues über Gott lerne, dann gerät auch meine Beziehung zu ihm in Stillstand.

Intellektuelle Christen erinnern uns daran, dass es eine hohe Berufung ist, Gott mit dem Verstand zu lieben. In unserer

Gesellschaft bringt man den Verstand nicht automatisch in Verbindung mit Liebe und Hingabe. Es ist immer das Herz, das in diesem Zusammenhang genannt wird – Schokoladengehirne zum Valentinstag wären etwas völlig Neues, aber biblisch gesehen durchaus akzeptabel. Die Bibel legt großes Gewicht auf den Verstand, wenn es darum geht, unsere Liebesbeziehung zu Gott zu gestalten.

Intellektuelle Bemühungen haben entscheidend dazu beigetragen, dass sich das Reich Gottes ausgebreitet hat. Auch wenn die großen christlichen Denker sich sogar in den fundamentalen Fragen nicht immer einig waren, haben Männer wie Augustinus, Thomas von Aquin, Johannes Calvin, Erasmus von Rotterdam, Blaise Pascal und andere der gesamten Christenheit nicht nur dazu verholfen, mit der zeitgenössischen Gelehrsamkeit Schritt zu halten – sie haben sie sogar beeinflusst und vorangetrieben. Man kann den Einfluss der Scholastik auf die Geschichte des Christentums gar nicht hoch genug einschätzen. Ausgehend vom Werk Augustins (4. Jahrhundert), krönte die scholastische Theologie das Hochmittelalter. Bald darauf kamen die Gedanken auf, die später zur Reformation führen sollten.

Thomas von Aquin, ebenfalls ein großer Theologe des Hochmittelalters (viele der Reformatoren wollten gerne glauben, dass seine Lehren mit den Ideen der Reformation übereinstimmten), rückte den intellektuellen Aspekt der Kirchengeschichte ins rechte Licht, als er behauptete, dass nach 1. Timotheus 2,1 das Gebet in jedem Falle auch *ein Ausstrecken des Geistes nach Gott* sein müsse.[109]

Daraus folgt, dass jede Form von Christsein, die die Bedeutung von Wissen und Verstand leugnet oder auch nur herunterspielt, unbiblisch ist.

Intellektuelle Christen aus der Sicht der Bibel

Haben Sie schon einmal vor einer Kanzel gestanden, in die das Bild eines Adlers geschnitzt war? Eine so verzierte Kanzel will symbolisch darstellen, dass Gottes Wort das Werk des Satans zerstören kann. Der Adler ist der natürliche Feind der Schlange. Überall in der Bibel wird der Verkündigung von Gottes Wort eine hohe Priorität eingeräumt; sie ist eine der Hauptwaffen im Feldzug gegen die Mächte des Bösen.

Als Mose den Stamm Levi segnete, segnete er damit ein Volk, das »Jakob deine Rechte lehrt und Israel dein Gesetz« (5. Mose 33,10). Die Leviten waren von anderen Pflichten entbunden, damit sie sich ausschließlich dem Studieren und dem Lehren widmen konnten – Gott lieben mit dem Verstand.

Die Bibel berichtet auch von Einzelpersonen, die genau diese Rolle hatten. Ganz deutlich sagt sie zum Beispiel, dass »Salomo aber (...) den Herrn lieb hatte« (1. Könige 3,3). Er zeigte diese Liebe unter anderem dadurch, dass er seinen Verstand zur Ehre Gottes einsetzte. Besonders interessant ist, dass sich Salomo nicht mit religiöser Weisheit begnügte; er studierte auch die Natur, denn Gott ist ja der Schöpfer aller Dinge. »Er konnte alle Arten von Pflanzen genau beschreiben: von den hohen Zedern im Libanon bis zu unscheinbaren Ysop-Pflanzen, die in Mauerrissen wachsen. Auch die Tierwelt war ihm nicht fremd: Er konnte über Säugetiere, Vögel, Kriechtiere und Fische sprechen. Aus allen Völkern kamen Menschen, um Salomo zuzuhören, und alle Könige der Erde schickten ihre Gesandten zu ihm« (1. Könige 4,33–34; *Hoffnung für alle*).

Ein Biologie-Professor kann Gott mit seinem Wissen und Verstand genauso lieben wie ein Professor für Systematische Theologie. Da Gott alles geschaffen hat, kann jedes Studium, dass die Natur erforscht und erklärt, uns dabei helfen, ihn besser kennen zu lernen.

Worte der Weisheit können lebendiger Teil unseres Gottesdienstes sein, oder sie können uns, wie in Psalm 49, dazu aufrufen, Gott anzubeten:

Höret zu, alle Völker;
merket auf alle, die in dieser Zeit leben,
einfache Leute und Herren, reich und arm, miteinander!
Mein Mund soll Weisheit reden,
und was mein Herz sagt, soll verständig sein.
Ich will einem Spruch mein Ohr neigen
und mein Rätselwort kundtun beim Klang der Harfe.
(Psalm 49,5–7)

Auch ein guter Teil der biblischen Weisheitsliteratur betont, wie wichtig es für unsere Liebe zu Gott ist, dass wir unseren Verstand trainieren:

Wer weise ist, der höre zu und wachse an Weisheit,
und wer verständig ist, der lasse sich raten,
dass er verstehe Sprüche und Gleichnisse,
die Worte der Weisen und ihre Rätsel.
Die Furcht des Herrn ist der Anfang der Erkenntnis.
Die Toren verachten Weisheit und Zucht.
(Sprüche 1,5–7)

Die Sprüche wollen uns dazu auffordern, laut »nach Vernunft (...) und nach Einsicht zu rufen« und »nach ihr zu forschen wie nach Schätzen« (Sprüche 2,3–4). Es wird uns gesagt, dass »nur eines im Leben (...) wirklich wichtig ist: Werde weise! Werde verständig! Kein Preis darf dir zu hoch dafür sein« (Sprüche 4,7; *Hoffnung für alle*).

Das ist eine ziemlich radikale Aussage. Unsere Gesellschaft lehrt uns, nach Ruhm und Glück, Reichtum und Macht zu streben. Die Heilige Schrift dagegen lehrt uns, dass wir zuerst und vor allen Dingen nach Weisheit und Einsicht trachten sollen.

Auch Jesus hatte intellektuelle Züge. Im Alter von zwölf Jahren entdeckten ihn seine Eltern dabei, wie er in der Synagoge mit den Schriftgelehrten über das Gesetz diskutierte (Lukas 2,46-47+52). Ein großer Teil seines Dienstes bestand darin zu lehren. Jesus hat sehr wohl gewusst, dass nicht nur das Herz, sondern auch der Verstand des Menschen verwandelt werden muss. Deswegen fordert er seine Jünger auf, Gott mit all ihrem Verstand zu lieben (Matthäus 22,37).

Tun wir das auch? Ist es uns wirklich ein Anliegen, all unsere falschen Vorstellungen von Gott zu überprüfen und ihm einen gereinigten Verstand darzubringen?

Intellektuelles Training

Wie bereits erwähnt, habe ich am Regent College studiert. An meinem ersten Tag bin ich einfach vorbeigefahren, ohne es überhaupt zu bemerken. Damals war das College in ein paar umgebauten Verbindungshäusern am Rand der British Columbia Universität untergebracht. Der Buchladen befand sich in einem Wohnwagen. Was ich vom Regent College wusste, das wusste ich von den Professoren, die dort unterrichteten – Professoren wie Dr. Bruce Waltke und Dr. J. I. Packer. Ich konnte mir nicht vorstellen, dass sie an einem Ort wie diesem ihre Vorlesungen halten würden. Inzwischen hat das College sich grundlegend verändert, aber die provisorischen Verhältnisse haben uns damals, in der Mitte der Achtzigerjahre, nicht gestört. Der Unterricht und die Beziehungen haben uns dort gehalten. Ich kann mich noch gut an die Zeit erinnern, als meine Studienkollegen und ich unser Examen machten und nach und nach aufbrachen, um unsere eigenen Wege zu gehen. Ein Freund, mit dem ich häufig gegessen und gelernt hatte, hinterließ mir einen Brief, den er mir auf meine Bücher legte, bevor er das College endgültig

Jesus hat sehr wohl gewusst, dass nicht nur das Herz, sondern auch der Verstand des Menschen verwandelt werden muss.

verließ. Wir beide wussten, wie unwahrscheinlich es war, dass wir uns wiedersehen würden. Er ging an die United Methodist Schule in Kanada; ich kehrte zu meinem Leben in den Vereinigten Staaten zurück. Ein anderer Freund ging zurück nach Hongkong, um die Menschen dort darauf vorzubereiten, wieder unter der Kontrolle Chinas zu leben. Ein weiterer Freund – der auf dem College die ernüchternde, aber auch festigende Erfahrung gemacht hatte, wie eine seiner Arbeiten in einem Seminar buchstäblich in Stücke gerissen wurde – wollte als Pastor in der Gegend von Vancouver arbeiten.

Als ich zum letzten Mal durch das College wanderte, dachte ich mit Ehrfurcht daran, wie sehr das Leben all der Studenten durch die vergangenen zwei oder drei Jahre hier verändert worden war. Frauen und Männer verließen das College anders, als sie gekommen waren. Unser Verstand war angeregt, unser Herz vor Herausforderungen gestellt worden – und nun waren wir bereit dafür, das Gleiche für andere Menschen zu tun, auch wenn wir auf diesem Weg noch viel lernen mussten. Derselbe Prozess vollzieht sich auch heute noch. Rund um die ganze Welt ist die christliche Kirche damit beschäftigt, das Wissen der Christen zu vertiefen und zu vergrößern, um sich selbst weiterzuentwickeln. Das finde ich aufregend, und es ist tiefe Kraftquelle für eine Kirche, die sich zu ihrem Glauben bekennt.

Meiner Ansicht nach bringt das Lernen jeden weiter – intellektuelle Christen aber erleben eine wissenschaftlich orientierte theologische Ausbildung als besonders bereichernd. Eine gute Schule vermittelt das Handwerkszeug, das man braucht, um sich nach der Abschlussprüfung auch weiterhin fortzubilden; solch eine Grundlage kann durch nichts ersetzt werden.

Wenn man nicht die Möglichkeit hat, eine mehrjährige Ausbildung zu machen, dann kann man sich für kürzere Fortbildungen oder berufsbegleitende Ausbildungen entscheiden, die von verschiedenen Bibelschulen oder auch Hochschulen angeboten werden. Auch das Studium guter Bücher kann weiterführen und die eigenen Kenntnisse erweitern.

Ich kann mich nicht erinnern, dass in all den Jahren, in denen ich zur Arbeit gefahren bin, ein einziger Verkehrshinweis oder Wetterbericht es geschafft hätte, mein Leben zu verändern oder mich neu auf Gott auszurichten. Wenn ich aber ein ganzes Jahr damit verbringe, Frauen und Männern zuzuhören, die von Gott tiefe Einsichten geschenkt bekommen haben, dann kann mich das zu einem besseren Menschen machen.

Es würde Ihr Christsein erheblich vertiefen, wenn Sie sich jedes Jahr ein Thema vornehmen, an dem Sie intensiv arbeiten. Schon nach ein paar Jahren wären Sie mit einer Reihe wichtiger Wahrheiten vertraut. Es liegt auf der Hand, dass die Kirche als Institution wesentlich mehr Einfluss haben könnte, wenn wir den Verstand, den Gott uns gegeben hat, besser nutzen würden, indem wir unser Wissen ständig ausbauen.

Wenn weder die Zeit noch die finanziellen Mittel den Besuch einer Bibelschule oder Ähnlichem erlauben, dann gibt es noch die Möglichkeit, sich durch Kassetten oder Videos fortzubilden. Sie könnten in der eigenen Gemeinde kleine Studiengruppen bilden, die sich gemeinsam mit den Vortragsvideos bekannter Professoren beschäftigen. Es ist immer hilfreich, so etwas in einer Gruppe zu tun, denn Diskussionen sind von unschätzbarem

Wert, um die eigenen Gedanken und Überzeugungen zu schärfen oder zu korrigieren.

Wenn in der Gemeinde kein ausreichendes Interesse besteht, dann können Sie den Weg zur Arbeit in eine fruchtbringende Zeit des Studiums verwandeln, indem Sie im Auto Kassetten hören. Ich kann mich nicht erinnern, dass in all den Jahren, in denen ich zur Arbeit gefahren bin, ein einziger Verkehrshinweis oder Wetterbericht es geschafft hätte, mein Leben zu verändern oder mich neu auf Gott auszurichten. Wenn ich aber ein ganzes Jahr damit verbringe, Frauen und Männern zuzuhören, die von Gott tiefe Einsichten geschenkt bekommen haben, dann kann mich das zu einem besseren Menschen machen.

Themengebiete der Theologie

Intellektuelle Christen sollten ihren Glauben dadurch schulen und erweitern, dass sie die grundlegenden Themengebiete der Theologie durcharbeiten. Dazu gehören Kirchengeschichte, Bibelkunde, Systematische Theologie, Ethik und Apologetik. Ein vollständiges Studium umfasst noch einige weitere Themengebiete, aber die fünf genannten sind ein guter Start, um sich ein fundiertes theologisches Wissen anzueignen.

Zu jedem dieser Themengebiete gibt es zahlreiche Bücher, auch wenn die christliche Buchhandlung vor Ort sie nicht führt. Ein Pastor könnte Ihnen jedoch sehr schnell verschiedene Vorschläge machen. Beim Lesen werden Sie dann auf Literaturhinweise stoßen, die Ihnen weitere Anregungen geben. Für den Anfang ein paar hilfreiche Hinweise:

Kirchengeschichte

Die Kirchengeschichte umfasst viele anrührende wahre Geschichten über großen Glauben, tiefe Hingabe und erstaunliches Engagement. Überdies schafft sie eine Verbindung zwischen Kopf und Herz. Man kann die leidenschaftlichen Worte von Frauen und Männern lesen, die sich der Verbreitung des Evangeliums verschrieben haben; es hinterlässt aber einen viel tieferen Eindruck, wenn man liest, dass sie als Missionare in ein fremdes Land gingen und ihre Habseligkeiten in einem Sarg transportierten, weil sie davon ausgingen, in dem fremden Klima nicht mehr als achtzehn Monate zu überleben.

Der Autor der Sprüche schrieb, dass es nichts Neues gibt unter der Sonne. Das gilt auch für das Wachstum und die Entwicklung der Kirche. In zweitausend Jahren erlebte die Kirche unter vielen verschiedenen Namen immer wieder dieselben Häresien. Sie hat auch immer wieder die gleichen Kämpfe ausgefochten und überstanden, immer wieder dieselben Themen bearbeitet und ihr Gleichgewicht neu gefunden. Jemand, der sich eingehend mit Kirchengeschichte befasst hat, wäre eine wertvolle Bereicherung für jede Gemeinde und jeden Pastor.

Kirchengeschichte ist eine wesentliche Voraussetzung für ein fundiertes theologisches Wissen. Man wird Theologie nicht verstehen, wenn man sich nicht mit Kirchengeschichte beschäftigt. Das wäre genauso wie der Versuch zu verstehen, was in der Welt vor sich geht, indem man in den Zeitungen die Überschriften liest, nicht aber die dazugehörigen Artikel. Man bekommt eine vage Vorstellung davon, worum es geht, hat aber letztlich keine Ahnung, was das alles bedeutet.

Bibelkunde

Ich wünschte, ich hätte die Möglichkeit, um diese Seite jetzt zum Tanzen zu bringen, damit Sie merken, wie unendlich wichtig dieses Thema ist. Da dies aber keine CD-ROM ist, muss ich schriftlich zum Ausdruck bringen, dass meiner Meinung nach neunzig Prozent aller Schwierigkeiten im Leben eines Christen daraus resultieren, dass wir die Bibel nicht gut genug verstehen. Neunzig Prozent. So wichtig, meine ich, ist Bibelkunde.

Das Fach Bibelkunde besteht aus drei Komponenten: dem Bibellesen, dem Studium einzelner Teile der Bibel (oft als »Exegese« bezeichnet) und dem Lesen von Bibelkommentaren, die uns dabei helfen, das zu verstehen, was die Bibel sagt. Jeder Christ täte gut daran, mithilfe eines bestimmten Programms regelmäßig die ganze Bibel durchzulesen – wobei das einmal im Jahr oder auch einmal in drei Jahren stattfinden kann, das ist gleich. Wir müssen dabei nicht bei Genesis anfangen und bei der Offenbarung aufhören. Ich habe schon eine Reihe von verschiedenen Ansätzen probiert. Man kann zum Beispiel immer abwechselnd ein Buch aus dem Alten Testament und dann eins aus dem Neuen Testament lesen. So liest man erst Genesis, dann Matthäus, kehrt dann zurück zu Exodus und wieder ins Neue Testament zu Markus – und so weiter. Da das Alte Testament ungefähr doppelt so viele Bücher hat wie das Neue, habe ich die Bibel in drei Teile aufgeteilt: Der erste beginnt mit Genesis, der zweite mit den Psalmen und der dritte mit Matthäus. Auf diese Weise werden die Evangelien und die schwierigeren Bücher des Alten Testamentes in kleinere Häppchen aufgeteilt.

Neunzig Prozent aller Schwierigkeiten im Leben eines Christen resultieren daraus, dass wir die Bibel nicht gut genug verstehen.

Ich weiß gar nicht, wie oft Gott mir wunderbarerweise einen Text vor die Nase gelegt hat, den ich wirklich genau in dem Augenblick brauchte, als ich ihn las. Regelmäßiges Bibelstudium gibt Gott die Möglichkeit, uns seine Wahrheiten ins Herz zu legen. Ich habe noch nie einen Christen getroffen, der die Bibel täglich studiert und nicht begeistert ist von den Auswirkungen.

Wenn Sie denken, Sie seien ein intellektueller Christ, dann sollten Sie *hier* ansetzen. Fangen Sie an, die Bibel *täglich* zu lesen. Aber auch wenn dies nicht Ihr geistliches Temperament ist, sollte das tägliche Bibelstudium Bestandteil Ihres Lebens als Christ sein.

Ebenfalls bereichernd ist es, wenn man über das reine Lesen der Bibel hinaus einige spezielle Passagen genauer studiert. Wenn Sie mit dem Studium einzelner Bücher der Bibel beginnen, dann hilft es vielleicht, einige gute Kommentare zur Hand zu haben und zusätzlich Bücher über den kulturellen Hintergrund des jeweiligen biblischen Buches. Auch Bibellexika und ein Bibelatlas sind eine gute Hilfe. Ziel dieser Art des Bibellesens ist es zu verstehen, was einzelne Teile der Bibel bedeuten und was sie uns lehren wollen.

Die Bibel besteht aus sechsundsechzig Büchern. Wenn wir beschließen würden, jeweils sechs Monate lang ein Buch gründlich zu studieren, jeden Vers genau anzuschauen und Kommentare dazu zu lesen – dann haben die meisten von uns Zeit genug, um die ganze Bibel in ihrem Leben gründlich kennen zu lernen.

Systematische Theologie

Die Systematische Theologie befasst sich mit dem Studium christlicher Lehren. Hier geht es um Themen wie Erlösung, Taufe, Kirchenordnung usw. Jedes Buch über Systematische Theologie wird eigene theologische Richtungen vertreten, angefangen bei Klassikern wie der »Summa Theologica« von Thomas von Aquin und der »Institutio« Calvins. Ihr Pastor wird Ihnen sicher Hinweise auf Literatur geben können, die sich mit Ihrer eigenen Tradition befasst. Wenn wir uns mit Systematischer Theologie beschäftigen, dann stoßen wir auf sieben Themen: Gott, die Menschen, Jesus, der Heilige Geist, die Kirche, Eschatologie (die Lehre von den letzten Dingen) und die Offenbarung.

Ethik

Christsein heißt glauben und handeln; christliche Ethik ist der Versuch, einen Verhaltenskodex aufzustellen, auf dessen Grundlage Christen ihre Entscheidungen im Einklang mit Gottes Willen treffen können. Die Ethik versucht eine Antwort auf die alttestamentliche Frage, die auch Francis Schaeffer berühmt gemacht hat: »Wie sollen wir denn leben?«

Ein Christ, der sich in der Betreuung von Strafgefangenen engagiert, erzählte mir, er sei noch keinem einzigen Vergewaltiger oder Mörder begegnet, der nicht ganz sicher sei, in den Himmel zu kommen. »Ich glaube, dass Jesus Gottes Sohn ist, also komme ich auch in den Himmel«, so sagen sie ihm, ohne auch nur die geringste Reue an den Tag zu legen für das, was sie getan haben. Die christliche Ethik erinnert uns daran, dass eine Wandlung stattfinden kann und muss. Bei der Erlösung geht es um mehr als die Tatsache, nicht in der Hölle zu landen; es geht um eine Verwandlung, die schon hier auf der Erde ihren Anfang nimmt.

Ein Christ, der sich in der Betreuung von Strafgefangenen engagiert, erzählte mir, er sei noch keinem einzigen Vergewaltiger oder Mörder begegnet, der nicht ganz sicher sei, in den Himmel zu kommen.

In der heutigen Zeit wird es immer wichtiger, dass sich Christen aktiv mit sozialen Themen befassen – zum Nutzen der gesamten Gesellschaft. Die medizinischen Entwicklungen stellen uns vor ganz neue Fragen: Wann beginnt menschliches Leben? Wann ist ein Leben beendet, und wie erkennen wir diesen Zeitpunkt? Kann ein Atomkrieg jemals als »gerechter Krieg« bezeichnet werden? Wie können wir verantwortungsvoll leben in einer Welt, in der so viel Not herrscht?

Mit vielen dieser Fragen sind Christen in ihrem ganz normalen Alltag immer wieder konfrontiert. Intellektuelle Christen müssen die wichtige Aufgabe übernehmen, uns diese Fragen zu stellen, Orientierungshilfen zu geben und dabei zu helfen, Gottes Willen und die Aussagen der Bibel zu diesen Themen zu verstehen.

Apologetik

Es gab eine Zeit, in der ich regelmäßig mit dem Auto zur Arbeit fuhr. Damals hatte ich es mir zur Gewohnheit gemacht, auf der Fahrt Kassetten zu hören. Die Fahrten verlängerten meinen Arbeitstag um etwa zwei Stunden, aber so konnte ich diese Zeit sinnvoll nutzen. Ich erinnere mich an eine Kassette, die mich gefesselt hat wie kaum eine andere. Es handelte sich um die Aufnahme eines Streitgesprächs zwischen Pastor John Rankin und Patricia Ireland, der Vorsitzenden des Nationalen Frauenverbandes.

Pastor Rankin hat seine Sache hervorragend gemacht und das Publikum am Smith College, das ihm eigentlich feindlich gesinnt gewesen war, auf seine Seite gebracht. Seine Fähigkeit, die Wahrheit und die Vorzüge des christlichen Glaubens in einem zutiefst säkularen Umfeld zu erklären, erfüllte mich mit Bewunderung und Ehrfurcht. Ich habe großen Respekt vor Menschen, die in der Lage sind, den christlichen Glauben gut zu vermitteln.

Manchmal kommt es vor, dass Gott uns aus unseren gemütlichen Nischen herauszieht – darauf müssen wir vorbereitet sein. Kurz nachdem ich die Kassette mit Pastor Rankin gehört hatte, traten einige Studenten des Swarthmore Colleges an mich heran und baten mich, bei ihnen einen Vortrag über Jesus und seine Einstellung zu Frauen zu halten. Ich habe mich nie für einen besonders begabten Apologetiker gehalten, also versuchte ich die Studenten zu überreden, doch lieber John Rankin einzuladen; aber einer der jungen Leute hatte mich bei einer anderen Gelegenheit als Redner erlebt und bestand darauf, dass ich kommen solle. Ich brachte die Angelegenheit im Gebet vor Gott und sagte schließlich zu.

Wir müssten uns bestimmte Glaubenssätze alle zwanzig Minuten ins Gedächtnis rufen.

Wenn man es gewöhnt ist, zu Christen zu sprechen, dann ist es eine echte Herausforderung, einem Publikum gegenüberzustehen, das nach Schwachpunkten Ausschau hält und sie sofort anspricht. Und genau diese Art von Diskussionen beschreibt der Begriff »Apologetik«. Apologeten beschäftigen sich damit, wie wir heute, mitten in einer von Unglauben geprägten Gesellschaft, den Glauben erklären und verteidigen können. Dazu gehört auch die Verteidigung der christlichen Lehre gegen Häresie, besonders dann, wenn sie von christlichen oder nichtchristlichen Sekten vertreten wird. Ich nenne diese beiden Zweige »externe« und »interne« Apologetik. Externe Apologetik verteidigt den Glauben gegen jene, die behaupten, das Christentum sei nicht wahr; interne Apologetik verteidigt ihn gegen jene, die zwar für sich beanspruchen, Christen zu sein, aber Lehren vertreten, die nicht im Einklang stehen mit der biblischen Lehre.

Bekenntnisse

Dr. Klaus Bockmühl, Professor am Regent College und inzwischen leider verstorben, erinnerte oft daran, dass wir uns bestimmte Glaubenssätze alle zwanzig Minuten ins Gedächtnis rufen müssten. Dafür sind Bekenntnisse hilfreich, und deshalb sind sie wirksame Werkzeuge, um den eigenen Glauben zu vertiefen. Bekenntnisse decken auch die Lüge auf, die in dem beliebten, aber irrigen Satz steckt: »So lange wir das Richtige tun, ist es gleich, was wir glauben.« Wie können wir wissen, was richtig ist, solange wir nicht wissen, was wir glauben? Wenn wir Bekenntnisse, Dogmen oder bestimmte Glaubensüberzeugungen über Bord werfen, dann verlieren wir die Fähigkeit zu entscheiden, ob das, was wir tun, richtig ist; es kann dann leicht passieren, dass wir uns diabolische Rituale angewöhnen und dabei fest davon überzeugt sind, wir dienten Gott.[110]

Vielleicht halten wir Bekenntnisse für unwichtig – nach dem Motto: verkopftes Zeug –, aber sie haben eine entscheidende Rolle in der Kirchengeschichte gespielt, und intellektuelle Christen erinnern uns daran. Dorothy L. Sayers, eine beliebte englische Schriftstellerin aus der Zeit des Zweiten Weltkriegs, hat das in Worte gefasst, die heute noch genauso relevant sind wie zu der Zeit, in der sie geschrieben wurden:

Es ist mehr als nutzlos, wenn Christen über die Bedeutung christlicher Moral sprechen, ohne sich auf die grundlegenden Wahrheiten christlicher Theologie stützen zu können. Es ist eine Lüge zu behaupten, dass Dogmen unwichtig sind; sie sind von enormer Wichtigkeit. Es ist fatal, die Menschen in dem Glauben zu lassen, dass Christentum nur ein Gefühl sei; betont werden muss vor allem, dass es zuerst und vor allem eine rationale Erklärung des Universums ist. Es ist unsinnig, Christsein als einfaches idealistisches System anzupreisen, das Trost spenden will; im Gegenteil, es handelt sich um eine harte, zähe, anspruchsvolle und komplexe Doktrin, die in einen kompromisslosen Realismus eingebettet ist. Und es ist fatal, davon auszugehen, dass jeder ganz gut weiß, was Christsein ist, und deshalb lediglich eine kleine Ermutigung braucht, um als Christ leben zu können. Die brutale Wahr-

heit ist, dass (...) nicht ein Mensch von Hundert auch nur im Entferntesten versteht, was die Kirche über Gott, den Menschen und die Gesellschaft oder die Person Jesu lehrt.[111]
Was wir von Gott glauben, beeinflusst das, was wir für Gott tun – genauso wie unsere Haltung gegenüber einem Menschen dadurch beeinflusst ist, wie wir über ihn denken. Ich weiß noch, wie ich bei einem Kongress in der Mittagspause neben einem bescheiden wirkenden Mann saß. Wir unterhielten uns nett, aber irgendetwas störte mich die ganze Zeit, und ich kam nicht darauf, was das sein konnte. Er kam mir bekannt vor, aber ich wusste nicht woher. Auf seinem Namensschild stand nur sein Vorname. Plötzlich schoss es mir durch den Kopf: Ich sprach mit einem ehemaligen US-Senator. »Sind Sie vielleicht ...«, fragte ich und nannte seinen vollständigen Namen.

Ebenso sicher, wie eine Brille Einfluss auf unser Sehvermögen hat, haben Glaubenslehren Einfluss auf unser Handeln.

»Das bin ich, ja«, antwortete der Senator, »aber sagen Sie es bitte niemandem.«

Sofort änderte sich das Verhalten aller, die in Hörweite waren und mitbekommen hatten, was vor sich ging. Der Mann in der lässigen Kleidung wurde plötzlich mit großem Respekt behandelt. Es war interessant zu beobachten, wie sich die Kongressteilnehmer am Tisch – und im weiteren Verlauf des Kongresses auch alle anderen, die herausfanden, wer der Mann war – von einem Augenblick auf den anderen anders benahmen. Das entsprach sicher nicht dem, wie wir uns eigentlich verhalten sollten, aber selbst der Apostel Paulus hatte Respekt vor Menschen in bestimmten Positionen. Einmal gab er jemandem eine schlagfertige, aber unverschämte Antwort und entschuldigte sich dann vielmals, als er feststellte, dass es sich dabei um einen Hohen Priester gehandelt hatte (Apostelgeschichte 23,1–5).

Auf die gleiche Art und Weise wird unser Wissen von Gott auch unser Verhalten ihm gegenüber beeinflussen. Wenn wir in unserem Schöpfer nur einen »guten Kumpel«, einen strengen Arbeitgeber oder einen rachsüchtigen Richter sehen, dann wird auch unser Leben entsprechend geprägt sein. Ebenso sicher, wie eine Brille Einfluss auf unser Sehvermögen hat, haben Glaubenslehren Einfluss auf unser Handeln. Deshalb sind Glaubensbekenntnisse eine wesentliche Hilfe dabei, Gott so zu lieben, wie er es verdient hat.

Heute dienen intellektuelle Christen Gott, indem sie anderen erklären, was christlicher Glaube ist und was er bedeutet. Beides ist wichtig. Jesus ist Gott (eine der grundlegenden Glaubensaussagen) – aber was heißt das für mein Leben?

Bekenntnisse (und damit sind auch Glaubensbekenntnisse gemeint) sind eine Sammlung solcher Glaubensaussagen. Manchmal sind sie umfassend, manchmal sind sie es nicht. Das Nizänische Glaubensbekenntnis zum Beispiel, ist eines der ersten des Christentums, aber es deckt nicht alle Themen ab, die Christen eigentlich verstehen sollten.

Es gibt »ökumenische« Glaubensbekenntnisse, die für die ganze sichtbare Kirche geschrieben wurden und auch weltweit akzeptiert und gebetet werden; es gibt aber auch Glaubensbekenntnisse, die nur von bestimmten Teilen der Kirche benutzt werden – von den Presbyterianern oder den Katholiken beispielsweise. Für intellektuelle Christen ist es vielleicht interessant, die wichtigsten von ihnen kennen zu lernen. Das Apostolische Glaubensbekenntnis, das Nizäische Glaubensbekenntnis, das Athanasianische Symbol, das Augsburger Bekenntnis und den Heidelberger Katechismus (bis auf das Athanasische Symbol sind alle Bekenntnisse im Evangelischen Gesangbuch nachzulesen; Anm. d. Übers.) geben für den Anfang sicherlich einen guten Einblick.

Als intellektueller Christ wachsen und reifen

Erreichen Sie bei dem Test in diesem Kapitel eine hohe Punktzahl, oder wollen Sie gerne Ihren Verstand schulen und Ihr Wissen erweitern, um Gott Ihre Liebe zu zeigen? Dann sollten Sie zunächst einmal mit einem der oben beschriebenen Themenfelder beginnen. Vielleicht sind die Herausforderungen der Apologetik für Sie ein Anreiz, oder Sie gehören zu den Menschen, die sich von der Kirchengeschichte faszinieren lassen.

Vielleicht brauchen Sie aber auch eine Auffrischung Ihrer Bibelkenntnisse oder wollen damit anfangen, sich mit christlicher Ethik zu beschäftigen, um Ihren Glauben mit Ihren Taten in Einklang zu bringen.

Es ist eine Lebensaufgabe, vor der Sie stehen. Gott schenkt uns eine bestimmte Zeit auf dieser Erde, und solange wir hier sind, müssen wir daran arbeiten, unser Wissen und unseren Verstand Stück für Stück der Wahrheit Gottes zu unterwerfen. Wenn ich sterbe, dann möchte ich so weit sein, dass mein ganzer Glaube, all mein Denken und mein Handeln im Einklang sind mit dem Bild Jesu Christi. Und das geschieht nicht einfach so, ohne unser Zutun. Glücklicherweise haben wir einen großartigen Lehrer – den Heiligen Geist – und verlässliches Lehrmaterial – die Bibel. Beides zusammen hilft uns dabei, unser Ziel zu erreichen.

Versuchungen

Den Streit zu sehr lieben

Vielleicht gehörte Timotheus zu den Intellektuellen, die den Streit lieben. Paulus hat Timotheus zwei Briefe geschrieben, in denen er ihn scharf dazu aufforderte, jene Leute zu meiden, die sich mit »diesem sinnlosen Nachforschen in Legenden und allen möglichen Abstammungstafeln beschäftigen; das führt zu nichts als zu nutzlosem Gerede und Streit. Was wir brauchen, ist ein Gehorsam, der aus dem Glauben an Gott kommt« (1. Timotheus 1,4; *Hoffnung für alle*). So jemand »nimmt nur sich selbst wichtig, weiß aber überhaupt nichts. Solche Leute sind auf ihr hohles Geschwätz stolz und auf ihr Herumdiskutieren, das keinem nützt, woraus sich aber oft Neid, Zank, böses Gerede und gemeine Verdächtigungen ergeben. Wie eine Krankheit, wie eine Seuche ist das. Man könnte meinen, sie hätten den Verstand verloren und die Wahrheit nie gehört« (1. Timotheus 6,4–5; *Hoffnung für alle*).

Das sind sowohl Warnungen an jene, die Timotheus folgen, als auch an Timotheus selbst. Im 2. Timotheusbrief wird Paulus persönlich: »Den törichten und nutzlosen Auseinandersetzungen gehe aus dem Weg. Du weißt ja, dass sie nur zu unsinnigem Streit führen; und wer Gott dienen will, sollte sich nun wirklich nicht durch ein zänkisches Wesen auszeichnen. Er soll allen Menschen freundlich begegnen, ein geduldiger Lehrer sein, bereit auch Böses zu ertragen. Wer sich dir widersetzt, den versuche mit Güte auf den richtigen Weg zu bringen. Denn vielleicht führt Gott ihn ja zur Einsicht, dass er zur Besinnung kommt, umkehrt und die Wahrheit erkennt« (2. Timotheus 2,23–25; *Hoffnung für alle)*.

Vielleicht hatte Paulus erkannt, dass Timotheus ein wenig zu sehr dazu neigte, andere zu »korrigieren«. Irgendwann nämlich geht das Lehren in Streiten über. Die Grenze ist schmal, aber wir müssen sorgfältig darauf achten, dass wir sie nicht überschreiten. Gott will keine Diskussionen ohne Liebe, keine Streitgespräche also, die den Anderen in die Ecke drängen wollen und nicht darauf abzielen, ihm zu helfen. »Und wenn ich prophetisch reden könnte und wüsste alle Geheimnisse und alle Erkenntnis (...) und hätte die Liebe nicht, so wäre ich nichts« (1. Korinther 13,23).

Genauso direkt war Paulus bei einem anderen seiner Schüler, nämlich Titus. »Von törichten Fragen aber, von Geschlechtsregistern, von Zank und Streit über das Gesetz halte dich fern; denn sie sind unnütz und nichtig.« Paulus sah in dieser Uneinigkeit eine schwere Sünde. »Einen ketzerischen Menschen meide, wenn er einmal und noch einmal ermahnt ist, und wisse, dass ein solcher ganz verkehrt ist und sündigt und sich selbst damit das Urteil spricht« (Titus 3,9–11).

Merkmale eines Christen sind Liebe und Barmherzigkeit und nicht Arroganz und Stolz auf ein großes Wissen.

Wissen statt Handeln

Intellektuelle Christen müssen sich immer vor Augen halten, dass das Wissen um das, was richtig ist, das Handeln nicht ersetzt. Im Gegenteil, es macht die Verpflichtung, unser Leben mit unseren Worten in Einklang zu bringen, sogar noch größer. Jakobus warnt, dass Lehrer ein strengeres Urteil empfangen werden (Jakobus 3,1).

Das Wissen um das, was richtig ist, ersetzt nicht das Handeln.

Im Buch der Sprüche wird uns gesagt, dass wirklich weise ist, wer die Wege der Rechtschaffenheit auch geht, wenn er sie erkannt hat. Richtiges Denken ist eine wesentliche Voraussetzung für ein gesundes Christsein; richtiges Handeln ist jedoch ebenso wichtig.

Stolz

»Gary«, flüsterte meine Frau, »ich glaube du musst den Pastor retten!«

Wir hatten einen jungen Mann mit in den Gottesdienst gebracht, der den Pastor gerade in eine heftige Diskussion verwickelt hatte. Er wies ihn darauf hin, dass er in seiner eben gehaltenen Predigt »häretische« Gedanken geäußert habe. Der junge Mann war ein kluger Kopf mit einem scharfen wie kritischen Verstand – aber unglücklicherweise hatten sein Einfühlungsvermögen und sein Taktgefühl noch etwas Aufholbedarf gegenüber seinem Intellekt.

Stolz ist eine verbreitete Schwäche bei Menschen mit einem scharfen Verstand. Man bemerkt ihn an ihrem Bestreben, buchstäblich jeden verbessern zu müssen. Es gibt Menschen, die unfähig scheinen, die intellektuellen Fehler anderer nicht zu benennen und zu beurteilen. Man hat das Gefühl, dass ihr Selbstwertgefühl daran hängt, ständig die eigene intellektuelle Überlegenheit beweisen zu können.

Wenn Gott Sie mit einem ungewöhnlich scharfen Verstand ausgestattet hat, dann vergessen Sie nicht, dass er Ihnen anvertraut wurde, damit Sie mit ihm dem Leib Christi dienen können – nicht damit Sie sich über andere erheben. Auch jemand mit einer wunderschönen Singstimme kann Widerwillen auslösen, wenn er zur falschen Zeit singt; und ein sehr intelligenter

Mensch kann abstoßend sein, wenn mit der Intelligenz nicht das Gespür verbunden ist, wann und wo ein gutes Gespräch seinen Platz hat.

Sind Sie ein Intellektueller?

Gehören Sie zum geistlichen Temperament der Intellektuellen? Bewerten Sie die folgenden Aussagen auf einer Punkteskala von fünf (sehr zutreffend) bis eins (gar nicht zutreffend) und tragen Sie das Ergebnis auf der dafür vorgesehenen Linie ein.

_____ 1. Ich fühle mich Gott am nächsten, wenn ich etwas Neues über ihn lernen kann, etwas, was mir vorher unklar war. Mein Verstand muss angeregt werden. Es ist mir sehr wichtig genau zu wissen, was ich glaube.

_____ 2. Es frustriert mich, wenn sich die Kirche zu sehr auf Gefühle und geistliche Erfahrungen konzentriert. Es ist viel wichtiger, dass man den christlichen Glauben versteht und Glaubensinhalte vermittelt werden.

_____ 3. Ausdrücke wie *Begriff* und *Wahrheit* regen mich an.

_____ 4. Ich fühle mich Gott nahe, wenn ich mehrere Stunden ununterbrochen sein Wort oder ein gutes christliches Buch studieren und hinterher in einer Kleingruppe davon erzählen (oder darüber diskutieren) kann.

_____ 5. Ich hätte Freude an einem Buch über Dogmatik.

_____ 6. Ich verbringe mehr Zeit damit, Bücher zu lesen, als Kassetten zu hören.

Gesamtpunktzahl: _____

Jede Punktzahl über 15 deutet darauf hin, dass Sie eine Tendenz zu diesem geistlichen Temperament haben. Tragen Sie Ihre Punktzahl in die Tabelle im letzten Kapitel, auf Seite 246 ein, damit Sie ein vollständiges Bild davon bekommen, auf welche Weise Sie Gott am besten Ihre Liebe zeigen können.

Eine hohe Berufung

Die christliche Kirche hat einige der brillantesten Denker der Geschichte hervorgebracht. Wir müssen jedoch kein zweiter Johannes Calvin oder Blaise Pascal werden, um etwas in Bewegung zu bringen. Intellektuelle Christen können eine wichtige Rolle im Reich Gottes spielen, indem sie in Glaubenskursen, Zeitungsartikeln und Gesprächen mit Freunden und in der Familie überall biblische Wahrheit verbreiten.

Es gab eine Zeit in meinem Leben, in der meine intellektuelle Seite dominierte. Ich glaube nicht, dass ich auch heute noch zu diesem geistlichen Temperament gehöre, aber immer noch brauche ich geistige Auseinandersetzung mit der Wahrheit Gottes. Bibelverse, die mich »zum Nachdenken« bringen, sind »nahrhaft« für mich, und ich freue mich sehr, wenn mir jemand etwas erklären kann, was ich vorher noch nicht verstanden hatte.

Ich denke, das liegt daran, dass ich noch nie etwas über Gott gelernt habe, was mich nicht näher zu ihm gebracht hätte. Ich bin überzeugt, dass jeder Christ das von sich sagen könnte, wenn er sich auf die Suche nach Gottes Antlitz begibt, indem er sein Wissen über ihn erweitert und vertieft.

Teil 3

Jeder liebt Gott auf seine Weise

Den Garten der Seele pflegen

Stellen wir uns vor, zwei Frauen legen einen Gemüsegarten an. Sie bearbeiten die Erde am gleichen Tag und säen am gleichen Tag Samen aus.

Für eine von den beiden ist damit die Arbeit getan. Sie pflegt den Garten nicht weiter, sondern wartet nur noch darauf, dass ihr Gemüse endlich wächst.

Die andere Frau dagegen geht regelmäßig in ihren Garten, um ihn zu bearbeiten. Sie baut schützende Kisten um diejungen Tomatenpflanzen, steckt für die hoch wachsenden Pflanzen Stangen in die Erde und spannt Netze über all die Pflanzen, die von Kaninchen und anderen Tieren angefressen werden könnten.

Einige Monate später machen sich die beiden Frauen an die Ernte. Die Tomaten sind am Boden verrottet, die Möhrenpflänzchen vom Unkraut erstickt, d. h. die Reste, die Vögel und Eichhörnchen noch übrig ließen, und Bohnenpflanzen haben alles andere überwuchert. Die Ernte ist dementsprechend spärlich, und sie kommt zu dem Schluss, dass es sich nicht lohnt, einen eigenen Gemüsegarten zu haben: Das Gemüse ist schlecht, die Ernte klein und – na ja – im Supermarkt ist schließlich alles viel leichter zu haben.

Ihre Nachbarin dagegen erntet jeden zweiten Tag volle Körbe mit gutem Gemüse, das viel besser schmeckt als das aus dem Supermarkt. Sie schätzt, dass sie im Sommer wahrscheinlich fünfzehn bis zwanzig Prozent weniger für Lebensmittel ausgegeben hat.

Beide Frauen haben gepflanzt, aber nur eine hat sich um ihren Garten gekümmert.

Ich kenne zwei Christen, die zur gleichen Zeit zum Glauben gekommen sind; aber der Einfluss, den dieser Glaube auf ihr Leben hatte, wurde immer unterschiedlicher.

Einer von ihnen beschäftigte sich ausschließlich mit sich selbst. Christsein machte Sinn, ja, aber es schien sich dabei eher um eine nette Annehmlichkeit zu handeln – kein Grund, das eigene Leben neu zu sortieren und danach auszurichten.

Die Frau, an die ich noch denke, ging das Ganze völlig anders an. Sie fand Wege, um das Bibelstudium zum festen Bestandteil ihres Lebens zu machen. Sie pflegte ihr Gebetsleben und probierte immer wieder neue Formen aus. Ganz neue Gaben kamen zum Vorschein, und ehe sie sich versah, baten viele Menschen sie um seelsorgerlichen Rat. Fast durch Zufall tat sie bald einen wertvollen Dienst im Reich Gottes.

Beide hatten einen geistlichen Garten angelegt, aber nur einer von ihnen pflegte ihn auch.

So mancher von uns lebt mit der falschen Vorstellung, dass wir unseren Glauben nur »säen« müssen, uns dann aber nicht weiter um ihn zu kümmern brauchen. Ein reifer Christ wird man automatisch – so wie man automatisch wächst. Entweder man wird groß – oder eben nicht. Diese Einstellung entspricht ganz und gar nicht der großer Männer und Frauen in der Kirchengeschichte, sie entspricht auch nicht der vieler erfahrener Pastoren oder Glaubenslehrer. Und sie entspricht nicht dem, was die Bibel sagt.

So mancher von uns lebt mit der falschen Vorstellung, dass wir unseren Glauben nur »säen« müssen, uns dann aber nicht weiter um ihn zu kümmern brauchen.

Eine klassische geistliche Strömung im Mittelalter ermutigte die Christen dazu, ihre Seele als einen Garten zu betrachten. Hier möchte ich anknüpfen. Ich habe dieses Buch geschrieben, weil ich meine, dass man den Garten der eigenen Seele besser pflegen kann, wenn man sein geistliches Temperament kennt und versteht. Wir müssen uns also zunächst einmal folgende Fragen stellen: »Wo stehe ich?« und »Wie steht es um meinen Glauben?«

Vielleicht hilft es Ihnen, wenn Sie einen Schritt zurücktreten und einen Blick auf Ihr augenblickliches Gebetsleben werfen, angefangen bei der Stillen Zeit. Wie ist sie gestaltet, und wie gut funktioniert sie? Finden Sie den Gedanken an eine anders gestaltete Stille Zeit aufregend? Oder fühlen Sie sich dabei eher unwohl? Baut eine Stille Zeit auf der anderen auf?

Wird sie allmählich langweilig und lästig, statt ein Segen zu sein?

Es gibt sicher Christen, für die eine traditionell gestaltete Stille Zeit – zwanzig bis dreißig Minuten Bibellese und dann noch einmal genauso viel für Gebet und Lobpreis – zu neunzig Prozent die beste Art ist, ihre Beziehung zu Gott zu pflegen. Solche Christen sind vielleicht nur auf der Suche nach Ergänzungen, um die verbleibenden zehn Prozent abdecken zu können. Andere Christen haben das Gefühl, eine geistliche Generalüberholung zu brauchen. In diesem Fall wird die Gestaltung ihrer Gebetszeiten sich von Grund auf verändern, wenn sie wissen, zu welchem geistlichen Temperament sie gehören.

> *Genau wie ein Ehepaar in den Fünfzigern ihre Liebe zueinander anders zum Ausdruck bringen wird, als sie es mit zwanzig getan haben, so wandelt sich auch unsere Liebesbeziehung zu Gott, wenn wir im Laufe des Lebens älter und reifer werden.*

Finden Sie Ihr geistliches Temperament

Sie haben alle neun geistlichen Temperamente durchgearbeitet und sind nun bereit, Ihren eigenen geistlichen Persönlichkeitstyp zu bestimmen. Bitte denken Sie daran, dass Sie vermutlich mehr als ein dominantes Temperament haben werden.

Geistliche Temperamente können sich mit der Zeit auch weiterentwickeln und verändern. Genau wie ein Ehepaar in den Fünfzigern ihre Liebe zueinander anders zum Ausdruck bringen wird, als sie es mit zwanzig getan haben, so wandelt sich auch unsere Liebesbeziehung zu Gott, wenn wir im Laufe des Lebens älter und reifer werden. Die Auswertung der Kapitel eins bis neun besagen, an welchem Punkt Sie sich im Augenblick befinden und Ihnen dabei helfen wird, Ihr geistliches Leben zu vertiefen und darin zu wachsen. Erst danach sollten Sie sich damit beschäftigen, was Sie von den anderen Temperamenten lernen können.

Sie haben die Ergebnisse der Tests für die jeweiligen Typen bereits in die folgende Tabelle eingetragen:

_____ Der naturverbundene Typ
_____ Der sinnliche Typ
_____ Der traditionalistische Typ
_____ Der asketische Typ
_____ Der aktivistische Typ
_____ Der fürsorgliche Typ
_____ Der enthusiastische Typ
_____ Der kontemplative Typ
_____ Der intellektuelle Typ

Je höher die Punktzahl, desto größer ist die Bedeutung des jeweiligen geistlichen Temperamentes für Ihre Persönlichkeit. Listen Sie nun bitte die neun verschiedenen Typen in der Reihenfolge ihrer Bedeutung für Sie persönlich auf:

1. _____
2. _____
3. _____
4. _____
5. _____
6. _____
7. _____
8. _____
9. _____

Wenn Sie herausgefunden haben, zu welchem Temperament Sie am stärksten tendieren, dann haben Sie die Information, die Sie brauchen, um sich einen sinnvollen Plan für Ihr geistliches Wachstum zurechtzulegen.

Das Zusammenspiel unserer geistlichen Temperamente

Für mich ist der Test folgendermaßen ausgegangen: Mein stärkstes Temperament ist das des naturverbundenen Typs, gefolgt vom intellektuellen Typ. Der asketische Typ stand mit geringer

Differenz auf Platz drei meiner Liste. Daraus kann ich folgende Schlussfolgerungen ziehen: Um ein gesundes geistliches Leben zu führen, muss ich sorgfältig darauf achten, dass ich genug Zeit in der Natur und an der frischen Luft verbringe (naturverbundener Typ). Zweitens muss ich meinem Verstand immer wieder neue Nahrung geben (intellektueller Typ). Und schließlich muss ich mit ziemlicher Sicherheit darauf achten, dass ich ein starkes Bedürfnis nach Disziplin und Alleinsein habe (asketischer Typ).

Wenn ich das Buch zum ersten Mal gelesen hätte, dann würde ich die drei genannten Kapitel noch einmal lesen. Ich könnte mir selbst ein »geistliches Rezept« schreiben, das auf den Vorschlägen dieser Kapitel basiert: Mindestens einmal in der Woche mache ich einen Gebetsspaziergang durch den Wald. Ich achte darauf, regelmäßig meine theologischen Kenntnisse zu vertiefen. Vielleicht sollte ich mir ein paar neue Vortragskassetten besorgen, um sie auf dem Weg von der Arbeit nach Hause zu hören. Oder ich blättere in einem aktuellen christlichen Buchkatalog, um mir neue, interessante Bücher herauszusuchen. Außerdem sollte ich anfangen, mein Bedürfnis nach Disziplin und Alleinsein zu akzeptieren.

Ich will nicht darauf hinaus, dass man seine Seele nur mit dem füttern sollte, was sie sich wünscht – und damit riskieren, dass sie sich zurückbildet. Man sollte sorgfältig darauf achten, wann die Zeit dafür gekommen ist, sich nach neuen Erfahrungen auszustrecken. Aber die wenigsten von uns würden gerne jeden Abend ein exotisches Mahl zu sich nehmen. Wenn wir einmal herausgefunden haben, was uns zu Gott hinzieht und in seine Gegenwart bringt, dann können wir dazu übergehen, Neues auszuprobieren; denn dann haben wir einen sicheren Grund, auf den wir uns jederzeit wieder zurückziehen können.

Christliche Spiritualität ist ein langfristig angelegter Prozess. Ich kämpfe manchmal mit der Tatsache, einen Beruf zu haben, der so menschenorientiert ist und bei dem ich ständig im Licht der Öffentlichkeit stehe. Ich halte oft Reden bei Festessen und Konferenzen; und wenn es irgendetwas gibt, was mich nach einer Weile völlig auslaugt, dann ist es genau das: in einen vollen Saal gesperrt zu sein und vor einer großen Gruppe von Menschen reden zu müssen.

Aber mein Beruf verlangt von mir, genau das zu tun. Es ist die Aufgabe, vor die mich Gott im Augenblick stellt, also muss ich in diesem Kontext dafür sorgen, genügend geistliche Nahrung zu bekommen. Um innerlich gesund zu bleiben, muss ich mir auf meinen Reisen Zeit nehmen für Spaziergänge an der frischen Luft (bei Einkehrtagen ist das kein Problem, auf Konferenzen dagegen sehr wohl), und ich lehne es fast grundsätzlich ab, privat bei jemandem zu übernachten. Ich brauche Zeit für mich, Zeit, in der ich nicht nett und höflich sein muss – ich will sie nicht nur, ich brauche sie wirklich. Sonst wächst mir meine Verantwortung über den Kopf, und ich kann meine Aufgabe nicht mehr erfüllen.

Manche Christen tanken auf, wenn sie zusammenkommen und über das reden können, was sie erlebt haben, oder indem sie einfach nur genießen, in der Gesellschaft anderer zu sein. Ich bin lieber allein, um nachzudenken, zu beten und mich langsam zu entspannen.

Ich habe lange gegen dieses Bedürfnis angekämpft und mich gefragt, ob es nicht egoistisch ist. Aber ich weiß jetzt, dass es keinen Sinn macht, Gott zwei Wochen oder auch zehn Jahre lang mit Feuereifer zu dienen und dann für lange Zeit ausgebrannt zu sein. Dann habe ich nicht gut auf mich und mein Leben geachtet. Ich möchte Gott treu und ergeben sechzig oder siebzig Jahre lang dienen – und das bedeutet, dass ich darüber nachdenken muss, wie ich geistlich auftanken kann.

Ein großer christlicher Prediger sagte auf seinem Sterbebett: »Gott hat mir eine Botschaft anvertraut und mir ein Pferd gegeben, um diese Botschaft zu verbreiten. Ich habe das Pferd zu Tode geprügelt, und jetzt kann ich die Botschaft nicht mehr tragen.« Mit dem Pferd meinte er seinen Körper, es hätte aber genauso gut seine Seele sein können.

Ich habe zu viele gottesfürchtige Männer und Frauen erlebt, die ausgebrannt waren, noch bevor sie in die besten Jahre kamen. Manchmal hat sie der Burnout dazu veranlasst, ihren Dienst im Reich Gottes niederzulegen und nie wieder aufzunehmen. Andere haben sich tief in Sünde verstrickt und Schande über die Kirche Jesu Christi gebracht. Wenn Gott will, dann möchte ich ihm mit sechzig, siebzig oder achtzig Jahren genauso eifrig dienen wie heute. Ich möchte nicht in zwanzig Jahren dasitzen mit vielen lebenswichtigen und kostbaren Erfahrungen, aber ohne Motivation und Freude.

Wenn wir unseren eigenen Garten pflegen, dann haben wir genug übrig, um auch andere damit zu ernähren. Wenn wir dem Garten nur flüchtige Aufmerksamkeit schenken, dann haben wir vielleicht gerade genug, um uns selbst zu versorgen. Wenn wir ihn aber völlig vernachlässigen, dann werden wir mit der Zeit so hungrig, dass wir uns als »Konsum«-Christen von anderen ernähren müssen.

Wenn wir unser geistliches Temperament entdecken, dann kann das ein Mittel auf dem Weg zu dem ersehnten Ziel sein, Gott zu kennen und seinem Ruf für unser Leben zu folgen. Die Puritaner nannten den Sabbat den »Markttag der Seele«; er war für sie der Tag, an dem man die Seele pflegen konnte und Zeit hatte, mit Gott zusammen zu sein. Das Problem ist, dass manche von uns versuchen, die Abkürzung zu nehmen und Gottes Ruf zu folgen, ohne seine Nahrung zu sich zu nehmen. Diese Straße führt aber ins Unglück, sie ist eine Versuchung, der man nicht nachgeben sollte. Eine weitere Versuchung liegt darin zu meinen, ein geistliches Temperament sei besser als andere.

Toleranz gegenüber anderen Temperamenten

In meinem ersten Jahr am College fand ich es höchst aufregend, die Bibel zu studieren – nicht nur zu lesen, sondern richtig zu studieren. Ich begann mit dem Römerbrief und brütete stundenlang über den ersten Versen. Der Römerbrief beginnt mit dem Satz: »Paulus, ein Knecht Christi Jesu, berufen zum Apostel (...).« Mehrere Tage lang beschäftigte ich mich mit den Wörtern *Knecht* und *Apostel*. Ich konnte damals noch kein Griechisch, aber ich arbeitete mich durch Kommentare, Konkordanzen und Worterklärungen.

Der Leiter meiner Kleingruppe entdeckte, was ich da gerade tat, und war gar nicht begeistert. »Am Besten studiert man die Bibel induktiv, nicht deduktiv«, meinte er. »Du musst ganz allein herausfinden, was der Text dir sagen will, und nicht in

Kommentaren nach der Meinung anderer Leute suchen.« Er war der Überzeugung, dass ich gerade dabei war, ein Grundprinzip zu durchbrechen. Die »heilige« Methode des Bibelstudiums bestand darin, sich vor die aufgeschlagene Bibel zu setzen und sie im Licht der eigenen Erfahrungen zu interpretieren.

Ich war damals allerdings nicht viel besser als dieser Leiter. So fand ich zum Beispiel, dass ein Studienkollege aus meiner Kleingruppe »den Herrn betrog«, weil er am Strand oder im Wald spazieren ging und diese Spaziergänge als »Stille Zeit« rechnete. *Das ist doch keine Stille Zeit,* dachte ich damals. Dafür braucht man eine Fürbittenliste und ein Notizbuch, um seine Gedanken zum Bibeltext aufzuschreiben.

Sowohl mein damaliger Leiter wie auch ich selbst mussten noch lernen, toleranter zu werden. Solange Jesus Christus im Zentrum steht, ist jeder geistliche Weg wahrhaftig – und in Christus gibt es viele verschiedene Arten, den eigenen Glauben auszudrücken. Vielleicht waren Kommentare und Bibellexika nichts für meinen Kleingruppenleiter, aber war seine Methode deshalb »heiliger« als meine? Und war die Methode meines Freundes, der am Meer spazieren ging, weniger wertvoll als meine, die daraus bestand, eine Liste durchzubeten, auf der Familienmitglieder, Mitchristen, fremde Länder und Freunde standen, die Jesus noch nicht kannten?

Eigentlich benutze ich das Wort *Toleranz* an dieser Stelle nur ungern; es wird heute zu oft missbraucht. Toleranz ist nicht *die* Haupttugend, wie unsere Gesellschaft es gern hätte. Wichtig ist sie aber trotzdem, besonders wenn es darum geht, verschiedenen geistlichen Temperamenten mit Toleranz zu begegnen.

Verschiedenen Persönlichkeitstypen fällt es oft schwer, miteinander zu leben und zu arbeiten. Bei manchen Mischungen ist die Katastrophe vorprogrammiert. Wir sprechen hier zwar nicht von Persönlichkeitstypen, sondern von geistlichen Temperamenten, aber im Prinzip gilt das Gleiche auch für sie. Wir können nur schwer verstehen – geschweige denn schätzen –, dass jemand einen anderen Zugang zu etwas hat als wir – oder, in diesem Fall, zu jemandem.

Wir müssen uns davor hüten, darauf herabzusehen, wie andere ihren Glauben ausdrücken, nur weil es sich von unserer

Art unterscheidet. Besonders für Pastoren gilt, dass sie sehr sorgfältig mit den verschiedenen geistlichen Temperamenten ihrer Gemeindemitglieder umgehen müssen.

Als Autor, Redner und Evangelist versuche ich zu verstehen, was in den Menschen vorgeht. Ich muss zugeben, dass sich mir bei einigen der geistlichen Temperamente innerlich die Haare sträuben. Ich würde verrückt in einem Gottesdienst, in dem nur Menschen mit ein oder zwei bestimmten geistlichen Temperamenten anwesend wären. Aber das heißt nicht, dass ich diese Temperamente für weniger wertvoll halte als jene, die in meinem Leben dominieren.

Ihr Eltern, macht euch klar, dass eure Kinder Gott auf eine Art und Weise lieben können, die sich völlig unterscheidet von dem, was ihr gelernt habt. Ihr Ehemänner und Ehefrauen, es kann sein, dass eure Partner Gott auf eine Art lieben, die ihr nicht versteht. Ihr Pastoren, vielleicht brauchen und pflegen eure Gemeindemitglieder Ausdrucksformen des Glaubens, die ganz anders sind als alles, was ihr kennt. Können wir diese »andersartigen« Christen noch annehmen und akzeptieren? Können wir mit der Demut eines Christen andere dazu ermutigen, ihren Seelen die Nahrung zukommen zu lassen, die ihnen gut tut, solange sie dem rechten Glauben und der Geschichte des Christentums treu bleiben? Ich wünschte, wir könnten alle mit einem ehrlichen »Ja« antworten!

Statt uns in den Grenzen unserer eigenen Erfahrungen zu bewegen und abzukapseln, sollten wir lieber voneinander lernen.

Intoleranz birgt die Gefahr der Absonderung in sich. Ich habe die Gedanken dieses Buches in verschiedenen Zusammenhängen und bei sehr unterschiedlichen Gelegenheiten bereits vorgetragen. Das hat mich sensibel gemacht dafür, mit welch tiefen Gefühlen Christen an ihren bevorzugten Formen der Anbetung Gottes hängen. In einer Gemeinde kam eine Frau zu mir und sagte: »Was muss ich tun, wenn ich festgestellt habe, dass ich mit meinem Temperament hier in der Gemeinde völlig fehl am Platz bin?«

Ich bin überzeugt davon, dass die Gemeinde Jesu um einiges ärmer würde, wenn wir anfangen würden, die »Erste Gemeinde der Aktivisten«, die »Traditionalistische Gemeinde« oder die »Freilichtkirche der Naturalisten« zu gründen. Statt uns in den Grenzen unserer eigenen Erfahrungen zu bewegen und abzukapseln, sollten wir lieber voneinander lernen.

Ich denke auch, dass die Menschen viel zu viel von ihrer Gemeinde erwarten. Ein Pastor, der dieses Buch in seinen Anfängen durchgesehen hat, schrieb in einer Randbemerkung: »Du hast mir in diesem Buch erklärt, warum Pastoren für ihre Gottesdienste so viel mehr Kritik als Lob bekommen: Eine Sorte Gottesdienst spricht nur ein Neuntel der Christen an!«

Er hat Recht: Jede Gemeinde ist voll von miteinander rivalisierenden geistlichen Temperamenten. Es ist zu viel verlangt, wenn man erwartet, dass ein einstündiger Gottesdienst alle sieben Tage die geistlichen Bedürfnisse jedes Einzelnen befriedigt. Meine Hoffnung ist, dass dieses Buch es den Menschen leichter macht, den Gemeindegottesdienst regelmäßig durch ihre persönlichen Zeiten und Formen der Anbetung zu ergänzen. Dann können sie sich im gemeinsamen Gottesdienst darauf konzentrieren, gemeinsam den Ruf des christlichen Glaubens zu hören und sich dafür ausrüsten zu lassen, hinaus zu gehen in die Welt.

Es grenzt an Götzendienst, wenn man meint, ein einziger Lehrer könne einem alles geben, was man braucht, um im Glauben zu wachsen. Ein Pastor hat die verantwortungsvolle Aufgabe, hundert oder mehr Menschen zu lehren, von denen jeder anders ist; jeder befindet sich in einem anderen Stadium des Lebens, der Berufung und des Glaubens. Es ist auch fraglich, ob durch einen nur sechzig Minuten langen Gottesdienst einmal pro Woche das eigene Bedürfnis nach Hingabe und Anbetung abgedeckt werden kann. Sollte das möglich sein, dann ist dieses Bedürfnis viel zu gering!

Viel gesünder ist der Ansatz, ein Gebets- und Glaubensleben zu entwickeln, dessen Früchte umgekehrt Gemeindeleben zugute kommen. Statt den Gottesdienst zu kritisieren, könnte man lernen, ihn zu bereichern. Es kann sein, dass Ihre Perspektive im Gemeindegottesdienst bisher noch nicht vorkommt, aber vielleicht können die, die ihn leiten, ja von Ihrem geistlichen Temperament lernen. Ihre Vorschläge lassen sich sicher nicht in jeden Gottesdienst einbauen, aber vielleicht ist es ja alle paar Wochen sehr wohl möglich.

Mein Ziel war es, Ihnen mit diesem Buch zu zeigen, dass es mehr als nur ein Rezept gibt, um im Glauben zu wachsen. Gott ist größer – viel größer –, als wir ihn uns mit unserem kleinen Erfahrungshorizont vorstellen können.

Wie sieht es in Ihrem Garten aus?

Wir sind geschaffen, um Gott zu lieben. Denken Sie ein paar Minuten über diesen Satz nach – *wir sind geschaffen, um Gott zu lieben*. Wie die zwei Gärtnerinnen, von denen ich am Anfang dieses Kapitels erzählt habe, steht jeder von uns vor einem Stück unbebautem Land. Gott wird Himmel und Erde in Bewegung setzen, um uns mit all dem zu versorgen, was wir brauchen, um einen wunderschönen Garten der Partnerschaft, der Liebe und der Intimität mit ihm bepflanzen und erhalten zu können. Nicht eine Sekunde unseres Lebens vergeht, ohne dass Gott sich nicht Gedanken darüber macht, wie er uns zu sich hinziehen kann. Nicht eine einzige Sekunde.

Stellen Sie sich vor: Sie können sich an einer Beziehung mit Gott freuen, die er mit keinem anderen Menschen teilt. *Und Gott sehnt sich mit leidenschaftlichem Eifer danach, dass diese Beziehung endlich beginnen kann.* Es verlangt ihn genauso sehr danach, Sie zu lieben und zu kennen, wie er Mose, David und Maria geliebt und gekannt hat. Sie sind nicht weniger wertvoll für ihn als all diese Heiligen. Aber jeder von diesen Heiligen – Mose, David und Maria – hat Zeit damit verbracht, seine Beziehung zu Gott zu pflegen und wachsen zu lassen. Für jeden von ihnen war es das größte Herzensanliegen, Gott zu kennen. Werden Sie die Einladung heute annehmen?

ANMERKUNGEN

[1] *A. W. Tozer:* The Pursuit of God. Christian Publications, Camp Hill, Pennsylvania 1982, S. 12–13
[2] *Annie Dillard:* Holy the Firm. Harper and Row, New York, 1977
[3] Ebd.
[4] *W. Phillip Keller:* Taming Tension. Baker, Grand Rapids, 1979
[5] *Francis Schaeffer:* Wie können wir denn leben? Aufstieg und Niedergang der westlichen Kultur. Neuhausen, Stuttgart, 1977
[6] *Mutter Teresa von Kalkutta,* in: Charlotte Observer, 14. Juni 1995
[7] Ebd.
[8] *Susan Power Bratton:* Christianity, Wilderness and Wildlife. University of Scranton Press, Scranton, 1993, S. 78
[9] *Waynes Simsic:* Natural Prayer. Twenty-Third, Mystic, 1991, S. 70
[10] *Bratton:* Christianity, Wilderness and Wildlife, S. 35
[11] *Bratton:* Christianity, Wilderness and Wildlife, S. 244. Ich möchte Susan Power Bratton für folgende Bemerkung danken: »Der Schauplatz der Taufe wurde vom Fluss an ein Marmorbecken verlegt, die Berufung der Nachfolger Jesu spielt sich nicht mehr am Seeufer, sondern in Ordinationsgottesdiensten ab, und man betet nicht mehr an einem einsamen Ort, sondern in einer überfüllten Kirchenbank.« Ich habe diesen Gedanken in meinem Buch verwendet.
[12] *Conrad Cherry:* Nature and Religious Imagination. Fortress, Philadelphia, 1980, S. 26
[13] *Roger D.* Sorell: St. Francis of Assisi and Nature. Oxford University Press, New York, 1988, S. 29
[14] *Bratton:* Christianity, Wilderness and Wildlife, S. 165
[15] Die Zitate sind entnommen aus: *Paul Hoversten:* Flight through Heavens Awes Glenn. In: USA Today, 2. November 1998, und *Seth Broenstein:* Astronauts Find God in Space. In: Tacoma News Tribune, 7. November 1988
[16] *John Milton:* Paradise Lost, Vers 511
[17] *Bratton:* Christianity, Wilderness and Wildlife, S. 90–91
[18] Ebd., S. 93
[19] *Margaret Ruth Miles,* zitiert in: *H. Paul Santmire:* The Travail of Nature. Fortress, Philadelphia, 1985
[20] Predigten zum Johannesevangelium, zitiert in: *H. Paul Santmire:* The Travail of Nature, S. 131
[21] Ebd., S. 130
[22] *Bonaventura,* zitiert in: *Santmire:* The Travail of Nature, S. 99
[23] Viele der Gedanken, die in dieses Kapitel eingeflossen sind, wurden angeregt durch Susan Power Bratton. Ich möchte ihr hier herzlich dafür danken.
[24] *Henri Nouwen:* Nimm sein Bild in dein Herz. Geistliche Deutung eines Gemäldes von Rembrandt. Herder, 1991, S. 15–17
[25] Ebd.
[26] *Von Ogden Vogt:* Art and Religion. Yale University Press, New Haven, 1921, S. 145ff
[27] Ebd., S. 148+152
[28] Ebd., S. 56
[29] *Harold Best:* Music Through the Eyes of Faith. Harper Collins, New York, 1993, S. 185
[30] *Philip Whitfield und Mike Stoddart:* Hearing, Taste and Smell: Pathways of Perception. Torstar, New York, 1985, S. 63

[31] *Whitfield und Stoddart:* Hearing, Taste and Smell, S. 153
[32] Ebd., S. 156
[33] *Nouwen:* Nimm sein Bild in dein Herz, S. 15–16
[34] *Michael Long:* The Sense of Sight. In: National Geographic, November 1992, S. 8
[35] *Vogt:* Art and Religion, S. 206
[36] Ebd., S. 205–206
[37] *Henry Morgan (Hrsg.):* Approaches to Prayer. Morehouse, Harrisburg, Pennsylvania, 1991, S. 92
[38] *Whitfield und Stoddart:* Hearing, Taste and Smell, S. 85
[39] *Vogt:* Art and Religion, S. 77–78
[40] CT Talks to Kathleen Norris, in: Christianity Today, 22. November 1993, S. 36
[41] *Evelyn Underhill:* Worship. Harper and Row, New York, 1936, S. 20
[42] *Gertrud Mueller Nelson:* To Dance with God: Family Ritual and Community Celebration. Paulist, New York, 1986, S. 25
[43] Ebd., S. 2–26
[44] *Walter Wangerin:* Reliving the Passion. Zondervan, Grand Rapids, 1992
[45] *Joseph Jungmann:* Christian Prayer Through the Centuries. Übers. von John Coyne, Paulist, New York, 1978, S. 30
[46] *Underhill:* Worship, S. 69–72
[47] *Jungmann:* Christian Prayer Through the Centuries, S. 8
[48] Ebd., S. 9
[49] *Dietrich Bonhoeffer:* Widerstand und Ergebung. Hrsg. von *Eberhard Bethge*, Gütersloher Verlagshaus, 1980, S. 107–108
[50] *Sidney Heath:* The Romance of Symbolism. Francis Griffiths, London, 1909, S. 57–61
[51] Ebd., S. 116
[52] Ebd., S. 117–120
[53] Ebd., S. 157–158
[54] Ebd., S. 194–199
[55] Ebd., S. 214–215
[56] *Nelson:* To Dance with God, S. 7
[57] *W. A. Van Gemeren:* Offerings and Sacrifices in Bible Times. In: Evangelical Dictionary of Theology. Edition Walter Elwell, Baker, Grand Rapids, 1984, S. 788
[58] *Underhill:* Worship, S. 53
[59] *Underhill:* Worship, S. 31
[60] *M. Basil Pennington:* A Place Apart: Monastic Prayer and Practice for Everyone. Doubleday, New York, 1983, S. 26
[61] Ebd., S. 26
[62] *Sorrell:* St. Francis of Assisi and Nature, S. 20
[63] *Philip Rousseau:* Ascetics, Authority and the Church: In the Age of Jerome and Cassian. Oxford University Press, London, 1978, S. 48
[64] Ebd., S. 117
[65] Ebd., S. 100
[66] *Bratton:* Christianity, Wilderness and Wildlife, S. 181
[67] *Felix Duffay:* Psychiatry and Asceticism. B. Herder, London, 1950, S. 60
[68] Ebd., S. 60–61
[69] Ebd., S. 62
[70] *Rousseau:* Ascetics, Authority and the Church, S. 26–27
[71] *Rousseau:* Ascetics, Authority and the Church, S. 153
[72] *Pennington:* A Place Apart, S. 41

73 Ebd., S. 43
74 Ebd., S. 65
75 Ebd., S. 111
76 *Francis Schaeffer:* Das Kennzeichen des Christen. R. Brockhaus Verlag, Wuppertal 1971
77 Ebd.
78 *Thomas Merton:* What Is Contemplation? Burns, Oates, and Washbourne, London, 1950, S. 14-15
79 *Francis Schaeffer:* Bad News for Modern Man. Crossway, Westchester, Illinois, 1984, S. 94
80 *Klaus Bockmuehl:* Books: God's Tools in the History of Salvation. Community Christian Ministries, Moscow, Indiana, 1992
81 *Charles Colson:* Loving God. Zondervan, Grand Rapids, 1996, S. 96
82 *Schaeffer:* Bad News for Modern Man, S. 96
83 Ebd., S. 106-107
84 *Jungmann:* Christian Prayer Through the Centuries, S. 148
85 *Paul Carter:* The Decline and Revival of the Social Gospel. Cornel University Press, Ithica, New York, 1954, S. 82
86 *Steve Sjogren:* Conspiracy of Kindness. Servant, Ann Arbor, 1993
87 *Robert Wuthnow:* Acts of Compassion. Princetown University Press, Princetown, 1991, S. 87
88 Ebd., S. 105
89 Ebd., S. 128-129
90 *Wuthnow:* Acts of Compassion. S. 104
91 Ebd., S. 106
92 *Kelsey:* Transcend, S. 54-57
93 *John Wesley:* 20. Mai 1739
94 *John Wesley:* 25. November 1759
95 *Kelsey:* Transcend, S. 55
96 *Underhill:* Worship.
97 Ebd., S. 179
98 *Kelsey:* Transcend, S. 34
99 *Gary Thomas:* Seeking the Face of God. Harvest House, Eugene, Oregon, 1999
100 *Thomas Merton:* Contemplation in a World of Action. Image Books, Garden City, New York, 1973, S. 6+9
101 Ebd., S. 9-10
102 *Dom Cuthbert Butler:* Western Mysticism: The Teaching of Augustine, Gregory and Bernard on Contemplation and the Contemplative Life. Constable, London, 1922, S. 26
103 *Merton:* What ist Contemplation?, S. 5
104 *Jungmann:* Christian Prayer through the Centuries, S. 44
105 *Dr. Gabriele Winkler:* Prayer Attitude in the Eastern Church. Life and Life, Minneapolis, 1978, S. 13
106 Ebd., S. 18-19
107 Siehe *Thomas:* Seeking the Face of God, S. 181ff
108 *M. Basil Pennington:* Daily We Touch Him. Doubleday, Garden City, New York, 1977, S. 51-52
109 *Kelsey:* Transcend, S. 37
110 *Jungmann:* Christian Prayer Through the Centuries, S. 114
111 *Dorothy Sayers:* Creed or Chaos? Harcourt Brace, New York, 1949
112 Ebd., S. 28